**OLYMPIA DER REITER
SYDNEY 2000**

Olympia der Reiter
Sydney 2000

Herausgegeben von der
Deutschen Reiterlichen Vereinigung e.V. (FN)

unter Mitarbeit von
Dr. Hanfried Haring, Thomas Hartwig, Uta Helkenberg,
Michael Klimke, Dieter Graf Landsberg-Velen, Dr. Klaus Miesner,
Martin Plewa, Albert Stecken, Reinhard Wendt
und Hans Günter Winkler

mit Fotos von
Werner Ernst u.a.

FNverlag
*der Deutschen
Reiterlichen Vereinigung
GmbH*

IMPRESSUM

Herausgeber:
Deutsche Reiterliche Vereinigung e.V. (FN),
Warendorf

Autoren:
Dr. Hanfried Haring (Zucht),
Uta Helkenberg (Vielseitigkeit),
Michael Klimke (Dressur),
Dr. Klaus Miesner (Zucht),
Martin Plewa (Vielseitigkeit),
Reinhard Wendt (Springen, Erlebnis Sydney,
Ereignisse am Rande),
Hans Günter Winkler (Springen)

Redaktion:
Dr. Catharina Veltjens-Otto-Erley

Korrektorat:
Wiebke Borcherding,
Eva-Maria Seggelmann

© 2000
FN_verlag_ der Deutschen Reiterlichen
Vereinigung GmbH, Warendorf

Alle Rechte vorbehalten.
Dieses Werk — oder Teile daraus — darf nicht
vervielfältigt oder verbreitet, in Datenbanken
gespeichert oder in irgendeiner Form — elektronisch,
fotomechanisch, auf Tonträger oder sonstwie —
übertragen werden ohne die vorherige schriftliche
Genehmigung des **FN**_verlages_.

Fotos:
Werner Ernst (180 Aufnahmen),
Jacques Toffi (80), Fritz Otto-Erley (11),
Thomas Hartwig (9), Dirk Caremans (8),
Martin Plewa (4), Julia Rau (1), Norbert Rzepka (1)

Titelfotos:
Werner Ernst, Ganderkesee

Konzept/Gesamtgestaltung:
mf graphics, Marianne Fietzeck, Gütersloh

Lithographie:
PCS Mediapark, Schloß Holte

Herstellungskoordination:
Siegmund Friedrich, **FN**_verlag_, Warendorf

Druck und Verarbeitung:
MediaPrint, Paderborn

ISBN 3-88542-362-6

VORWORT

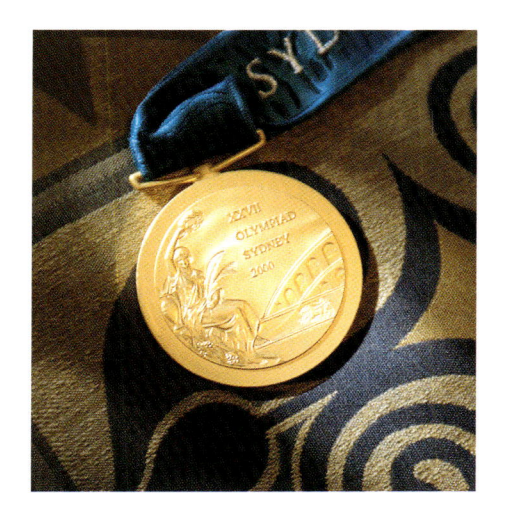

Sydney 2000 war Schauplatz der XXVII. Olympischen Spiele der Neuzeit und zugleich der ersten Spiele des neuen Jahrtausends. Den Millionen und Abermillionen Zuschauern, die die Spiele zuhause an den Fernsehgeräten verfolgt haben, noch viel stärker aber all den Menschen, die unmittelbar in Sydney vor Ort waren, werden diese Spiele wohl immer im Gedächtnis bleiben. Denn nicht umsonst hat Juan Antonio Samaranch, der Präsident des Internationalen Olympischen Komitees (IOC), die Spiele in Sydney als die besten bisher stattgefundenen ausgezeichnet. In der Tat: Wer miterleben durfte wie enthusiastisch die Australier „ihre" Spiele gestalteten, wie sie perfekte Organisation mit Charme, Gastfreundschaft und Herzlichkeit kombinierten, der bewahrt diese Wochen in Australien als etwas Einmaliges.

Was die olympischen Reiterspiele im Horsley Park auszeichneten, waren ganz großer Sport gepaart mit fast unübertrefflicher Dramatik. Eigentlich verging hier kein Tag, ohne dass Reitsportgeschichte geschrieben wurde. Packende Zweikämpfe wechselten sich ab mit großartigen Ritten und Siegen.

Werner Ernst, seit Jahrzehnten einer der international renommiertesten Pferde- und Pferdesportfotografen, hat das vorliegende Buch mit seinen Fotografien wiederum meisterlich illustriert. Die Autoren für die einzelnen Disziplinen haben, in Fortsetzung der Tradition der Olympiabücher des FN*verlages*, mit ihrer Fachkompetenz die Entwicklungen im Reitsport von den Olympischen Spielen in Atlanta bis hin zum Jahr 2000 kritisch unter die Lupe genommen. Im Hauptteil des Buches beschreiben sie natürlich die packenden Geschehnisse in Sydney. Umfangreiches Informationsmaterial wie komplette Ergebnislisten, Parcourszeichnungen und Abbildungen der Hindernisse oder eine vollständige Erfolgsübersicht seit Beginn der olympischen Reiterspiele 1912 sowie eine Auswertung der Spiele aus der Perspektive der Pferdezucht runden das Buch ab. Damit dürfte das Buch die wohl umfassendste Darstellung der reitsportlichen Wettkämpfe in Sydney darbieten.

Dieter Graf Landsberg-Velen, Präsident der Deutschen Reiterlichen Vereinigung, gratuliert dem leitenden Bundestrainer und Equipechef Herbert Meyer zur Mannschafts-Goldmedaille Springen

In Erinnerung an den 1999 verstorbenen Dr. Reiner Klimke, der nicht nur als einzigartiger Sportler über Jahrzehnte hinweg brillierte, sondern auch als Herausgeber der Olympiabücher von 1984 bis 1996 verantwortlich zeichnete, soll das vorliegende Werk diesem großartigen und unvergesslichen Menschen gewidmet sein.

Dieter Graf Landsberg-Velen
Präsident der Deutschen
Reiterlichen Vereinigung

INHALT

Vorwort 5

Dr. Reiner Klimke 8
Gedenken an seine Verdienste — auch
als Herausgeber der Olympiabücher

Martin Plewa
Zur Entwicklung
in der Vielseitigkeit
von 1996 bis 2000 10

Sport-politische Entwicklungen 10

Sportliche Entwicklung 11

Die sportlichen Höhepunkte
EM Burghley 11

Weltmeisterschaft
Pratoni del Vivaro 13

Europameisterschaften
Luhmühlen 1999 15

Die Saison 2000 und die
Vorbereitungen auf Sydney 18

Die Quarantäne 19

Michael Klimke
Zur Entwicklung
in der Dressur
von 1996 bis 2000 20

Allgemeines 20

Europameisterschaft
Verden 1997 20

Weltreiterspiele
Rom 1998 22

Europameisterschaft
Arnheim 1999 24

Der deutsche Sichtungsweg
nach Sydney 26

Namen und Nachrichten
zwischen den Spielen 29

Hans Günter Winkler und Reinhard Wendt
Zur Entwicklung
im Springen
von 1996 bis 2000 30

Goldene Jahre im Springsport 30

Europameisterschaft
Mannheim 1997 30

Weltreiterspiele
Rom 1998 34

Europameisterschaft
Hickstead 1999 38

Über Balve und Aachen
nach Sydney 41

Quarantäne und Trainingslager
in Warendorf 45

Reinhard Wendt
Das war ein Erlebnis 46

Martin Plewa und Uta Helkenberg
Vielseitigkeit Horsley Park Sydney 48

Charakterisierung der Geländeprüfungen 49

Die Hindernisse der Querfeldeinstrecke 50

Der Mannschaftswettbewerb
1. Verfassungsprüfung 58

Die Dressurprüfung 58

Die Geländeprüfung 60

3. Verfassungsprüfung 66

Die Springprüfung 66

Der Einzelwettbewerb
1. Verfassungsprüfung 69

Die Dressurprüfung 69

Die Geländeprüfung 71

3. Verfassungsprüfung 75

Die Springprüfung 75

Rückblick und Ausblick 76

Michael Klimke
Dressur – Ein Sieg für die Dressurreiterei 78

Der olympische Grand Prix 81

Die Einzelreiter 87

Der Grand Prix Special
Die Wende für Anky 89

Die olympische Kür
wurde zum würdigen Abschied von Gestion Bonfire und Gigolo FRH 94

Kurz und Knapp 99

Hans Günter Winkler und Reinhard Wendt
Springen Fortsetzung der Quarantäne in Sydney 100

Das Programm der olympischen Springprüfungen 101

Erste Qualifikation 101

Zwischen Hoffen und Bangen
Nationenpreis 106

Herzschlag-Finale im Sturm 117

Parcours A 117

Parcours B 120

Reinhard Wendt
Ereignisse am Rande 129

Dr. Hanfried Haring und Dr. Klaus Miesner
Deutsche Pferde in Sydney 133

Erfolg ist kein Zufall 133

Vielseitigkeit 133

Dressur 134

Springen 135

Gestartete deutsche Pferde in Sydney 138

Statistik 139

Die olympische Ehrentafel der Reiterei 1912–2000 139

Der olympische Medaillenspiegel 1912–2000 144

IN MEMORIAM

Dr. Reiner Klimke

Gedenken an seine Verdienste — auch als Herausgeber der Olympiabücher

Bilderbogen einer erfolgreichen Karriere ...

... als Vielseitigkeitsreiter

... mit Dux in Mexiko 1968

... mit Mehmed in Kopenhagen 1974

... mit Ahlerich in Niederzeuzheim 1975

Familie Klimke (v.l.n.r.): Rolf, Ruth, Dr. Reiner, Ingrid und Michael

... mit Biotop in Balve 1996

Dr. Reiner Klimke, geb. 14. Januar 1936 in Münster/Westf., verheiratet, 3 Kinder, Rechtsanwalt und Notar

Am 17. August 1999 verstarb Dr. Reiner Klimke im Alter von nur 63 Jahren in seiner westfälischen Heimatstadt Münster an den Folgen eines Herzinfarktes. Der Tod des erfolgreichsten Reiters in der Geschichte des Pferdesports und des bis zu den Olympischen Spielen in Sydney erfolgreichsten deutschen Olympioniken löste weltweit nicht nur unter den Anhängern des Dressursports tiefe Bestürzung und Trauer aus. Sechs Gold- und zwei Bronzemedaillen bei Olympischen Spielen, sechs Weltmeister- und dreizehn Europameistertitel sowie zehn Deutsche Meisterschaften standen auf der einmaligen Erfolgsliste jenes Mannes, der Zeit seines Lebens durch unbändigen Ehrgeiz, außergewöhnliches Talent und große Menschlichkeit beeindruckte.

Doch nicht nur durch seine unzähligen Erfolge im Dressursport hat er sich einen ganz besonderen Platz in unseren Erinnerungen verdient. Als Vielseitigkeitsreiter begann er seine sportliche Karriere und nahm bereits 1960 in dieser Disziplin an den Olympischen Spielen in Rom teil. Aber auch als Ausbilder von Reiterinnen und Reitern sowie Pferden leistete er Besonderes. Als Funktionsträger in zahlreichen ehrenamtlichen Tätigkeiten in nationalen wie auch internationalen Organisationen gab er dem Sport viel von dem zurück, was der Sport ihm gegeben hatte.

Ganz besondere Verdienste erwarb er sich jedoch als Autor zahlreicher Publikationen, die sich mit Pferden und dem Pferdesport beschäftigen. Gerade hierfür ist ihm ganz außerordentliche Dankbarkeit zu zollen, da so Millionen von Menschen in der Lage waren, an seinen unschätzbaren Erfahrungen teilhaben zu dürfen. Ein besonders leuchtendes Beispiel für seine publizistischen Aktivitäten war sein Engagement als Herausgeber und Mitherausgeber der Olympia-Bücher des FN*verlages*, die in ihrer ganz besonderen Machart seine unverwechselbare Handschrift tragen. Nicht nur bloße Berichterstattung, sondern auch kritische Analyse der Geschehnisse — besonders auch der Entwicklung in den einzelnen Disziplinen zwischen den Olympischen Spielen — zeichneten dieses Werk stets aus und waren somit auch ein Spiegelbild der Einstellung von Dr. Reiner Klimke.

In tiefer Dankbarkeit und steter Erinnerung an eine unvergessliche Persönlichkeit des Pferdesports

Das Autorenkollektiv des Olympia-Buches

... mit Ahlerich Doppelgold in Los Angeles 1984

... mit Pascal in Aachen 1984

eichnungen (Auswahl):
nbürger der Stadt Münster 11.03.1986

nmitgliedschaften
nmitglied des Reitervereins Gustav Rau Westbevern 19.11.1968
nmitglied des Darmstädter Reitervereins 22.02.1985
nmitglied im Deutschen Reiter- und Fahrer Verband (DRFV) 31.01.1996

nnadeln
ene Ehrennadel der Westdeutschen Sportpresse
ene Ehrennadel des Westfälischen Pferdestammbuches
ene Ehrennadel des Trakehner Verbandes
ene Olympiasiegernadel des NOK 10.12.1964
nnadel der Fédération Equestre Internationale (FEI)
nnadel des Stadtverbandes für Leibesübungen in Münster 04.12.1971
hrenzeichen in Gold mit Lorbeer und Olympischen Ringen 12.12.1972
ene Ehrennadel der Berliner Sportpresse 1985
rne Ehrennadel des Ruhpoldinger Pferdesportvereins 29.03.1985

ienstorden und ähnliche Auszeichnungen
npischer Orden des IOC
ener Ring des Aachen - Laurensberger Rennvereins 1968
rne Rathausmünze von 1958 Stadt Münster 06.11.1964
rnes Lorbeerblatt Dezember 1964
tplakette des Landes NRW Februar 1969
err von Schrötter-Wohnsdorff-Gedächtnis-Plakette des Trakehner Verbandes
ensreiter Preis des Westfälischen Reitervereins -Pferdemann des Jahres- 1985
ans-Heinrich Siefert Preis 1986
e Silberne Medaille des Landes NRW 14.01.1986
GA Preis des BSI 1986
ener Ring des NOK 1988
ienstorden des Landes NRW 18.09.1986
ennial Trophy des IOC 1994
rne Kiepe 02.12.1996 Hotel- und Gaststättenverband Westfalen

nämter (Auswahl):
nl. Mitglied im Nationalen Olympischen Komitee (NOK) von Deutschland
ident der Gemeinschaft Deutscher Olympioniken (GDO)
lied im Executiv Board der World Olympians Association (WOA)
lied im Dressur-Komitee der Fédération Equestre Internationale (FEI)
er am Court of Arbitration for Sport (CAS) des IOC
vertretender Präsident des Förderkreis Olympischer Reiterspiele (FORS)
lied im Landesleistungsausschuß (LA-L) des LandesSportBundes NRW
tandsmitglied im Stadtsportbund Münster
itzender des RV Sankt Georg Münster

Erfolge (Auswahl): Dressur/Military

Deutsche Meisterschaften Einzelwertung
Jahr	Ort	Ergebnis
1959*		Silber mit "Fortunat"
1960*		Gold mit "Winzerin"
1960	Münster	Bronze mit "Alberich"
1966	Hannover	Silber mit "Dux"
1967	Berlin	Gold mit "Dux"
1969	Berlin	Silber mit "Remus" und "Don Carlos"
1971	Berlin	Bronze mit "Mehmed" und "York"
1973	Berlin	Silber mit "Mehmed" und "Privatier"
1975	Berlin	Gold mit "Mehmed"
1977	Berlin	Bronze mit "Mehmed"
1978	München	Gold mit "Ahlerich"
1979	Berlin	Bronze mit "Ahlerich"
1980	München	Silber mit "Ahlerich"
1981	Berlin	Gold mit "Ahlerich"
1983	Berlin	Gold mit "Ahlerich"
1984	Balve	Gold mit "Ahlerich"
1985	Münster	Gold mit "Ahlerich"
1986	Berlin	Gold mit "Ahlerich"
1988	Verden	Gold mit "Ahlerich"
1995	Gera	Bronze mit "Biotop"
1996	Balve	Bronze mit "Biotop"

Europameisterschaften
Jahr	Ort	Ergebnis
1957	Kopenhagen*	Silber Mannschaft mit "Lausbub"
1959	Harewood*	Gold Mannschaft mit "Fortunat"
1962	Rotterdam	Gold Einzel mit "Arcadius"
1965	Kopenhagen	Bronze Einzel und Gold Mannschaft mit "Arcadius"
1967	Aachen	Gold Einzel und Gold Mannschaft mit "Dux"
1969	Wolfsburg	Gold Mannschaft mit "Dux"
1971	Wolfsburg	Gold Mannschaft mit "Mehmed"
1973	Aachen	Gold Einzel und Gold Mannschaft mit "Mehmed"
1981	Laxenburg	Gold Mannschaft mit "Ahlerich"
1983	Aachen	Silber Einzel und Gold Mannschaft mit "Ahlerich"
1985	Kopenhagen	Gold Einzel und Gold Mannschaft mit "Ahlerich"

Weltmeisterschaften
Jahr	Ort	Ergebnis
1966	Bern	Bronze Einzel und Gold Mannschaft mit "Dux"
1974	Kopenhagen	Gold Einzel und Gold Mannschaft mit "Mehmed"
1982	Lausanne	Gold Einzel und Gold Mannschaft mit "Ahlerich"
1986	Cedar Valley	Gold Mannschaft mit "Pascal"

Olympische Spiele
Jahr	Ort	Ergebnis
1964	Tokio	Gold Mannschaft mit "Dux"
1968	Mexiko	Bronze Einzel und Gold Mannschaft mit "Dux"
1976	Montreal	Gold Mannschaft mit "Mehmed"
1980	Goodwood**	Bronze Einzel und Gold Mannschaft mit "Ahlerich"
1984	Los Angeles	Gold Einzel und Gold Mannschaft mit "Ahlerich"
1988	Seoul	Gold Mannschaft mit "Ahlerich"

* Military
** Dressur-Festival aufgrund des Olympiaboykotts von Moskau

ZWISCHEN ATLANTA UND SYDNEY

Martin Plewa

Zur Entwicklung in der Vielseitigkeit von 1996 bis 2000

Sport-politische Entwicklungen

Die Jahre vor Atlanta waren geprägt von intensiven, weltweit geführten Debatten um die Austragung der olympischen Vielseitigkeit: Hierbei ging es im Wesentlichen um zwei Themenkomplexe: Zum einen um die Forderung des IOC, keine zwei Medaillen für eine Leistung zu vergeben und damit zwei getrennte Wettbewerbe um die Einzel- und Mannschaftsmedaillen auszutragen, zum anderen um die Anpassung der Geländeanforderungen an die erwarteten ungünstigen Klimabedingungen in Atlanta.

Die Teilung des Team- und Einzelwettbewerbes spaltet nach wie vor die internationale Vielseitigkeitsszene. So können einige wenige „starke" Nationen gut damit leben, zwei ****-Prüfungen gleichzeitig und gleich qualifiziert zu beschicken, während andere dafür einfach nicht das Potenzial an Reitern und Pferden besitzen. Zudem hat Atlanta deutlich gezeigt, wie unbefriedigend das System für diejenigen Reiter ist, deren Team aus der Wertung fällt. Zwar hat die FEI in diesem Hinblick reagiert und für Sydney dem dritten beziehungsweise vierten Mannschaftsreiter nach Ausscheiden des Teams ein rechtzeitiges Überwechseln in die Einzelwertung ermöglicht, damit ist die Diskussion um das zukünftige Format der Spiele aber bei weitem noch nicht abgeschlossen.

Dagegen hat Atlanta gezeigt, dass eine Vielseitigkeit auch unter extremen Klimabedingungen durchführbar ist, wenn die Geländeanforderungen flexibel und sachlich sinnvoll - notfalls auch abweichend vom Reglement - an die jeweiligen Verhältnisse angepasst werden. Die in diesem Zusammenhang angestellten vielfältigen wissenschaftlichen Untersuchungen waren allerdings über Antlanta hinaus äußerst wertvoll. Neben neuen Erkenntnissen für den Pferdesport allgemein, wurde vieles wissenschaftlich untermauert, was Pferdeleute aus ihrer Erfahrung ohnehin praktizierten.

So schien die grundsätzliche Diskussion im Vielseitigkeitssport Ende 1996/Anfang 1997 zunächst beendet, auch in den sich neu formierenden Gremien in diesem Sport. Im FEI-Komitee gab nach acht Jahren satzungsgemäß Lord Patrick Carew (Irland) den Vorsitz an den Briten Hugh Thomas ab. In Deutschland wechselte nach zwölf Jahren die ehrenamtliche Führung im DOKR- Ausschuss Vielseitigkeit; Peter Wagner löste Dr. Springorum als Vorsitzender des Ausschusses ab. Und sogleich versuchten die neu besetzten Gremien nach dem Motto der „gut kehrenden neuen Besen" neue Vorstellungen und Konzepte zu entwickeln und umzusetzen.

Die Überlegungen des FEI-Komitees zielten zunächst darauf ab, den Sport medienwirksamer, für Zuschauer transparenter und damit auch für Sponsoren attraktiver zu machen. Wichtigste Maßnahme hierzu war eine Vereinfachung des Bewertungssystems. So grundsätzlich gut und richtig diese Idee auch war, scheiterte sie allerdings schon nach einem Jahr ihrer Einführung vor allem an der nicht beabsichtigten und eingeplanten psychologischen Wirkung auf die Reiter. Zum Eklat kam es nach dem witterungsbedingt sehr schweren CCI**** Badminton 1999, bei dem sich Hugh Thomas einer erheblichen Opposition seitens der Reiter und ihrer Organisation ausgesetzt sah. Sie kritisierten zum einen die überzogenen Anforderungen der Geländestrecke, aber vor allem auch das neue Bewertungssystem.

Unter diesem massiven Druck vollzog das FEI-Komitee ein halbes Jahr später eine 180-Grad-Wendung und kehrte zum traditionellen „Scoring" zurück. Zu diesem Zeitpunkt hatte bereits Franz van Meggelen, Mitglied der Turnierleitung von Boekelo, den Vorsitz des FEI-Komitees kommissarisch für Hugh Thomas übernommen, der aus gesundheitlichen Gründen seinen Rücktritt erklärt hatte. Im April 2000 wurde der frühere Mannschafts- Olympia-Sieger Wayne Roycroft von der FEI-Generalversammlung in die verwaiste Position des Chairmans gewählt.

Grundsätzlich ist es in der so komplexen Disziplin Vielseitigkeit wichtig, die Auffassungen und Interessen aller beteiligten Gruppierungen in Zukunftsüberlegungen einzubeziehen und sie sinnvoll gegeneinander abzuwägen. Dazu gehört auch eine verbesserte Kommunikation der zahlreichen neu geschaffenen Organisationen - die der Reiter, Veranstalter, Offiziellen, die alle eigene Assoziationen gegründet haben - mit den nationalen Föderationen. Denn was nützen Überlegungen der einzelnen Gruppierungen und Gremien, wenn sie mit den nationalen Verbänden nicht abgestimmt werden und damit Entscheidungen unmöglich sind, die von einer breiten Mehrheit getragen werden müssen?

Namen und Nachrichten

Im FEI-Komitee Vielseitigkeit gab 1997 nach acht Jahren Amtszeit satzungsgemäß der Ire Lord Patrick Carew den Vorsitz an den Briten Hugh Thomas ab, der als ehemaliger Reiter, weltweit tätiger Technischer Delegierter und Parcourchef sowie Direktor von Badminton zu den profiliertesten Kennern des internationalen Vielseitigkeitssports zählt. Aus gesundheitlichen Gründen erklärte Hugh Thomas allerdings noch vor Ende der Legislaturperiode seinen Rücktritt, so dass der Niederländer Franz van Meggelen kommissarisch den Vorsitz übernahm. Im April 2000 wurde dann erstmals ein Repräsentant aus Australien in das Amt des Chairmans gewählt: der frühere Mannschafts-Olympiasieger Wayne Roycroft. Roycroft, eine in vielen Bereichen des internationalen Reitsports hoch geschätzte Persönlichkeit, ist als Präsident der australischen Föderation und Coach des olympischen Vielseitigkeitsteams nicht nur sport-politisch versiert, sondern hat auch sein Ohr nahe bei den Aktiven. Auch im deutschen Vielseitigkeitsausschuss gab es nach Atlanta Veränderungen. Nach zwölf Jahren wurde der renommierte Vielseitigkeitsexperte und international bekannte Vielseitigkeitsrichter Dr. Bernd Springorum im Amt des DOKR-Ausschussvorsitzenden abgelöst. An seiner Stelle trat der ehemalige Vielseitigkeitsreiter und internationale Vielseitigkeitsrichter Peter Wagner.

Hugh Thomas

Dr. Bernd Springorum

VIELSEITIGKEIT

Sportliche Entwicklung

Angesichts der weltweiten Zunahme von Prüfungs- und Starterzahlen kann man durchaus von einem zunehmenden Interesse am Vielseitigkeitssport sprechen. Allein der Spitzensport wurde in den letzten vier Jahren um zwei weitere Top-Prüfungen, den CCI**** Lexington und Adelaide, bereichert. Eine besondere Entwicklung vollzieht sich in Südamerika, wo insbesondere die Brasilianer dabei sind, ihren Abstand zur Weltspitze zu verkleinern. Lediglich in einigen wenigen Ländern, wie zum Bespiel Deutschland und den Niederlanden, hat es die Vielseitigkeit nach wie vor schwer, sich neben den hier traditionell starken Disziplinen Dressur und Springen zu behaupten.

Gestiegen sind aber nicht nur die Prüfungs- und Starterzahlen sondern auch das sportliche Niveau. Das gilt vor allem für den Spitzenbereich. Mit dazu beigetragen hat im Wesentlichen die Erhöhung der Dressuranforderungen. Mit der seit 1998 gültigen neuen Dressuraufgabe wurden endlich der Fliegende Galoppwechsel eingeführt und die Seitengänge in erschwerter Lektionenfolge verlangt. Eine Erhöhung des reiterlichen Standards fand auch im Gelände statt. Während die Anforderungen an die Pferde hier tendeziell zurückgegangen sind - zum Beispiel durch kürzere Strecken, Hindernisabmessungen unterhalb der Maximalgrenzen und die Einführung einer zusätzlichen Pause in Phase C - sind die Ansprüche an die reiterlichen Fertigkeiten, vor allem was das präzise Anreiten der Sprünge angeht, deutlich gestiegen. Dabei scheint es allerdings, dass die Schere zwischen den Routiniers und den weniger geübten Reitern immer weiter auseinander geht. Die erfahrenen Top-Reiter bewältigen die technisch anspruchsvollen Kurse sehr selbstverständlich, während andere offensichtlich nicht ausreichend dafür vorbereitet und geschult sind.

Die Diskussion um eine verbesserte Ausbildung, vor allem im Gelände, wurde besonders nach den tragischen Unfällen 1999 entfacht. Allein in England verunglückten in diesem Jahr fünf Reiter tödlich. In der Folge gründete die FEI in Kooperation mit der britischen Vielseitigkeits-Organisation eine Arbeitsgruppe, die sich mit der Sicherheit im Geländesport befasste. Neben Ärzten, Tierärzten, Geländeaufbauern und Veranstaltern gehörten diesem Sicherheitskomitee unter anderem auch Vertreter des Galopprennsports und anderer „Risiko"-Sportarten an. Die Ergebnisse des Komitees nach mehrmonatiger Tätigkeit fielen allerdings nach überwiegender Einschätzung wenig revolutionär aus. Statt grundsätzlicher Veränderungen des Vielseitigkeitssport gab es eher marginale Vorschläge. Ob sie ausreichen werden, die Risikofaktoren des Sports weiter zu minimieren und die gesellschaftliche und sport-politische Akzeptanz des Vielseitigkeitssports zu gewährleisten, wird sich erst noch zeigen müssen.

Die sportlichen Höhepunkte

EM Burghley

Zum zweiten und letzten Mal „offen" ausgetragen wurden die Europameisterschaften im britischen Burghley, zu denen damit auch alle nicht- europäischen Nationen zugelassen waren. Das Teilnehmerfeld war entsprechend

Mit ihrem Sieg bei den offenen Europameisterschaften in Burghley feierten Bettina Overesch-Böker und „Watermill Stream" den Höhepunkt ihrer gemeinsamen Karriere. Zugleich sicherten sie Deutschland den ersten Einzeltitel in der Vielseitigkeit bei Europa- beziehungsweise Weltmeisterschaften

stark besetzt. Wie immer war der Kurs in Burghley „sehr britisch", das heißt im obersten Schwierigkeitsgrad angesiedelt, und entsprach auch in diesem Jahr eher einem Vier- als dem verlangten Drei-Sterne-Niveau der Europameisterschaften.

Die deutsche Mannschaft setzte sich aus routinierten Reitern zusammen, die mit Ausnahme von Andreas Dibwoski auf Andora auch auf recht erprobten Pferden saßen. Leider lief nicht alles nach Plan. Einige Pferde gingen auf dem Dressurviereck schon unter Form.

EM Burghley 1997 – Geländeritt

Phase	Länge	Tempo	Hindernisse	Bestzeit
Phase A – Wegestrecke 1	5.830 m	220 m/min	–	26:30 min
Phase B – Rennbahn	2.760 m	690 m/min	8	4:00 min
Phase C – Wegestrecke 2	8.250 m	220 m/min	–	37:30 min
10 Minuten Zwangspause				
Phase D – Querfeldeinstrecke	6.540 m	570 m/min	30	11:28 min

Zwischen Atlanta und Sydney

Im Gelände wurde dem in Atlanta so zuverlässig gegangenen Amadeus von Hendrik von Paepcke im Sattel schon zu Beginn der Prüfung der Schneid abgekauft, und Wolfgang Mengers musste sich nach einem Rumpler bei Sprung vier von seiner Stute Flaming Affair trennen. Die kleine, aber drahtige Andora gab aber alles und blieb fehlerlos. Bettina Overesch-Böker legte nach gelungener Dressur und furiosem Geländeritt mit ihrem Schimmel Watermill Stream den Grundstock zu ihrem Titelgewinn. Die deutsche Mannschaft konnte mit drei Nullrunden im abschließenden Springen den vierten Platz in der Teamwertung behaupten. Der Sieg ging an die Briten, die damit die Erwartungen mehr als erfüllten.

Der EM-Titel für Bettina Overesch-Böker ist der erste Einzeltitel für einen deutschen Reiter in der Vielseitigkeit bei einer Europa- beziehungsweise Weltmeisterschaft. Sie hat damit gezeigt, dass deutsche Vielseitigkeitsreiter in der Lage sind, in der Weltspitze mitzureiten, sofern sie auf geeigneten Pferden sitzen. Zusätzlich profitierte sie davon, ihren Wallach seit dem Frühjahr über das Prüfungssystem in England auf das Championat vorbereitet zu haben. Ein Musterbeispiel für Reitkunst gab einmal mehr der Neuseeländer Mark Todd, der mit seinem zierlichen Vollblüter Broadcast News die offene EM-Wertung knapp vor Bettina Overesch-Böker gewinnen konnte.

EM Burghley 1997 – Mannschaftswertung

	Nation/Reiter	Pferd	Total
1.	Großbritannien		160,20
	Mary King	Star Appeal	57,20
	Ian Stark	Arakai	57,80
	Christopher Bartle	Word Perfect II	128,60
	William Fox-Pitt	Cosmopolitan II	45,20
2.	Schweden		214,50
	Sivert Jonsson	Jumping Jet Pack	–
	Paula Törnqvist	Monaghan	70,60
	Anna Hermann	Home Run II	61,20
	Magnus Osterlund	Master Mind	82,60
3.	Frankreich		270,00
	Frederic A. de Romblay	Rosendael HN	104,60
	Jean-Lou Bigot	Twist La Beige HN	62,40
	Marie-Christine Duroy	Summer Song	103,00
	Jean Teulere	Rodosto	–
4.	Deutschland		284,20
	Hendrik von Paepcke	Amadeus	–
	Andreas Dibowski	Andora	77,80
	Wolfgang Mengers	Flaming Affair	161,80
	Bettina Overesch-Böker	Watermill Stream	44,60
5.	Schweiz		382,40
6.	Irland		489,80

Von 9 europäischen Nationen verblieben 6 in der Wertung.

EM Burghley 1997 – Einzelwertung

	Reiter	Nation	Pferd	Total
1.	Bettina Over.-Böker	GER	Watermill Stream	44,60
2.	William Fox-Pitt	GBR	Cosmopolitan II	45,20
3.	Kristina Gifford	GBR	General Jock	55,00
4.	Mary King	GBR	Star Appeal	57,20
5.	Polly Phillips	GBR	Coral Cove	57,40
6.	Ian Stark	GBR	Arakai	57,80
7.	Anna Hermann	SWE	Home Run II	61,20
8.	Jean-Lou Bigot	FRA	Twist La Beige HN	62,40
9.	Erica Watson	GBR	Last of the Incas	63,40
10.	Paula Törnqvist	SWE	Monaghan	70,60
11.	Andreas Dibowski	GER	Andora	77,80
31.	Peter Thomsen	GER	White Girl	145,60
35.	Wolfgang Mengers	GER	Flaming Affair	161,80

Von 56 europäischen Teilnehmern beendeten 37 die Prüfung.

Zum zweiten und letzten Mal wurden in Burghley die Europameisterschaften „offen" ausgetragen. Sieger der offenen Wertung wurde Mark Todd mit dem zierlichen Vollblüter „Broadcast News"

Weltmeisterschaft Pratoni del Vivaro

Die herrliche Reitsportanlage südlich von Rom, geschaffen für die Olympischen Spiele 1960, war einmal mehr Schauplatz eines internationalen Championats, dieses Mal im Rahmen der Weltreiterspiele. Die Leistungen der italienischen Veranstalter sind dabei besonders zu würdigen, da sie das Championat innerhalb kürzester Zeit organisieren mussten, nachdem der ursprüngliche Ausrichter Irland die Spiele kurzfristig zurückgegeben hatten. Die Probleme im Vorfeld der Weltreiterspiele hatten erneut Diskussionen darüber entfacht, ob nicht eine Rückkehr zu getrennten WM sinnvoller wäre.

Die Weltmeisterschaften in Rom waren für die Vielseitigkeitsteams die erste von zwei Möglichkeiten, sich für die Olympischen Spiele in Sydney zu qualifizieren. Trotz der starken Mannschaften wie zum Beispiel aus Neuseeland, Großbritannien, USA und Australien waren die deutschen Reiter mit großem Optimismus nach Italien gefahren, der sich durch die hervorragenden Vorleistungen rechtfertigte. Mit überzeugenden Dressurleistungen übernahm das deutsche Team auch die Führung nach der ersten Teildisziplin. Überhaupt war das Dressur-Niveau in Rom erstaunlich hoch, die meisten Reiter hatten überwiegend erfolgreich die Umstellung auf die neue, erschwerte Dressuraufgabe mit den Fliegenden Galoppwechseln vollzogen.

Eines der stärksten deutschen Paare im Vorfeld der Weltmeisterschaften in Rom: Die Deutsche Meisterin Inken Johannsen und ihre selbst gezogene Holsteiner Stute „Brilliante". Aber auch sie blieben nicht vom Pech verschont. Beim abschließenden Springen rutschte „Brilliante" in einer Kurve aus, so dass das Paar vom aussichtsreichen achten auf den 29. Platz zurückfiel

WM Rom 1998 — Geländeritt

Phase	Länge	Tempo	Hindernisse	Bestzeit
Phase A — Wegestrecke 1	5.940 m	220 m/min	—	27:00 min
Phase B — Rennbahn	3.105 m	690 m/min	10	4:30 min
Phase C — Wegestrecke 2	10.120 m	220 m/min	—	46:00 min
10 Minuten Zwangspause				
Phase D — Querfeldeinstrecke	7.410 m	570 m/min	32	13:00 min

Für das deutsche Team begann mit dem Geländetag eine Kette von unglücklichen Vorfällen die mit dem Wort „Pech" schon nicht mehr zu beschreiben sind. Zunächst nahm Peter Thomsen beim Wassereinsprung kurz vor dem Ziel ein Bad, dann musste Marina Loheit nach einem Sturz ausscheiden. In der Hektik des Wiedereinfangens ihres Pferdes und beim unverzüglichen Weiterreiten hatte sie versehentlich ein Hinderniselement ein zweites Mal überwunden. Zuletzt wurde Watermill Stream, das Pferd von Bettina Overesch, nach

WM Rom 1998 — Einzelwertung

Reiter	Nation	Pferd	Total
1. Blyth Tait	NZL	Ready Teddy	43,40
2. Mark Todd	NZL	Broadcast News	44,25
3. Paula Törnqvist	SWE	SAS Monaghan	45,60
4. Vaughn Jeffris	NZL	Bounce	50,00
5. Andrew Nicholson	NZL	New York	51,40
6. David O'Connor	USA	Giltedge	51,40
7. Polly Phillipps	GBR	Coral Cove	52,00
8. Olivia Bunn	AUS	GV Braveheart	52,80
9. Stuart Tinney	AUS	Jeepster	53,00
10. Piia Pantsu	FIN	Uppercut	54,20
23. Marie-Jeanette Steinle	GER	Traque le Vent	74,20
27. Simone Richter	GER	Chicoletto	81,00
29. Inken Johannsen	GER	Brilliante	85,05

Von 92 Teilnehmern beendeten 70 die Prüfung.

Zwischen Atlanta und Sydney

WM Rom 1998 – Mannschaftswertung

	Nation/Reiter	Pferd	Total
1.	Neuseeland		137,65
	Blyth Tait	Ready Teddy	43,40
	Mark Todd	Broadcast News	44,25
	Vaughn Jeffris	Bounce	50,00
	Sally Clark	Squirrel Hill	—
2.	Frankreich		182,85
	Marie-Christine Duroy	Summer Song GB	57,80
	Rodolphe Scherer	Bambi de Briere	58,05
	Jean Lou Bigot	Twist La Beige HN	67,00
	Philippe Mull	Viens du Frene Ene HN	73,00
3.	Großbritannien		184,95
	Polly Phillipps	Coral Cove	52,00
	Gary Parsonage	Magic Rogue	61,40
	Nigel Taylor	The Frenchman II	71,55
	Karen Dixon	Too Smart	—
4.	USA		186,15
5.	Schweden		199,65
6.	Irland		326,80
7.	Italien		398,40
8.	Dänemark		434,10
9.	Spanien		467,85
10.	Brasilien		566,20
11.	Schweiz		570,80
	Deutschland		ausgeschieden

Von 18 teilnehmenden Nationen verblieben 11 in der Wertung.

Nach dem Olympiasieg folgte bei der WM in Rom der Weltmeistertitel für Blyth Tait und seinen Fuchs „Ready Teddy". Es war nach 1990 bereits der zweite WM-Titel für den Neuseeländer

VIELSEITIGKEIT

Mit einer Nullrunde im Gelände feierte Marie-Jeanette Steinle mit „Traque le Vent" ein gelungenes Championats-Debüt

Europameisterschaften Luhmühlen 1999

Nach den Weltmeisterschaften 1982 und den Europameisterschaften 1975, 1979 und 1987 fand 1999 zum fünften Mal ein großes Championat in Luhmühlen statt. Vorherrschendes Thema vor allem in den britischen und deutschen Medien war dabei die noch anstehende Olympia-Qualifikation beider Teams. Um es vorweg zu nehmen: Die Briten gewannen in souveräner Manier zusätzlich zum Einzelgold durch Pippa Funnell und Supreme Rock, auch die Mannschafts-Europameisterschaft vor dem deutschen Team und den überraschend einer tollen Geländeleistung wegen einer Hufentzündung nicht mehr zum Springen zugelassen. Er hatte in dem weich gewordenen Boden der Geländestrecke beide Vordereisen verloren. Zu allem Überfluss rutschte dann auch noch das bis dahin bestplatzierte deutsche Pferd „Brilliante" von Inken Johannsen in einer Wendung im Springparcours aus und warf das Paar um viele Plätze nach hinten. Diese Anhäufung von Pech kostete die deutsche Mannschaft die angestrebte direkte Olympia-Qualifikation. Für Lichtblicke sorgten die Einzelreiterinnen Marie-Jeanette Steinle mit ihrem drahtigen „Traque le Vent", die mit einem fehlerfreien Geländeritt ein gelungenes Championats-Debüt feierte, sowie Simone Böckmann, die ihren noch jungen, aber imponierenden Chicoletto mit nur einer Verweigerung durch den anspruchsvollen Kurs steuerte. Überzeugend in Pratoni waren einmal mehr die „Kiwis", die mit ihren Top-Pferden Einzel- und Mannschaftsgold gewannen. Wie nahe Glück und Pech beieinander liegen, mussten dagegen die als Mitfavoriten eingestuften Australier erfahren, deren Team ebenfalls „platzte". Ein unglückliches Nachspiel hatte diese Weltmeisterschaft für die britische Mannschaft, die wegen eines Dopingfalls die Bronzemedaille zurückgeben musste und damit aus der Wertung fiel, da bereits ein Paar im Gelände ausgeschieden war. Damit mussten auch sie sich im darauffolgenden Jahr in Luhmühlen für die Olympia-Teilnahme qualifizieren, wodurch die Europameisterschaften äußerst spannend zu werden versprachen.

Bodo Battenberg, zweifacher Deutscher Meister und bester deutscher Mannschaftsreiter bei den Olympischen Spielen von Atlanta, erzielte auch bei den EM Luhmühlen mit „Sam the Man" das beste deutsche Ergebnis

EM Luhmühlen 1999 — Geländeritt

Phase	Länge	Tempo	Hindernisse	Bestzeit
Phase A — Wegestrecke 1	4.400 m	220 m/min	—	20:00 min
Phase B — Rennbahn	2.760 m	690 m/min	8	4:00 min
Phase C — Wegestrecke 2	9.020 m	220 m/min	—	41:00 min
10 Minuten Zwangspause				
Phase D — Querfeldeinstrecke	6.700 m	570 m/min	28	11:45 min

Zwischen Atlanta und Sydney

Erst kurz zusammen und doch schon ein Team. Bei den EM Luhmühlen trugen Herbert Blöcker und MobilCom Chicoletto, der noch im Jahr zuvor von Simone Böckmann bei den Weltreiterspielen geritten worden war, maßgeblich zur Silbermedaille der deutschen Mannschaft bei

EM Luhmühlen 1999 — Mannschaftswertung

Nation/Reiter	Pferd	Total
1. Großbritannien		266,00
Pippa Funnell	Supreme Rock	74,00
Ian Stark	Jay Bee	91,00
Jeanette Brakewell	Over To You	101,00
Kristina Gifford	The Gangster	103,00
2. Deutschland		364,00
Bodo Battenberg	Sam the Man	115,00
Nele Hagener	Little McMuffin FRH	123,00
Herbert Blöcker	MobilCom Chicoletto	126,00
Peter Thomsen	Warren Gorse	—
3. Belgien		418,00
Constan Rijckevorsel	Otis 002	120,00
Carl Bouckaert	Welton Molecule	145,00
Kurt Heyndrickx	Archimedes 041	153,00
Viginie Caulier	Kiona	335,00
4. Dänemark		439,00
Nils Haagensen	Land Rovers Discovery	120,00
Kim Loewe	Perry Dane	135,00
Peter Flarup	Dex 014	184,00
Ulrik Moelgaard	Buggleys Boy	—
5. Schweden		441,00
Linda Algotsson	Stand by Me 004	80,00
Paula Törnqvist	SAS Monaghan	83,00
Anna Nilsson	Azzaro Z 002	278,00
Sara Algotsson	Robin des Bois	—
6. Frankreich		536,00
7. Holland		581,00
8. Spanien		643,00
9. Japan		792,00

Von 9 teilnehmenden Nationen verblieben alle in der Wertung.

ausgeglichenen Belgiern, die sich damit erstmals für die Olympischen Spiele qualifizieren konnten. Das deutsche Team, das sich im Bundesleistungszentrum des DOKR in Warendorf intensiv auf die EM vorbereitet hatte, bestand aus einer Mischung aus Routiniers und Championats-Neulingen. Ihrer Einschätzung als sicheres Geländepaar wurden Nele Hagener und ihr Little McMuffin FRH mehr als gerecht. Die ehemalige Deutsche Meisterin der Jungen Reiter trug maßgeblich zum Gewinn der Mannschaftssilbermedaille bei. Mit zum Team zählten Bodo Batten-

EM Luhmühlen 1999 — Einzelwertung

Reiter	Nation	Pferd	Total
1. Pippa Funnell	GBR	Supreme Rock	74,00
2. Linda Algotsson	SWE	Stand by Me 004	80,00
3. Paula Törnqvist	SWE	SAS Monaghan	83,00
4. Piia Pantsu	FIN	SW Uppercut	90,00
5. Ian Stark	GBR	Jay Bee	91,00
6. Didier Courreges	FRA	Debat d'Estruva	91,00
7. Heidi Antikatzidis	GRE	Michaelmas	93,00
8. Jean-Lou Bigot	FRA	Twist La Beige HN	99,00
9. Jeanette Brakewell	GBR	Over To You	101,00
10. Kristina Gifford	GBR	The Gangster	103,00
11. Bodo Battenberg	GER	Sam the Man	115,00
17. Nele Hagener	GER	Little McMuffin FRH	123,00
20. Herbert Blöcker	GER	MobilCom Chicoletto	126,00
25. Dr. Annette Wyrwoll	GER	Equitop Bantry Bay	143,00
31. Cord Mysegaes	GER	Flaming Affair	158,00
35. Hendrik von Paepcke	GER	Chesney Corner	185,00
38. Dr. Matthias Baumann	GER	Valesca 017	226,00
39. Ingrid Klimke	GER	Sleep Late	234,00

Von 77 Teilnehmern beendeten 55 die Prüfung.

Großer Jubel herrschte bei den Briten nach dem Gewinn der Mannschafts- Goldmedaille. Auch für die Engländer ging es bei diesen EM um einen Startplatz bei den Olympischen Spielen, nachdem sie die WM-Bronzemedaille von Rom wegen eines Dopingfalles hatten zurückgeben müssen. Mit zum britischen Team gehörten Jeanette Brakewell mit Over to you, Ian Stark mit Jay Bee, Pippa Funnell mit Supreme Rock und Kristina Gifford mit The Gangster

berg mit Sam the Man, Peter Thomsen, den im Gelände dasselbe Schicksal ereilte wie ein Jahr zuvor Marina Loheit in Rom, und Herbert Blöcker. Er saß dabei im Sattel von „MobilCom Chicoletto", mit dem er dank seines Förderers Gerhard Schmidt beritten gemacht worden war. Noch in Rom hatte Simone Böckmann den Oldenburger Wallach geritten.

Einer der herausragenden deutschen Reiter der Saison 1999 war Elmar Lesch, der gleich über mehrere Pferde für die Spitzenprüfungen verfügte. Mit Ballinlough-Dun-Ain-Oir rangierte er in Luhmühlen nach dem Geländeritt

Die Damen hatten die Nase vorn bei den EM Luhmühlen: Allen voran die Britin Pippa Funnell, die sich mit „Supreme Rock" sowohl Gold in der Mannschafts- wie auch der Einzelwertung holte

Zwischen Atlanta und Sydney

noch in Medaillen-Nähe, musste den irischen Wallach wegen einer Verletzung allerdings vor dem Springen zurückziehen. Mit exzellenten Einzelleistungen bei den Europameisterschaften konnten auch die schwedischen Reiter aufwarten. Gegen Saisonende zeichnete sich ab, dass die als besonders stark eingeschätzten Überseenationen - Austalien, Neuseeland, USA - in Sydney vor allem mit den Briten, Schweden, Franzosen und den deutschen Reitern um die Mannschafts-Medaillen kämpfen müssen. Das aus deutscher Sicht gute Abschneiden bei den Europameisterschaften wurde im vorolympischen Jahr noch durch einen erfolgreichen Saisonabschluss beim CCI*** Boekelo abgerundet: Marina Loheit konnte den Sieg, und Andreas Dibowski zwei vordere Platzierungen davontragen.

Riesenfreude herrschte nach dem Gewinn der Silbermedaille im deutschen Lager. Mit ihrem zweiten Platz sicherte das Team Deutschland zugleich den erhofften Startplatz bei den Olympischen Spielen in Sydney

Die Saison 2000 und die Vorbereitungen auf Sydney

Für den Start im Mannschaftswettbewerb in Sydney hatten sich in den Jahren 1998 und 1999 folgende Nationen qualifiziert: Australien als Gastgeber, Neuseeland als Weltmeister, außerdem die WM-platzierten Nationen Frankreich, USA, Schweden, Irland und Italien, Brasilien als Sieger der Pan-Amerikanischen Spiele und Japan als beste Mannschaft der asiatisch-pazifischen Region. Großbritannien, Deutschland und Belgien sicherten sich ihre Startzulassungen durch ihre Medaillengewinne bei den Europameisterschaften 1999 in Luhmühlen. Komplettiert wurde die Liste durch Spanien, Dänemark und die Schweiz; wobei die Schweiz allerdings keine Reiter nach Sydney schickten. Dänemark wurde in Australien nur durch einen Einzelreiter vertreten, ebenso wie die Schweden, die nach Ausfällen und internen Querelen zuletzt nur zwei Einzelreiter entsandten. Somit gingen statt der 15 zugelassenen nur zwölf Mannschaften an den Start.

Für den Einzelwettbewerb wurden die maximal 36 Startplätze nach einem recht komplizierten System auf der Grundlage der Weltrangliste 1999/2000 ermittelt. Hier war ein Nachrücken bei Startverzicht bis zu Meldeschluss einen Tag vor Prüfungsbeginn möglich, vorausgesetzt, die nachfolgenden Pferde erfüllten alle Quarantänebedingungen. Das Qualifikationssystem für den Einzelwettbewerb hatte bereits im Vorfeld für erhebliche Diskussionen gesorgt. Nach Meinung vieler Experten wurde es der tatsächlichen Leistungsstärke einer Nation kaum gerecht und war daher sportfachlich schwer nachvollziehbar. Zudem wurde die Ungewissheit über das Nachrückverfahren zur Belastungsprobe für die Betroffenen. Der entscheidende Kritikpunkt am ganzen Qualifikationsmodus für Olympia ist jedoch, dass lediglich die Startplätze ermittelt werden, aber in keiner Weise die aktuelle Leistungsfähigkeit der tatsächlich startenden Teilnehmer berücksichtigt wird, und somit möglicherweise Starter zugelassen werden, die den olympischen Anforderungen kaum gewachsen sind.

Zur sportlichen Vorbereitung nutzten die Vielseitigkeitsreiter aller Nationen sehr unterschiedliche Wege. Einige bevorzugten Starts in den Vier-Sterne-Prüfungen im Frühjahr, wieder andere bauten ihre Pferde über Drei-Sterne-Anforderungen für Sydney auf. Auch den deutschen Reitern war es weitgehend freigestellt, über welche Große Prüfung sie sich qualifizieren wollten. Die meisten entschieden sich für einen Start bei den Deutschen Meisterschaften in Achselschwang Ende Juni, wo Ingrid Klimke mit ihrem beeindruckenden Vollblüter Sleep Late ihren Meistertitel erfolgreich

DM Achselschwang 2000 — Einzelwertung

	Reiter	Nation	Pferd	DM-Platzierung	Total
1.	Andrew Hoy	AUS	Swizzle In		41,00
2.	Ingrid Klimke	GER	Sleep Late	Gold	45,80
3.	Didier Willefert	FRA	Blackring Mili HN		46,20
4.	Nicolas Touzaint	FRA	Cobra D'Or		46,40
5.	Marina Köhncke	GER	TSF Boettcher's Longchamps	Silber	47,00
6.	Erhard Bartholomay	GER	Ringwood Doreen	Bronze	52,00
7.	Linda Algotsson	SWE	My Fair Lady 59		52,80
8.	Andreas Dibowski	GER	Leonas Dancer	4.	53,40
9.	Andrew Nicholson	NZL	Climb the Hight		54,80
10.	Matt Ryan	AUS	Balmoral Mr. Slinky		55,40
11.	Frank Ostholt	GER	Eos 10	5.	58,00
12.	Dr. Annette Wyrwoll	GER	Equitop Bantry Bay	6.	58,60
14.	Marie-Jeanette Steinle	GER	Traque le Vent	7.	61,80
16.	Kai Rüder	GER	Butscher	8.	64,00
20.	Ingrid Klimke	GER	Windfall 2	9.	68,00
22.	Kai Rüder	GER	Kyneally Bay	10.	70,60
23.	Nele Hagener	GER	Little McMuffin FRH	11.	71,20
26.	Peter Thomsen	GER	True Lies H.H.	12.	77,20
27.	Malin Hansen	GER	Beverly 7	13.	80,40
29.	Daniela Pohl	GER	Suprise 38	14.	87,80
30.	Marie-Jeanette Steinle	GER	King Salmon	15.	92,00
33.	Stephanie Leistner-M.	GER	The Odyssey	16.	114,00
37.	Dr. Matthias Baumann	GER	Carramar Dylan	17.	190,40

Von 58 Teilnehmern beendeten 39 die Prüfung.

VIELSEITIGKEIT

Zum zweiten Mal Deutsche Meisterin: Ingrid Klimke mit „Sleep Late"

verteidigte, vor Marina Loheit, inzwischen verheiratete Köhncke, mit ihrem nicht minder beeindruckenden Trakehner TSF Boettcher's Longchamps. Marina Köhncke hatte mit Sir Toby bereits beim anspruchsvollen CCI*** in Saumur eine qualifikationsreife Leistung erbracht. Auf den Plätzen drei und vier der Deutschen Meisterschaft in Achselschwang landeten die Berufsreiter Erhard Bartholomay und Andreas Dibowski. Letzterer hatte 2000 eine besonders glückliche Saison und rangierte dank weiterer CCI-Siege und -Platzierungen kurz vor den Olympischen Spielen auf dem zweiten Platz der Weltrangliste.

Am ersten Augustwochenende war für alle europäischen Reiter die letzte Möglichkeit, eine Vielseitigkeitsprüfung vor Olympia zu reiten, da die Pferde am 8. August ihre jeweilige Quarantänestation beziehen mussten. Die deutschen Reiterinnen und Reiter trafen zu einer letzten Formüberprüfung im Rahmen eines CIC*** in Bonn-Rodderberg zusammen. Von dort zogen die nominierten Paare und die Reservisten in die Quarantäne ein.

Die Quarantäne

Für den Import von Pferden nach Australien gelten strenge Einfuhrbestimmungen. Durch eine vorgelagerte Quarantänezeit sollte das Einschleppen von ansteckenden Krankheiten, wie zum Beispiel der Pferdeinfluenza, verhindert werden, die in Australien bisher nicht vorkommen. Noch zu den Olympischen Spielen von Melbourne 1956 waren aus diesem Grun-

„Blaumänner" unter sich. Die Quarantänevorschriften im australischen Sydney erstreckten sich auch auf das Tragen vorgeschriebener Schutzkleidung innerhalb der Quarantäne-Zone

de die Reiterspiele ausgelagert und nach Stockholm verlegt worden. Zur WM der Vielseitigkeit in Gawler (Südaustralien) 1986 mussten die Pferde noch in eine zweieinhalbmonatige Quarantäne, davon einen Monat in England und zwei Wochen auf einer australischen Insel. Für die Spiele in Sydney waren Sonderregelungen getroffen worden, die die Einfuhr der Olympia-Pferde erheblich erleichterten. So mussten alle Pferde „nur" eine vierwöchige Quarantäne über sich ergehen lassen: je zur Hälfte in Europa und auf der Olympiareitanlage in Sydney.

Die deutschen Vielseitigkeitsreiter hatten, wie auch ihre belgischen Kollegen, das Ostbayerische Pferdezentrum in Kreuth als Trainingscamp gewählt, weil hier in fast idealer Weise die Anforderungen der Quarantäne mit denen des Trainings zu vereinbaren waren. Für das Konditionstraining stand eine optimale Galoppierbahn zur Verfügung, ebenso exzelente Plätze für die Dressur- und Springarbeit. An dieser Stelle sei besonders Klaus Balkenhol und Kurt Gravemeier gedankt, die in Kreuth aber auch in Sydney vor Ort den Vielseitigkeitsreitern mit Rat und Tat zu Seite standen.

Auf Grund der Quarantänebestimmungen war es erforderlich, dass alle Pferde, soweit sie nicht in Australien selbst oder in Neuseeland beheimatet waren, fast gleichzeitig in Sydney eintreffen mussten.

Mit großer Erleichterung konnten nach dem mehr als dreißigstündigen Flug die deutschen Pferde an der Olympiareitanlage in Empfang genommen werden. Frisch als wäre nichts gewesen, kamen sie aus den Transportern, optimal betreut von ihren Pflegern und dem begleitenden Tierarzt Dr. Nolting. Erst ein bis zwei Tage später spürte man bei fast allen Pferden Auswirkungen des Jetlags; sie legten sich häufiger und zu ungewöhnlichen Zeiten hin. Aber schon etwa einen Tag später waren alle wieder munter, so dass schon bald mit leichter Arbeit begonnen werden konnte. Für das Training standen ausreichend Dressur- und Springplätze zur Verfügung, für das Galopptraining wurde eine Sandbahn im Innenbereich der Prüfungsrennbahn angeboten, sowie ein schmaler Streifen neben einer bergauf führenden Straße zur Konditionsarbeit am Hang.

Mit großem Interesse wurde auch das Konditionstraining der anderen Nationen verfolgt und im Trainerkreis kollegial über Ländergrenzen hinweg diskutiert. Wesentliche Unterschiede waren nicht erkennbar, insbesondere was die Periodisierung des Trainings anbelangte. Fast alle Reiter arrangierten ihr Galopptraining in einem drei- bis fünftägigen Rhythmus, bevorzugt an der Bergauf-Bahn. Vertreter aller beteiligten Nationen waren einheitlich der Meinung, dass die australischen Organisatoren alles getan haben, um trotz der Quarantänebestimmungen optimale Trainingsmöglichkeiten zu offerieren.

Michael Klimke

Zur Entwicklung in der Dressur von 1996 bis 2000

Allgemeines

Der Dressursport hat sich nach den beeindruckenden und spannenden Wettkämpfen der olympischen Spiele von Atlanta 1996 national wie international weiter positiv entwickelt. Die Kür als erstmals in Atlanta ausgetragene Finalprüfung eines großen Championates hat sich sportlich bewährt und neue Freunde für den Dressursport gewinnen können. Die Bedenken und Zweifel von uns Reitern, die Einführung der Kür könnte den Untergang der klassischen Reiterei und des Dressursports insgesamt bedeuten, haben sich nicht bewahrheitet. Dennoch hat nicht zuletzt der vehemente Widerstand der Reiter und Trainer dazu geführt, dass durch die Addition der Punkte auch aus dem Grand Prix und Grand Prix Special und der Ausgestaltung des Kürnotenbogens die klassischen Aufgaben und ihre Bewertungen den Ausschlag über die Vergabe der Einzelmedaillen geben. Das Übergewicht der klassischen Aufgaben bei der Gesamtbewertung eines Championates darf auch bei der Weiterentwicklung des Dressursports nicht in Frage gestellt werden.

Das Medieninteresse an unserem Sport wird ebenso größer wie das Zuschauerinteresse bei den großen Dressurveranstaltungen vor Ort. Auch die großen Reitturniere werden inzwischen fast ausschließlich, wie in anderen Sportarten, von professionellen Vermarktungsagenturen veranstaltet.

Diese Entwicklung bringt für den Dressursport große Chancen, wie beispielsweise Interesse an Fernsehübertragungen, Möglichkeiten zum Produktmarketing oder Personensponsoring mit sich. Auch die seit 01.01.2000 geltenden kürzeren Aufgaben ermöglichen eine zuschauer- und medienfreundlichere Veranstaltung.

Leider werden die Notenbögen eines jeden Reiters, außer bei den Weltcupturnieren, immer noch nicht zur Veröffentlichung oder Einsicht freigegeben. Aber nur eine Veröffentlichung auf allen großen Turnieren kann die mangelnde Transparenz des Dressursports und das Image der „Mauschelei" bei Richterurteilen erfolgreich bekämpfen. Die Bedenken der Richter an einer Veröffentlichung ihrer Noten kann ich nur bedingt nachvollziehen, weil doch auch der in seinen Noten abweichende Richter sich durch die Veröffentlichung der Noten fachlich rechtfertigen kann.

Die Chancen der Vermarktung werden leider weder von uns Reitern, den Veranstaltern noch von der Deutschen Reiterlichen Vereinigung voll ausgeschöpft. Es gibt oft Terminüberschneidungen großer Veranstaltungen und mehrere Turnierserien der verschiedenen Vermarktungsagenturen, die terminlich nicht aufeinander abgestimmt werden. Eine Interessenbündelung z.B. zu einer hochdotierten Turnierfolge mit einem Finale am Ende der Sommersaison könnte für alle Beteiligten und vor allem für den Dressursport nur positiv sein, insofern dürfen wir den Blick zu den Entwicklungen in anderen Sportarten nicht verlieren.

Darüber hinaus müssen die Veranstalter, Reiter und Trainer weiter für ein besseres Verständnis der Dressurreiterei bei den Zuschauern werben. Der Vorreiter mit fachlicher Kommentierung oder die Kommentierung von Ritten über Kopfhörer, die Interviews vor Ort oder das Anzeigen von Zwischenergebnissen sind nur einige Möglichkeiten der Schaffung von mehr Transparenz, die noch zu wenig durch die Veranstalter genutzt werden.

Neben der positiven Entwicklung vor allem in Deutschland, Holland und Dänemark besteht aber auch Grund zur Sorge, weil einige Traditionsturniere wie z.B. Schoten, Rennes, Rotterdam oder Goodwood nicht mehr ausgetragen werden. Der Dressursport kann sich aber nur weltweit entwickeln, wenn auch bedeutende Wettbewerbe global verteilt stattfinden. Insofern muss vor allem die F.E.I. für eine Globalisierung des Sports Sorge tragen, ohne einen Qualitätsverlust der klassischen Reiterei in Kauf zu nehmen. Die Unterstützung der leistungsschwächeren Länder muss weiter gefördert werden.

Die Entscheidung der französischen Federation, keine Reiterin zu den olympischen Spielen in Sydney zu senden, obwohl sich zwei Einzelreiterinnen qualifiziert hatten, bedeutet einen großen Rückschritt der Dressurnation Frankreich und zeigt auf, dass es auch negative Entwicklungen in einzelnen Ländern gibt.

In diesem Zusammenhang sind auch Länder wie die Schweiz und Russland zu nennen, die noch immer keinen Anschluss an ihre eigenen Erfolge der 70er und 80er Jahre finden konnten.

Das siegreiche deutsche Team bei den Europameisterschaften in Verden 1997

Europameisterschaft Verden 1997

Das erste Championat nach den olympischen Spielen von Atlanta war aus deutscher Sicht besonders spannend, weil nicht nur Klaus

Isabell Werth und „Nobilis Gigolo FRH" in vorbildlicher Piaffe bei leicht unruhigem Schweif

DRESSUR

EM Verden 1997 — Mannschaftswertung

	Nation/Reiter	Pferd	Punkte
1.	**Deutschland**		**5493**
	Isabell Werth	Nobilis Gigolo FRH	1846
	Karin Rehbein	Donnerhall	1819
	Ulla Salzgeber	Rusty 047	(1791)
	Nadine Capellmann-Biffar	Gracioso	1828
2.	**Niederlande**		**5340**
	Gonnelien Rothenberger	Olympic Bo	(1619)
	Sven Rothenberger	Jonggor's Weyden	1759
	Anky van Grunsven	Gestion Bonfire	1887
	Ellen Bontje	Olympic Gestion Silvano N	1694
3.	**Schweden**		**5091**
	Jan Brink	Kleber Martini	(1566)
	Louise Nathhorst	LRF Walk on Top	1779
	Annette Solmell	Flyinge Strauss 689	1682
	Ulla Hakanson	Flyinge Bobby	1630
4.	Spanien		4925
5.	Russland		4909
6.	Frankreich		4867
7.	Schweiz		4779
8.	Großbritannien		4707
9.	Finnland		4656

Balkenhol erstmals als Bundestrainer fungierte, nachdem zuvor Harry Boldt die deutsche Mannschaft von 1981 bis 1996 zur Mannschaftsgoldmedaille führte. Mit Monica Theodorescu auf Grunox und Martin Schaudt auf Durgo standen zwei weitere erfahrene Paare neben Klaus Balkenhol auf Goldstern nicht mehr in der deutschen Mannschaft.

Die vor der Europameisterschaft immer stärker werdenden Holländer versprachen einen spannenden Zweikampf um die Mannschaftsgoldmedaille. Zwar konnte Anky van Grunsven mit Gestion Bonfire den Grand Prix für sich entscheiden, die Deutsche Mannschaft siegte aber überlegen mit 149 Punkten Vorsprung vor den Niederländern. Im Grand Prix Special konnte Isabell Werth mit Nobilis Gigolo FRH den Abstand auf ihre Dauerrivalin Anky van Grunsven mit einer überzeugenden Leistung verkürzen und in der Finalprüfung ihren 4. Einzel-Europameistertitel mit Nobilis Gigolo FRH gewinnen. Karin Rehbein und Donnerhall gewannen die Einzelbronzemedaille durch eine faszinierende Kür vor der bis zum Finaltag auf Platz 3 rangierenden Nadine Capellmann auf Gracioso.

Mit dem 3. Platz der schwedischen Equipe in der Mannschaftswertung meldete sich eine Nation mit großer Tradition in den Medaillenrängen zurück.

„Donnerhall" und Karin Rehbein in schöner Selbsthaltung

EM Verden 1997 — Endergebnis Einzelwertung

	Reiter	Nation	Pferd	Grand Prix*	Grand Prix Special*	Kür*	Total
1.	Isabell Werth	GER	Nobilis Gigolo FRH	73,84 (02)	77,77 (01)	82,59 (01)	234,20
2.	Anky van Grunsven	NED	Gestion Bonfire	75,48 (01)	76,51 (02)	81,99 (02)	233,98
3.	Karin Rehbein	GER	Donnerhall	72,76 (04)	73,02 (05)	77,89 (03)	223,67
4.	Nadine Capellmann-Biffar	GER	Gracioso	72,96 (03)	74,84 (03)	75,87 (05)	223,67
5.	Louise Nathhorst	SWE	LRF Walk on Top	71,16 (06)	72,47 (06)	77,34 (04)	220,97
6.	Ulla Salzgeber	GER	Rusty 047	71,64 (05)	73,07 (04)	74,86 (06)	219,57
7.	Sven Rothenberger	NED	Jonggor's Weyden	70,36 (07)	69,58 (08)	72,21 (07)	212,15
8.	Ellen Bontje	NED	Olympic Gestion Silvano N	67,76 (10)	70,28 (07)	72,11 (08)	210,15
9.	Kyra Kyrklund	FIN	Flyinge Amiral	68,16 (09)	69,07 (09)	72,10 (09)	209,33
10.	Margit Otto-Crepin	FRA	Lucky Lord 005	66,20 (13)	68,09 (12)	71,54 (10)	205,83
11.	Ignacio Rarnbla	ESP	Evento	65,84 (15)	68,42 (10)	71,40 (11)	205,68
12.	Nina Menkova	RUS	Garpun	68,80 (08)	65,58 (15)	68,39 (12)	202,77

* Platzziffern aus Gesamt-Grand Prix, -Grand Prix Special und -Kür

ZWISCHEN ATLANTA UND SYDNEY

Weltreiterspiele Rom 1998

Das Mannschaftsergebnis von Verden wurde bei den Weltreiterspielen in Rom 1998 mit der siegreichen deutschen Equipe vor Holland und Schweden bestätigt.

Darüber hinaus wurde mit 84 Teilnehmern und 18 Mannschaften ein neuer Teilnehmerrekord bei einer Weltmeisterschaft aufgestellt.

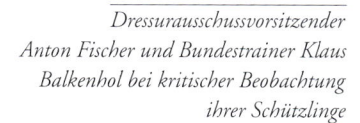

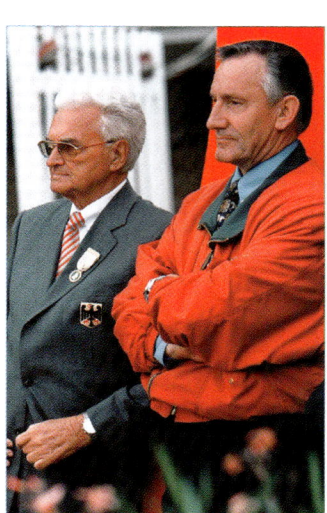

Dressurausschussvorsitzender Anton Fischer und Bundestrainer Klaus Balkenhol bei kritischer Beobachtung ihrer Schützlinge

WM Rom 1998 — Mannschaftswertung

Nation/Reiter	Pferd	Punkte
1. **Deutschland**		**5593**
Isabell Werth	Nissan Gigolo FRH	1945
Karin Rehbein	Donnerhall	1830
Nadine Capellmann	Gracioso	1818
Ulla Salzgeber	Rusty 047	(1808)
2. **Niederlande**		**5513**
Anky van Grunsven	Gestion Bonfire	1937
Coby van Baalen	Olympic Ferro	1806
Ellen Bontje	Olympic Gestion Silvano N	1770
Gonnelien Rothenberger	Olympic Dondolo	(1670)
3. **Schweden**		**5180**
Louise Nathhorst	LRF Walk on Top	1837
Ulla Hakanson	Flyinge Bobby	1676
Annette Solmell	Flyinge Strauss 689	1667
Jan Brink	Bjorsell's Fontana	(1651)
4. **USA**		**5148**
5. **Dänemark**		**5038**
6. **Spanien**		**4975**
7. **Finnland**		**4944**
8. **Großbritannien**		**4916**
9. **Schweiz**		**4881**

Nadine Capellmann auf „Gracioso" in der Linksgaloppade mit aufmerksamem Pferdeauge

Die große Freude über die weltweite Beteiligung zwingt aber die verantwortlichen Gremien der internationalen reiterlichen Vereinigung dazu, die Qualifikationsprozentpunkte anzuheben, um ein hohes Niveau bei einer Weltmeisterschaft zu erhalten. Eine Grand Prix Prüfung mit 84 Startern hat die Kapazitätsgrenze für die Zuschauer, Richter, Reiter und die Veranstalter bereits überschritten. Denn bei aller Freude über die Globalisierung unseres Sports muss bei einem Championat der hohe Leistungsstandard erhalten und gefördert werden. In Rom waren zu viele Paare überfordert und von den herausragenden Leistungen der Spitzenpferde zu weit entfernt, was insgesamt für den Sport eher negative Auswirkungen hatte.

WM Rom 1998 — Einzelwertung Grand Prix Special

Reiter	Nation	Pferd	E	H	C	M	B	Total
1. Anky van Grunsven	NED	Gestion Bonfire	345 (01)	348 (01)	338 (02)	341 (02)	337 (01)	1709
2. Isabell Werth	GER	Nissan Gigolo FRH	340 (02)	341 (02)	340 (01)	349 (01)	336 (02)	1706
3. Ulla Salzgeber	GER	Rusty 047	308 (09)	318 (04)	306 (06)	328 (03)	319 (03)	1579
4. Karin Rehbein	GER	Donnerhall	327 (03)	318 (04)	307 (05)	316 (05)	308 (05)	1576
5. Coby van Baalen	NED	Olympic Ferro	313 (07)	326 (03)	313 (04)	318 (04)	304 (06)	1574
6. Nadine Capellmann	GER	Gracioso	323 (04)	311 (06)	304 (07)	313 (09)	314 (04)	1565
7. Louise Nathhorst	SWE	LRF Walk on Top	315 (06)	300 (11)	316 (03)	314 (07)	296 (10)	1541
8. Ellen Bontje	NED	Olympic Gestion Silvano N	319 (05)	303 (09)	302 (08)	314 (07)	298 (08)	1536
9. Günter Seidel	USA	Graf George	309 (08)	309 (07)	296 (10)	315 (06)	301 (07)	1530
10. Lars Petersen	DEN	Blue Hors Cavan	293 (12)	305 (08)	294 (12)	302 (12)	295 (11)	1489
11. Kyra Kyrklund	FIN	Flyinge Amiral	284 (13)	295 (13)	293 (13)	312 (10)	295 (11)	1479
12. Susan Blinks	USA	Flim Flam	294 (11)	294 (14)	298 (09)	300 (13)	291 (15)	1477

Richter: E = Linda Zang (USA), H = Francis Verbeek-vanRooy (NED), C = Adalberto Boetti (ITA), M = Volker Moritz (GER), B = Mariette Withages (BEL)   (Insgesamt 23 Teilnehmer)

WM Rom 1998 — Einzelwertung Kür

	Reiter	Nation	Pferd	E	H	C	M	B	Total
1.	Isabell Werth	GER	Nissan Gigolo FRH	17,15 (01)	16,85 (02)	17,05 (01)	17,00 (02)	16,52 (02)	84,57
2.	Anky van Grunsven	NED	Gestion Bonfire	16,82 (02)	17,01 (01)	16,80 (02)	17,12 (01)	16,62 (01)	84,39
3.	Ulla Salzgeber	GER	Rusty 047	16,30 (03)	15,62 (03)	15,40 (04)	16,00 (03)	15,92 (03)	79,24
4.	Louise Nathhorst	SWE	LRF Walk on Top	15,37 (05)	14,82 (06)	15,55 (03)	15,72 (04)	15,40 (05)	76,86
5.	Karin Rehbein	GER	Donnerhall	15,95 (04)	14,92 (05)	14,97 (06)	15,60 (05)	14,77 (07)	76,21
6.	Coby Van Baalen	NED	Olympic Ferro	15,37 (06)	15,37 (04)	14,62 (07)	15,05 (08)	15,27 (06)	75,68
7.	Nadine Capellmann	GER	Gracioso	15,32 (07)	14,22 (07)	15,00 (05)	15,55 (06)	15,50 (04)	75,59
8.	Ellen Bontje	NED	Olympic Gestion Silvano N	14,85 (08)	14,17 (09)	14,12 (10)	15,07 (07)	14,72 (08)	72,93
9.	Kyra Kyrklund	FIN	Flyinge Amiral	14,75 (09)	13,92 (10)	14,32 (08)	14,55 (11)	14,67 (09)	72,21
10.	Günter Seidel	USA	Graf George	14,22 (11)	14,22 (08)	14,27 (09)	14,92 (09)	14,20 (11)	71,83
11.	Lars Petersen	DEN	Blue Hors Cavan	14,62 (10)	13,60 (11)	13,95 (11)	14,42 (12)	13,65 (12)	70,24
12.	Susan Blinks	USA	Flim Flam	13,95 (12)	13,22 (12)	13,50 (12)	14,92 (10)	14,45 (10)	70,04

Richter: E = Volker Moritz (GER), H = Linda Zang (USA), C = Mariette Withages (BEL), M = Francis Verbeek-van Rooy (NED), B = Adalberto Boetti (ITA)

Die deutschen Weltmeister 1998

WM Rom 1998 — Endergebnis Einzelwertung

	Reiter	Nation	Pferd	Grand Prix*	Grand Prix Special*	Kür*	Total
1.	Isabell Werth	GER	Nissan Gigolo FRH	77,80 (01)	79,35 (02)	84,57 (01)	241,72
2.	Anky van Grunsven	NED	Gestion Bonfire	77,48 (02)	79,49 (01)	84,39 (02)	241,36
3.	Ulla Salzgeber	GER	Rusty 047	72,32 (06)	73,44 (03)	79,24 (03)	225,00
4.	Karin Rehbein	GER	Donnerhall	73,20 (04)	73,30 (04)	76,21 (05)	222,71
5.	Louise Nathhorst	SWE	LRF Walk on Top	73,48 (03)	71,67 (07)	76,86 (04)	222,01
6.	Coby van Baalen	NED	Olympic Ferro	72,24 (07)	73,21 (05)	75,68 (06)	221,13
7.	Nadine Capellmann	GER	Gracioso	72,72 (05)	72,79 (06)	75,59 (07)	221,10
8.	Ellen Bontje	NED	Olympic Gestion Silvano N	70,80 (09)	71,44 (08)	72,93 (08)	215,17
9.	Günter Seidel	USA	Graf George	70,84 (08)	71,16 (09)	71,83 (10)	213,83
10.	Kyra Kyrklund	FIN	Flyinge Amiral	69,20 (10)	68,79 (11)	72,21 (09)	210,20
11.	Lars Petersen	DEN	Blue Hors Cavan	68,64 (11)	69,26 (10)	70,24 (11)	208,14
12.	Susan Blinks	USA	Flim Flam	67,56 (15)	68,70 (12)	70,04 (12)	206,30

* Platzziffern aus Gesamt-Grand Prix, -Grand Prix Special und -Kür

Zwischen Atlanta und Sydney

Europameisterschaft Arnheim 1999

Die Europameisterschaften in Arnheim 1999 standen ganz im Zeichen von Anky van Grunsven und Gestion Bonfire, die nach dem krankheitsbedingten Ausfall von Isabell Werth´s Gigolo FRH überlegen den Einzeltitel gewannen. Nach mehreren Einzelsilbermedaillen in Folge gönnte wohl jeder in Arnheim der sympathischen Niederländerin den Titel nach ihren überzeugenden Leistungen von ganzem Herzen.

*Isabell Werth mit „Nissan Antony FRH"
bei etwas geradem Vorderbein in der Passage*

*Der Bewegungskünstler „Chacomo"
und Alexandra Simons-de Ridder
mit großer Rahmenerweiterung bei
leicht engem Genick*

*Dressur-Mannschaft
EM Arnheim 1999*

EM Arnheim 1999 — Mannschaftswertung

Nation/Reiter	Pferd	Punkte	Nation/Reiter	Pferd	Punkte
1. Deutschland		**5606**	**3. Dänemark**		**5169**
Nadine Capellmann	Gracioso	1866	Lone Jörgensen	FBW Kennedy	1737
Alexandra Simons-de Ridder	Chacomo 3	1862	Lars Petersen	Blue Hors Cavan	1795
Ulla Salzgeber	Rusty 047	1878	Jon D. Pedersen	Esprit de Valdemar	(1541)
Isabell Werth	Nissan Antony FRH	(1812)	Anne van Olst-Koch	Any How	1637
2. Niederlande		**5577**	**4. Spanien**		**5008**
Anky van Grunsven	Gestion Bonfire	1910	**5. Großbritannien**		**5060**
Ellen Bontje	Gestion Silvano N	1789	**6. Schweiz**		**4976**
Coby van Baalen	Olympic Ferro	(1783)	**7. Schweden**		**4905**
Arjen Teeuwissen	Yakumo's Goliath T	1878	**8. Frankreich**		**4845**
			9. Russland		**4820**

DRESSUR

Nadine Capellmann war wie in Verden 1997 in der Kür vom Pech verfolgt, weil Gracioso sich ablenken ließ. Sie mussten daher Arjen Teeuwissen und Yakumo´s Goliath T die Bronzemedaille überlassen. Seit Rembrandt hat man wohl kein Pferd gesehen, was eine ausdrucksstärkere und taktsicherere Piaffe gezeigt hat als Yakumo´s Goliath.

Die deutsche Mannschaft mit Ulla Salzgeber auf Rusty, Nadine Capellmann auf Gracioso, Isabell Werth auf Anthony und Alexandra Simons-de Ridder auf Chacomo konnte erneut die Mannschaftsgoldmedaille vor Holland und Dänemark gewinnen.

Die Freude über den Mannschaftssieg wurde dadurch getrübt, dass Chacomo nach dem Grand Prix und Anthony nach dem Grand Prix Special krankheitsbedingt im weiteren Wettkampf nicht mehr antreten konnten. Die Holländer gewannen erstmals zwei von drei möglichen Einzelmedaillen.

Das Ausnahmepaar der 90er Jahre: Anky van Grunsven und „Gestion Bonfire" auf dem Weg zum Europameistertitel

„Rusty" und Ulla Salzgeber in der Pirouette rechts in geregelter Fußfolge bei etwas hoher Halseinstellung

EM Arnheim 1999 — Endergebnis Einzelwertung

Reiter	Nation	Pferd	Grand Prix*	Grand Prix Special*	Kür*	Total
1. Anky van Grunsven	NED	Gestion Bonfire	76,40 (01)	79,53 (01)	85,84 (01)	241,77
2. Ulla Salzgeber	GER	Rusty 047	75,12 (02)	78,42 (02)	81,81 (02)	235,35
3. Arjen Teeuwissen	NED	Yakumo's Goliath T	75,12 (02)	75,63 (04)	81,28 (03)	232,03
4. Nadine Capellmann	GER	Gracioso	74,64 (04)	76,79 (03)	78,49 (04)	229,92
5. Ellen Bontje	NED	Gestion Silvano N	71,56 (08)	74,33 (05)	77,71 (06)	223,60
6. Lars Petersen	DEN	Blue Hors Cavan	71,80 (07)	72,98 (07)	78,49 (04)	223,27
7. Lone Jörgensen	DEN	FBW Kennedy	69,48 (10)	71,75 (09)	76,64 (07)	217,87
8. Christine Stückelberger	SUI	Aquamarin	69,12 (12)	71,40 (10)	72,31 (11)	212,83
9. Pia Laus	ITA	Renoir	69,16 (11)	68,51 (13)	74,46 (08)	212,13
10. Rafael Soto Andrade	ESP	Invasor	68,00 (14)	70,60 (12)	72,03 (12)	210,63
11. Kerstin Dahlberg	SWE	Oscar	66,48 (19)	68,37 (14)	72,66 (09)	207,51
12. Richard Davison	GBR	Hiscox Askari	67,88 (15)	66,70 (22)	72,64 (10)	207,22

* Platzziffern aus Gesamt-Grand Prix, -Grand Prix Special und -Kür

Zwischen Atlanta und Sydney

Der deutsche Sichtungsweg nach Sydney

Der deutsche Sichtungsweg nach Sydney führte über die deutsche Meisterschaft in Balve (16.06.- 18.06.2000) und das C.H.I.O. Bad Aachen (11.07. – 16.07.2000).

Die deutschen Meisterschaften in Balve sorgten für Gesprächsstoff und Diskussionen im Dressursport, weil von dem etablierten Team nur Ulla Salzgeber auf Rusty als neue deutsche Meisterin überzeugen konnte. Isabell Werth hatte mit Gigolo Dispens erhalten und mit Anthony unübersehbare Fehler. Krankheitsbedingt konnte Alexandra Simons-de Ridder nur den Grand Prix absolvieren und schließlich musste Nadine Capellmann in der Kür aufgeben, weil ihr Pferd Gracioso die Mitarbeit verweigerte.

Die Gunst der Stunde nutzten vor allem Heike Kemmer auf Albano und der neue Deutsche Meister der Herren, Michael Klimke auf White Foot, die insgesamt Zweite und Dritter wurden.

Auch Hubertus Schmidt auf My Fair Lady und Rudolf Zeiling auf Livinjo empfahlen sich durch gute Leistungen und zeigten deutlich, dass der Abstand der Herren zu den besser platzierten Damen immer kleiner wird.

Der Deutsche Meister 2000 Michael Klimke auf „White Foot" in einer ausdrucksstarken Piaffe

Hubertus Schmidt und „My Fair Lady" konnten vor allem bei der 2. Sichtung in Aachen überzeugen

Rudolf Zeilinger mit „Livinjo" im starken Trab

DRESSUR

DM Balve 2000 — Ergebnis Dressurreiterinnen / Dressurreiter

Reiter		Pferd	Grand Prix 1. Wertung	Grand Prix Special 2. Wertung	Kür 3. Wertung	Total
1. Ulla Salzgeber	Gold	Rusty 047	77,20 (01)	78,60 (01)	83,89 (01)	239,69
2. Heike Kemmer	Silber	Albano 7	73,20 (02)	74,93 (02)	80,82 (02)	228,95
3. Isabell Werth	Bronze	Agnelli FRH	70,88 (06)	72,79 (04)	78,24 (05)	221,91
4. Monica Theodorescu		Renaissance 23	69,84 (07)	70,65 (08)	74,56 (07)	215,05
5. Ann-Kathrin Kroth		Red Liner	68,44 (10)	71,40 (07)	74,05 (08)	213,89
6. Anja Plönzke		Chopin 43	69,44 (08)	70,47 (09)	73,42 (09)	213,33
7. Karin Rehbein		Capuccino 16	68,04 (11)	70,37 (10)	70,16 (11)	208,57
1. Michael Klimke	Gold	White Foot	72,16 (04)	74,37 (03)	79,61 (03)	226,14
2. Hubertus Schmidt	Silber	My Fair Lady NRW	71,24 (05)	72,51 (05)	78,51 (04)	222,26
3. Rudolf Zeilinger	Bronze	Livijno	72,48 (03)	71,91 (06)	76,94 (06)	221,33
4. Dieter Laugks		Ingas 3	69,16 (09)	69,81 (11)	72,74 (10)	211,71

Dressur-Meisterschaft Balve 2000

CDIO Aachen 2000 — Einzelwertung Grand Prix

Reiter	Nation	Pferd	E	H	C	M	B	Total
1. Isabell Werth	GER	Nissan Gigolo FRH	393 (02)	374 (02)	380 (01)	374 (01)	386 (02)	1907
2. A. Simons-de Ridder	GER	Chacomo 3	389 (03)	376 (01)	374 (02)	365 (02)	360 (07)	1864
3. Ulla Salzgeber	GER	Rusty 047	374 (05)	371 (03)	368 (03)	363 (03)	388 (01)	1864
4. Nadine Capellmann	GER	Farbenfroh	400 (01)	359 (06)	363 (06)	357 (04)	375 (03)	1854
5. Lone Jörgensen	DEN	FBW Kennedy	370 (08)	363 (04)	364 (05)	354 (05)	368 (05)	1819
6. Heike Kemmer	GER	Albano 7	373 (06)	360 (05)	367 (04)	343 (08)	371 (04)	1814
7. Hubertus Schmidt	GER	My Fair Lady	372 (07)	347 (11)	358 (09)	354 (05)	359 (09)	1790
8. Lars Petersen	DEN	Blue Hors Cavan	376 (04)	353 (09)	360 (08)	338 (12)	362 (06)	1789
9. Beatriz Ferrer-Salat	ESP	Vital Robert Beauvalais	348 (15)	359 (06)	356 (10)	347 (07)	360 (07)	1770
10. G. Rothenberger-Gordijn	NED	Jonggor's Weyden	366 (09)	345 (12)	361 (07)	340 (09)	346 (14)	1758
10. Michael Klimke	GER	White Foot	354 (11)	358 (08)	354 (11)	340 (09)	352 (11)	1758
12. Rudolf Zeilinger	GER	Livijno	356 (10)	351 (10)	349 (12)	338 (12)	356 (10)	1750

Richter: E = Eric Lette (SWE), H = Dr. Volker Moritz (GER), C = Jan Peeters (NED), M = M. Withages-Dieltjens (BEL), B = Mary Seefried (AUS)   (Insgesamt 37 Teilnehmer)

Zwischen Atlanta und Sydney

In Balve wurde zunächst die Mannschaft des vergangenen Jahres für den Nationenpreis von Aachen benannt, wobei Isabell Werth Gigolo reiten sollte. Nach einem guten Special in Nörten-Hardenberg durfte auch Nadine Capellmann die Pferde wechseln und wurde mit dem in Balve weit unter Form gehenden Farbenfroh für die Mannschaft in Aachen benannt.

Die Kritiker des Dressurausschusses verstummten nach dem beeindruckenden Sieg der deutschen Equipe bei der Mannschaftswertung in Aachen und sie klatschten Beifall, als die deutschen Reiterinnen in der Einzelwertung der Kür die Plätze 1-5 belegten.

Der große alte Kämpfer Gigolo unter Isabell Werth gewann die abschließende Kür vor Alexandra Simons-de Ridder auf Chacomo und Nadine Capellmann auf Farbenfroh, die beide internationale Topleistungen zeigten. Die deutsche Meisterin Ulla Salzgeber blieb etwas hinter den eigenen Erwartungen zurück und wurde 4. vor der konstant gut reitenden Heike Kemmer und Albano.

Die internationalen Ausnahmeleistungen der deutschen Olympiateilnehmerinnen und die guten Leistungen der Paare, die auf der deutschen Longlist standen, zeigen die Ausnahmestellung Deutschlands als führende Dressurnation der Welt. Bestätigt wird die Vorreiterrolle Deutschlands durch die Vielzahl der deutschen Trainer, die ausländische Reiter betreuen, wie z.B. Rudolf Zeilinger (Dänemark), Jürgen Koschel (Holland), Johann Hinnemann (Holland), Jan Bemelmans (Spanien, England), Norbert van Laak (Frankreich), George Theodorescu, Udo Lange, Harry Boldt, Jonny Hilberath, Karin Rehbein und Konrad Schumacher (England, Irland).

Heike Kemmer mit „Albano" im starken Galopp mit konzentriertem Blick von Reiterin und Pferd

CDIO Aachen 2000 – Einzelwertung Grand Prix Special

Reiter	Nation	Pferd	E	H	C	M	B	Total
1. Nadine Capellmann	GER	Farbenfroh	323 (02)	341 (01)	339 (01)	333 (01)	340 (01)	1676
2. A. Simons-de Ridder	GER	Chacomo 3	324 (01)	339 (02)	330 (03)	332 (02)	334 (03)	1659
3. Isabell Werth	GER	Nissan Gigolo FRH	322 (04)	326 (05)	338 (02)	321 (05)	339 (02)	1646
4. Ulla Salzgeber	GER	Rusty 047	317 (05)	332 (03)	317 (05)	329 (03)	329 (05)	1624
5. Heike Kemmer	GER	Albano 7	323 (02)	317 (06)	315 (06)	329 (03)	330 (04)	1614
6. Lone Jörgensen	DEN	FBW Kennedy	317 (05)	300 (10)	320 (04)	319 (07)	324 (06)	1580
7. Lars Petersen	DEN	Blue Hors Cavan	314 (08)	310 (07)	303 (11)	321 (05)	319 (07)	1567
8. G. Rothenberger-Gordijn	NED	Jonggor's Weyden	310 (09)	329 (04)	310 (07)	318 (08)	299 (12)	1566
9. Hubertus Schmidt	GER	My Fair Lady	315 (07)	308 (08)	310 (07)	316 (09)	314 (08)	1563
10. Beatriz Ferrer-Salat	ESP	Vital Robert Beauvalais	301 (11)	302 (09)	310 (07)	309 (10)	304 (11)	1526
11. Rudolf Zeilinger	GER	Livijno	297 (12)	293 (15)	301 (12)	304 (12)	305 (10)	1500
12. Michael Klimke	GER	White Foot	304 (10)	290 (18)	308 (10)	290 (18)	306 (09)	1498

Richter: E = Jan Peeters (NED), H = Col. Axel Steiner (USA), C = Dr. Volker Moritz (GER), M = Eric Lette (SWE), B = Dr. Evi Eisenhardt (GER) (Insgesamt 25 Teilnehmer)

CDIO Aachen 2000 – Einzelwertung Kür

Reiter	Nation	Pferd	E	H	C	M	B	Total
1. Isabell Werth	GER	Nissan Gigolo FRH	17,18 (01)	16,18 (02)	17,00 (01)	16,65 (02)	17,30 (01)	84,31
2. A. Simons-de Ridder	GER	Chacomo 3	16,88 (03)	16,58 (01)	16,40 (02)	16,35 (03)	17,05 (02)	83,26
3. Ulla Salzgeber	GER	Rusty 047	16,38 (04)	15,28 (04)	16,10 (03)	16,80 (01)	16,35 (04)	80,91
4. Nadine Capellmann	GER	Farbenfroh	16,90 (02)	15,50 (03)	16,00 (04)	15,78 (05)	16,73 (03)	80,91
5. Heike Kemmer	GER	Albano 7	16,03 (05)	14,75 (06)	14,80 (09)	15,88 (04)	15,63 (05)	77,09
6. Hubertus Schmidt	GER	My Fair Lady	15,83 (06)	14,70 (07)	14,88 (08)	15,40 (06)	15,40 (06)	76,21
7. G. Rothenberger-Gordijn	NED	Jonggor's Weyden	15,25 (08)	15,08 (05)	15,08 (06)	14,85 (08)	14,88 (08)	75,14
8. Rudolf Zeilinger	GER	Livijno	15,25 (08)	14,30 (09)	15,08 (06)	14,38 (10)	15,28 (07)	74,29
9. Lars Petersen	DEN	Blue Hors Cavan	15,38 (07)	14,38 (08)	14,78 (10)	14,88 (07)	14,78 (09)	74,20
10. Michael Klimke	GER	White Foot	15,00 (10)	14,20 (10)	15,28 (05)	13,98 (11)	14,20 (12)	72,66

Richter: E = Uwe Mechlem (GER), H = Col. Axel Steiner (USA), C = Eric Lette (SWE), M = Mary Seefried (AUS), B = Dr. Volker Moritz (GER) (Insgesamt 15 Teilnehmer)

Dressur

Namen und Nachrichten zwischen den Spielen:

■ **Harry Boldt**, die deutsche Antwort auf den Pferdeflüsterer, nahm in Atlanta seinen Abschied als deutscher Bundestrainer. Er führte die deutsche Mannschaft seit 1981 in ununterbrochener Reihenfolge zum Gewinn der Goldmedaille. Ein im deutschen Sport einzigartiger Rekord!

Harry Boldt

■ ... länger in Amt und Würden (das genaue Datum ist nicht bekannt, jedenfalls länger als Helmut Kohl) und mitverantwortlich für die Erfolge war nur Mannschaftstierarzt **Dr. Gerd Grenz**, der für die Gesundheit der deutschen Pferde und im Ernstfall auch der Reiter bis zur Europameisterschaft in Verden 1997 zuständig war.

Dr. Gerd Grenz

■ ... übertroffen werden beide vom internationalen Dressurrichter **Heinz Schütte**, der viele große Championate richtete. Das Gründungsmitglied des Dressurausschusses war gerüchteweise einer der Ersten, der sich freiwillig in ein Richterhäuschen begab. Gemäß FEI-Reglement musste er nach Vollendung des 70. Lebensjahres die internationale Richterkarriere beenden.

Heinz Schütte

■ ... **Margit Otto-Crepin** wurde Präsidentin des internationalen Dressurreiterclubs (I.D.R.C.) und Nachfolgerin von **Christine Stückelberger**.

■ ... **Ullrich Kasselmann** veranstaltete auf seiner Reitanlage das erste C.H.I.O.P. Hagen, das "Aachen der Ponyreiter", und ermöglicht damit dem jüngsten Nachwuchs Reitsport in einzigartiger Atmosphäre...

Nach der deutschen Meisterschaft wurden folgende Reiter auf die Longlist für Sydney gesetzt:

- Nadine Capellmann,
- Heike Kemmer,
- Michael Klimke,
- Ulla Salzgeber,
- Hubertus Schmidt,
- Alexandra Simons-de Ridder,
- Isabell Werth,
- Rudolf Zeilinger

Der Dressurausschuss nominierte nach der zweiten Sichtung in Aachen nach nur kurzer Beratung folgende Mannschaft für Sydney:

- Nadine Capellmann, Farbenfroh
- Ulla Salzgeber, Rusty
- Alexandra Simons-de Ridder, Chacomo
- Isabell Werth, Gigolo
- Reserve: Heike Kemmer, Albano

■ ... **Grunox**, das Goldmedaillenpferd von Monica Theodorescu der Spiele von Barcelona und Atlanta genießt ebenso das Gnadenbrot wie Ganimedes, der seine Reiterin bei den olympischen Spielen von Seoul 1988 zur Mannschaftsgoldmedaille verhalf. Monika´s Dank an ihre „Goldesel"...

„Grunox" und Monica Theodorescu bei der Einleitung der Galopppirouette links

■ ... der Starvererber **Donnerhall**, geritten von Karin Rehbein, wurde 1998 aus dem großen Sport verabschiedet und konzentriert sich nunmehr ausschließlich auf die Nachzucht von Spitzenpferden....

■ ... schließlich wurde mit dem Westfalen **Durgo** von Martin Schaudt ein weiteres Goldmedaillenpferd aus dem Sport genommen.

Margit Otto-Crepin mit „Corlandus" während der Europameisterschaften 1991 in Donaueschingen

ZWISCHEN ATLANTA UND SYDNEY

Hans Günter Winkler und Reinhard Wendt

Zur Entwicklung im Springen von 1996 bis 2000

Goldene Jahre im Springsport

Nach den überragenden Erfolgen in Atlanta gab es wie so oft nach Olympischen Spielen erhebliche Änderungen im Lager der Springreiter. Der kurz nach der Rückkehr eingetretene Tod des Ausnahmepferdes „Jus de Pommes" von Olympiasieger Ulrich Kirchhoff machte auf drastische Weise deutlich, wie sehr auch noch so begnadete Reiter von der Qualität ihrer Pferde abhängig sind.

Die weiteren Begebenheiten waren nicht so dramatisch, aber doch bemerkenswert und vielfach einschneidend. Daher seien sie hier erwähnt.

Franke Sloothaak schaffte sich sein eigenes Domizil in Borgholzhausen und zog mit seinen Pferden für eine 14 Monate dauernde Übergangszeit in das Bundesleistungszentrum in Warendorf ein.

Otto Becker hingegen zog es von Warendorf zurück nach Mühlen, um möglichst mit neuer Motivation noch einmal den Anschluss an die Weltspitze zu versuchen.

Hinzu kamen Verletzungen der Reiter Markus Beerbaum und Franke Sloothaak sowie der Pferde „Sprehe Ratina Z" und „San Patrignano Joly", die im Verlaufe der vier Jahre zwischen Atlanta und Sydney dafür sorgten, dass immer wieder nach neuen Lösungen gesucht werden musste. Zu diesen Entwicklungen gehörte auch der Wechsel des Ausnahmehengstes „For Pleasure" von Lars Nieberg zu Marcus Ehning.

Bundestrainer Herbert Meyer hatte wieder viel zu tun, um dies alles in geordnete, erfolgversprechende Bahnen zu leiten. Dabei gelang ihm mit der Zusammenführung des Pferdes „Lady Weingard" der Frau Ingrid Bergmann mit Markus Beerbaum wieder einmal etwas, was ihm in seiner Bundestrainerkarriere so oft gelang und sicher ein Geheimnis seines Erfolges ist: die Schaffung eines über mehrere Jahre sehr erfolgreich in der Weltspitze auftrumpfenden Paares.

Gerd Wiltfang – Weltmeister 1978, Europameister 1979, Mannschafts-Olympiasieger 1972, gestorben am 1. Juli 1997 im Alter von 51 Jahren

Der schmerzlichste Verlust ereilte die deutschen Springreiter am 1.7.1997. Der immer noch aktive und erfolgreiche Altmeister Gerd Wiltfang verstarb völlig unerwartet. Den betroffenen Reiterkollegen und vielen Freunden blieb nur noch die würdige Gestaltung der Trauerfeier für diesen großen Pferdemann.

Neues Paar für große Aufgaben: Markus Beerbaum mit „Lady Weingard"

Europameisterschaft Mannheim 1997

Es gab eigentlich keinen Zweifel, dass es dem Mannheimer Reiterverein unter Führung des agilen und bewährten Peter Hofmann gelingen würde, die Europameisterschaft 1997 in Mannheim zu einem Fest des Pferdesportes zu machen. Was dann vor Ort geschah, von der Eröffnungsfeier bis zur Abschlusszeremonie, mit vielen kulturellen Ereignissen am Rande, mit einem überwältigenden Publikumsinteresse und großartiger Stimmung im Stadion, übertraf alle Erwartungen.

Für unsere Mannschaft standen zwei Leistungsträger des Vorjahres nicht zur Verfügung. Ulrich Kirchhoff wegen des Todes von „Jus de Pommes" und Franke Sloothaak wegen einer Schulterverletzung. Da kam unserem

Sicheres Debüt des 24jährigen Mannschafts-Kükens: Markus Merschformann mit „Ballerina"

SPRINGEN

Team zugute, dass seit eh und je vielen jungen Springreitern die Chance gegeben wird, sich bei Nationenpreiseinsätzen zu bewähren und Mannschaftserfahrung zu sammeln. So konnten der DOKR-Springausschuss und Bundestrainer Herbert Meyer mit großer Zuversicht

EM Mannheim 1997 – Mannschaftswertung

Nation/Reiter	Total/Pferd	Zeitspringen	1.Umlauf	2.Umlauf
1. Deutschland	15,75	7,75	4,00	4,00
Lars Nieberg	For Pleasure	1,67	4,00	4,00
Markus Beerbaum	Lady Weingard	6,72	0,00	0,00
Markus Merschformann	Ballerina 124	6,08	4,00	4,00
Ludger Beerbaum	Sprehe Ratina Z	0,00	0,00	0,00
2. Niederlande	21,61	17,61	0,00	4,00
Emile Hendrix	Ten Cate Finesse	5,55	0,00	0,00
Bert Romp	Burg's Mr. Blue	8,58	0,00	4,00
Jan Tops	Top Gun la Silla	4,35	0,00	8,00
Jos Lansink	Nissan Calvaro Z	7,71	4,00	0,00
3. Großbritannien	34,86	14,61	16,00	4,25
Michael Whitaker	Virtual Village Ashley	6,43	8,00	4,25
Geoff Billington	Virtual Village It's Otto	9,79	4,00	0,00
Robert Smith	Tees Hanauer 001	6,87	4,00	0,00
John Whitaker	Virtual Village Welham	1,31	8,00	5,00
4. Frankreich	46,89	29,14	4,75	13,00
Thierry Pomel	Thor des Chaines	11,79	8,75	4,25
Patrice Delaveau	Vicomte du Mesnil Normandie	9,87	0,75	4,75
Herve Godignon	Viking Revillon	8,46	4,00	4,75
Alexandra Ledermann	Rochet M	10,81	0,00	4,00
5. Irland	48,83	24,83	16,00	8,00
Eddie Macken	F.A.N. Schalkhaar	21,90	0,00	4,00
John Capt. Legingham	Kilbaha	7,38	8,00	4,00
Paul Darragh	Cera 001	11,00	el.	12,00
Trevor Coyle	Cruising 003	6,45	8,00	0,00
vor sechs weiteren Mannschaften				

Der weiße Riese der Lüfte: „Calvaro" mit dem Schweizer Gewinner der Bronzemedaille Willi Melliger

zwei Youngster in die Mannschaft integrieren: Markus Merschformann mit „Ballerina" und Markus Beerbaum mit „Lady Weingard". Die beiden anderen Mannschaftsplätze wurden durch bewährte Paare ausgefüllt: Ludger Beerbaum mit „Sprehe Ratina Z" und Lars Nieberg mit „For Pleasure". Den undankbaren, aber für das Team immer äußerst wichtigen Reserveplatz nahm Dirk Hauser mit „Hauser's Zypria H" ein.

Am Donnerstag, 28. August, kam erste große Spannung auf: ein schweres Zeitspringen war die erste Wertungsprüfung sowohl für die Einzel- als auch für die Mannschaftswertung. Für die Mannschaften zeichnete sich ein spannender Wettkampf zwischen Holland, Großbritannien, der Schweiz und Deutschland ab. In der Einzelwertung setzte sich Ludger Beerbaum gleich an die Spitze des gesamten Feldes, gefolgt von John Whitaker (GBR), Lars Nieberg und Willi Melliger (SUI). Das gute Abschneiden unserer Reiter wurde nicht nur gekennzeichnet durch Platz 1 und 3 für Ludger Beerbaum und Lars Nieberg, sondern auch durch Platz 9 und 12 für Markus Merschformann und Markus Beerbaum bei insgesamt 56 Startern aus 18 Nationen.

Große Freude über Herbert Meyer's Goldmischung aus Erfahrung und Sturm und Drang: Markus Beerbaum, Markus Merschformann, Ludger Beerbaum, Lars Nieberg

Am Freitag folgte das Finale der Mannschaftswertung in der traditionellen Austragungsform des Nationenpreises. Die so gut gestarteten Schweizer Reiter konnten sich nicht behaupten und rutschten auf Rang 6 ab. Dafür schob sich Frankreich bis dicht an einen Medaillenrang auf Platz 4 nach vorne. Als schärfste Konkurrenz für unsere Mannschaft erwiesen sich die Reiter aus Großbritannien und Holland. Die erfahrenen englischen Reiter erkämpften sich die Bronzemedaille durch den zweiten Umlauf, wo insgesamt nur 4 1/4 Straf-

ZWISCHEN ATLANTA UND SYDNEY

Der englische Equipechef Ronnie Massarella mit seinem Bronzeteam:
Robert Smith, John Whitaker, Geoff Billington, Michael Whitaker

Hollands Silberteam unter Führung von Hans Horn:
Bert Romp, Jan Tops, Jos Lansink, Emile Hendrix

punkte in Anrechnung kamen. Die Holländer hatten einen makellosen ersten Durchgang und mussten sich im zweiten Umlauf auch nur 4 Strafpunkte anrechnen lassen. Dies bedeutete in der Gesamtabrechnung dann Platz 2.

In der deutschen Mannschaft bewährte sich die Mischung aus Erfahrung und bravourös kämpfendem Nachwuchs. In beiden Umläufen gab es jeweils nur 4 Strafpunkte, was für die Goldmedaille mit mehr als einem Springfehler Abstand reichte.

In der Einzelwertung dieses Tages gab es vier Sieger, die strafpunktfrei blieben: Emile Hendrix aus Holland, Hugo Simon aus Österreich und die Brüder Ludger und Markus Beerbaum. Ludger Beerbaum untermauerte mit dieser Leistung seine Führung in der Gesamtwertung.

Am Sonntag durften dann die besten 20 im Finale nach klassischer Austragungsart mit Parcours A und Parcours B antreten. Alle vier deutschen Reiter waren dabei und rechneten sich aufgrund ihrer Vorleistungen gute Chancen aus.

Mitten hinein in diesen letzten Tag platzte die Nachricht von einer angeblichen Manipu-

Beflügelt wie auch immer: „E.T. FRH"
unter Vize-Europameister Hugo Simon

lation des Pferdes „E.T. FRH" von Hugo Simon. Der Ablauf des begeisternden Finales wurde dadurch nicht beeinträchtigt, weil sich zunächst alles hinter den Kulissen abspielte.

Mittlerweile ist der Fall längst abgeschlossen und hinterlässt doch Fragezeichen. Es bleibt die Hoffnung, zukünftig von solchen Vorfällen verschont zu bleiben oder zumindest mit so sorgfältiger Aufbereitung rechnen zu dürfen, dass überzeugende Urteile keinen Raum für Fragezeichen lassen. Dies ist die Sportführung dem ganzen Sport und jedem einzelnen Pferd, Reiter und Pferdebesitzer schuldig.

Zurück zum sportlichen Geschehen. Gestartet wurde in umgekehrter Reihenfolge des bisherigen Ergebnisses, was bedeutete, dass Ludger Beerbaum mit „Sprehe Ratina Z" unmittelbar hinter dem bis dahin an zweiter Stelle rangierenden Hugo Simon als Letzter auftrat. Vor voll besetzter Arena, mit eigens für diese Europameisterschaft errichteten, wie ein Kessel wirkenden Tribünen, wurde Spitzensport höchsten Ranges dargeboten. Wie immer bei solchen Finals liegen Glück und Pech, große Begeisterung und Enttäuschung sehr dicht beisammen. So z. B. die bravourösen Ritte des Iren Trevor Coyle mit seinem „Cruising",

EM Mannheim 1997 – Einzelwertung

Reiter	Nation	Pferd	Prüf. 1	Prüf. 2A	Prüf. 2B	Prüf. 3A	Prüf. 3B	Punkte
1. Ludger Beerbaum	GER	Sprehe Ratina Z	0,00	0,00	0,00	0,00	0,00	0,00
2. Hugo Simon	AUT	E.T. FRH	4,35	0,00	0,00	0,00	0,00	4,35
3. Willi Melliger	SUI	Calvaro 5	4,20	4,00	0,00	4,00	0,00	12,20
4. Lars Nieberg	GER	For Pleasure	1,67	4,00	4,00	4,00	0,00	13,67
5. Markus Beerbaum	GER	Lady Weingard	6,72	0,00	0,00	4,00	4,00	14,72
6. Lesley McNaught	SUI	Dulf 003	5,65	0,25	4,00	0,50	4,50	14,90
7. Trevor Coyle	IRL	Cruising 003	6,45	8,00	0,00	0,00	0,50	14,95
8. Jos Lansink	NED	Nissan Calvaro Z	7,71	4,00	0,00	0,00	4,00	15,71
9. Emile Hendrix	NED	Ten Cate Finesse	5,55	0,00	0,00	4,00	8,00	17,55
10. Geoff Billington	GBR	Virtual Village It's Otto	9,79	4,00	0,00	0,00	4,00	17,79
11. Bert Romp	NED	Burg's Mr. Blue	8,58	0,00	4,00	8,00	0,25	20,83
12. Robert Smith	GBR	Tees Hanauer 001	6,87	4,00	0,00	4,00	8,00	22,87
16. Markus Merschformann	GER	Ballerina 124	6,08	4,00	4,00	8,00	8,00	30,08

SPRINGEN

Für uns und unsere Reiter wurde dies alles gekrönt durch Ludger Beerbaums Auftritte mit „Sprehe Ratina Z". Kämpferisch und nervenstark wie wir es von ihm gewohnt sind, zum Schluss mit atemberaubend kurzen Wegen um Zeitfehler zu vermeiden, begeisterte dieses Paar alle, die seine Ritte vor Ort oder auch live im Fernsehen miterleben durften. Der Lohn dieser exzellenten Leistung war der Titel des Europameisters.

Mit Platz 4 für Lars Nieberg und Platz 5 für Markus Beerbaum sowie den auch noch achtbaren 16. Platz für Markus Merschformann war dieses Fest des europäischen Springsportes zugleich ein Fest der deutschen Reiter.

Eine Klasse für sich: Der Doppeleuropameister Ludger Beerbaum mit „Sprehe Ratina Z"

der nur mit ½ Zeitstrafpunkt belastet von weit hinten kommend bis auf Platz 7 nach vorne galoppierte. Andererseits der unglückliche Auftritt von John Whitaker im Parcours A, der dann zum Startverzicht im Parcours B führte. So die fehlerfreien Runden von Hugo Simon mit „E.T. FRH", die ihm die Silbermedaille bescherten und der eine kleine Springfehler von Lars Nieberg mit „For Pleasure" im Parcours A, der ihm die Bronzemedaille kostete. Diese Gegenüberstellungen machen deutlich, welche Spannung über einem solchen Finale liegt. Wenn dies, wie in Mannheim, begleitet wird von einem enthusiastischen Publikum, darf man von einer Sternstunde des Springsports sprechen.

Die Freude der Medaillengewinner wurde geteilt von Sportfan Bundeskanzler Kohl

Es passte wirklich alles zusammen – Spitzensport, Sommerwetter, dichtgedrängte Tribünen und begeistertes Publikum

Weltreiterspiele Rom 1998

Rom wurde bekanntlich nicht an einem Tag erbaut. 1998 mussten die Römer sich aber sehr sputen, um kurzfristig die von Dublin zurückgegebenen Weltreiterspiele zu organisieren.

Was sie in dieser schwierigen Situation innerhalb kürzester Zeit auf die Beine gestellt haben, ist bewundernswert. Gute sportliche Verhältnisse in einem auf Hochglanz gebrachten altertümlichen Fußballstadion, reibungslose Organisation und freundliche Hilfsbereitschaft vom ersten bis zum letzten Tag.

Die Auswahl der deutschen Mannschaft erfolgte wieder anhand der Sichtungsprüfungen im Rahmen der glanzvollen Deutschen Meisterschaft in Gera und während des CHIO in Aachen. Das Weltmeisterpferd des Titelverteidigers Franke Sloothaak, „Weihaiwej", wurde von seinen Besitzern nach dem Hallenturnier im italienischen Bologna im Februar 1998 aus dem Sport genommen. Franke's Olympiapferd „Joly Coeur" war verletzt und die Heilungsaussichten in der zur Verfügung stehenden Zeit ungewiss. Ähnlich ging es Ludger Beerbaum, dessen „Sprehe Ratina Z" nicht einsatzbereit war und ihn zwang, auf den bewährten „Priamos" zurückzugreifen.

WM Rom 1998 – Mannschaftswertung

Nation/Reiter	Total/Pferd	Zeitspringen	1. Umlauf	2. Umlauf
1. Deutschland	**25,19**	**16,44**	**0,00**	**8,75**
Lars Nieberg	Loro Piana Esprit FRH	7,39	0,00	8,00
Markus Beerbaum	Lady Weingard	3,16	0,00	4,25
Franke Sloothaak	San Patrignano Joly	5,89	0,00	0,25
Ludger Beerbaum	P.S. Priamos	8,57	0,00	4,25
2. Frankreich	**37,36**	**14,61**	**2,25**	**20,50**
Alexandra Ledermann	Rochet M	7,51	1,50	20,00
Roger-Yves Bost	Airborne Montecillo	6,39	0,00	12,00
Eric Navet	Atout D'Isigny	3,32	4,00	8,00
Thierry Pomel	Thor des Chaines	4,90	0,75	0,50
3. Großbritannien	**38,57**	**10,82**	**19,50**	**8,25**
Diane Lampard	Abbervail Dream	8,40	0,25	4,25
Geoff Billington	Virtual Village It's Otto	6,91	11,25	0,00
Nick Skelton	Virtual Village Hopes Are	3,91	8,00	4,00
John Whitaker	Virtual Village Heyman	0,00	12,00	8,75
4. Schweiz	**45,98**	**19,48**	**13,00**	**13,50**
Beat Mändli	Pozitano	9,79	0,50	4,75
Stefan Lauber	Royal Future	8,50	12,50	20,50
Lesley McNaught	Dulf	8,33	13,25	8,75
Willi Melliger	Calvaro 5	2,65	0,00	0,00
5. Brasilien	**46,64**	**17,89**	**10,50**	**18,25**
Andre Johannpeter	Calei Joker	12,96	5,75	9,25
Alvaro Miranda Neto	Arisco Aspen	12,22	8,00	16,00
Nelson Pessoa	Gandini Baloubet du Rouet	2,25	4,00	4,25
Rodrigo Pessoa	Gandini Lianos	3,42	0,75	4,75
vor vierzehn weiteren Mannschaften				

Wie das Vorjahr sehr erfolgreich demonstriert hatte, standen hier aber andere, jüngere Springreiterkollegen bereit, um um die Mannschaftsplätze zu kämpfen und evtl. entstehende Lücken mit jungem Schwung und möglichst viel Erfolg zu füllen.

Die letzte Entscheidung über die Zusammensetzung der Mannschaft wurde aber bis zum Nationenpreisfinale in Donaueschingen aufgeschoben. Das erlaubt ein kurzes Wort zu diesem Veranstalter: Zum wiederholten Male hat er glanzvoll unter Beweis gestellt, dass er für die Übernahme herausragender Wettbewerbe bestens geeignet ist. Das Nationenpreisfinale verlief mit großer Spannung und sehr gutem Sport auf völlig neu geschaffenem Grasboden. Es siegte die französische Mannschaft vor Holland, unserem Team mit dem Gebrüdern Beerbaum, Lars Nieberg und Frank Sloothaak sowie der Mannschaft aus den USA.

Einer der vier Reiter, die zwei Null-Fehler-Ritte schafften, war Franke Sloothaak mit „San Patrignano Joly". Durch diese überzeugende Leistung nutzte er die letzte Chance, für die Weltreiterspiele in Rom nominiert zu werden.

Ludger Beerbaums reiterliche Klasse, Nervenstärke und Kämpfereigenschaften brachten ihn von Platz 43 im Zeitspringen bis auf Platz 5 in der Endabrechnung

Nach der Mannschaftssilbermedaille in Stockholm und Mannschaftsgold in Den Haag nun wieder auf der obersten Stufe des Treppchens: Herbert Meyer's Weltmeister

SPRINGEN

So geschah es dann auch. Für Rom wurden Ludger Beerbaum mit „P.S. Priamos", Markus Beerbaum mit „Lady Weingard", Lars Nieberg mit „Loro Piana Esprit FRH" und Franke Sloothaak mit „San Patrignano Joly" nominiert. Die Rolle des Ersatzreiters musste Helena Weinberg mit „Silwa Ferdinand" übernehmen.

In Rom traten 19 Mannschaften und insgesamt 86 Reiter aus 30 Nationen an.

Am Anfang stand wieder das Zeitspringen. Lange Zeit schien Hugo Simon mit „E.T. FRH" unschlagbar zu sein. Später nahm ihm John Whitaker mit „Virtual Village Heymann" mit einem wahrhaft weltmeisterlichen Ritt noch 1 1/2 Sekunden ab. Bravourös auch die schnelle Runde des mittlerweile 62jährigen Nelson Pessoa auf „Gandini Baloubet", der auf Platz 3 dieses großen und hoch qualifizierten Starterfeldes landete. Für die deutschen Reiter lief es gemischt. Eine sehr gute Leistung von Markus Beerbaum mit „Lady Weingard", die ihm Platz 5 einbrachte, wurde ergänzt durch Franke Sloothaak mit „San Patrignano Joly" auf Platz 18, Lars Nieberg mit „Loro Piana Esprit FRH" auf Platz 27 und dem etwas verunglückten Ritt von Ludger Beerbaum auf „P.S. Priamos", der ihn zunächst auf Platz 43 brachte. In der Mannschaft lag nach diesem Zeitspringen England vor Frankreich und Amerika, unser Team rangierte auf Platz 4 vor Brasilien und Italien.

Im Mannschaftsfinale musste also einiges an Boden gut gemacht werden, um bei der Medaillenvergabe dabei zu sein. Die führenden Engländer und auch die amerikanischen Reiter erwischten keinen guten Tag. Schon im ersten Umlauf rutschten sie erheblich ab, dafür arbeiteten sich unsere Reiter mit sagenhaften vier fehlerfreien Runden ganz an die Spitze. Im zweiten Umlauf machten alle Paare Springfehler bis auf Willi Melliger (Schweiz) auf „Calvaro", Geoff Billington (England) mit „Virtual Village It's Otto" sowie die drei mit kleinen Zeitfehlern behafteten Paare Eric Holstein (Irland) mit „Ballaseyr Kalosha", Thierry Pomel (Frankreich) mit „Thor des Chaines" und Franke Sloothaak mit „San Patrignano Joly". Markus und Ludger Beerbaum erzielten das gleichlautende Ergebnis von 4 1/4 Strafpunkten und Lars Nieberg hatte zwei Abwürfe zu verzeichnen. Mit diesem Ergebnis stand aber fest, dass unsere Reiter nach der ungünstigen Ausgangsposition noch den Weg ganz an die Spitze geschafft hatten und mit großem Vorsprung Mannschaftsweltmeister vor Frankreich, England und der Schweiz wurden.

Noch sah es auch für das Einzelfinale sehr vielversprechend aus, da mit Franke Sloothaak und Markus Beerbaum gleich zwei Reiter unter den ersten Vier rangierten und auch Ludger Beerbaum auf Platz 10 sich bewundernswert weit nach vorne gearbeitet hatte.

Das schwere Springen der besten 25 brachte dann noch einige Verschiebungen. Ludger Beerbaum arbeitete sich mit zwei Runden, die nur mit geringen Zeitstrafpunkten belastet waren, noch dichter an das Quartett der Besten heran, ohne sich jedoch für das Einzelfinale platzieren zu können. Markus Beerbaum unterliefen zwei Springfehler im ersten Umlauf, was ihn aus dem Kreis der besten Vier leider verbannte. An seiner Stelle ritt sich Rodrigo Pessoa mit nur einem Zeitstrafpunkt ins Finale. Für Franke Sloothaak sah es nach einem Abwurf im ersten Umlauf auch so aus, als müsste er das Finale als Zuschauer erleben. Nur 1/4 Zeitstrafpunkt im zweiten Umlauf ließen ihn und „San Patrignano Joly" aber wieder in den Kreis der besten Vier aufrücken.

Das Finale wurde dann bestritten von Rodrigo Pessoa (Brasilien) mit „Gandini Lianos", Thierry Pomel (Frankreich) mit „Thor des Chaines", Franke Sloothaak mit „San Patrignano Joly" und Willi Melliger (Schweiz) mit „Calvaro".

Jeder fing mit seinem eigenen Pferd an und jeder blieb fehlerfrei. Nach dem ersten Pferdewechsel sah es schon anders aus. Dem Franzosen Thierry Pomel gelang mit Willi Melligers „Calvaro" eine fehlerfrei Runde. Die drei anderen Reiter mussten auf fremden Pferd jeweils einen Abwurf hinnehmen. Der zweite Pferdewechsel brachte eine Vorentscheidung, die in Richtung von Thierry Pomel und Rodrigo Pessoa wies. Beiden, die jeweils das Pferd des anderen ritten, unterlief kein Springfehler, Thierry Pomel musste allerdings 1/2 Zeitstrafpunkt hinnehmen, der sich in der Endabrechnung als verhängnisvoll erwies. Franke Sloothaak und Willi Melliger landeten beide mit je einem Abwurf.

Die Entscheidung musste die vierte Runde mit dem dritten Pferdewechsel bringen. Wie in jeder Runde ging Willi Melligers Pferd „Calvaro" als erstes an den Start, nun geritten von Rodrigo Pessoa. Er schaffte erneut einen fehlerfreien Ritt, was ihm zumindest Platz 2 schon sicherte. Als nächstes kam Willi Melliger mit „Thor de Chaines" mit einem weiteren Abwurf, was ihn um eine Medaille zittern ließ. Dann kam der entscheidende Ritt von Thierry Pomel mit „San Patrignano Joly". Bliebe er fehlerfrei oder nur mit kleinen Zeitfehlern behaftet, wäre er Weltmeister. Dies gelang nicht, ein Abwurf und 1/2 Zeitstrafpunkt bescherten ihm in der Endabrechnung 5 Strafpunkte, wegen zwei halber Zeitfehler genau einen Punkt mehr als Rodrigo Pessoa. Damit war die Entscheidung für den neuen Weltmeister Rodrigo Pessoa vor dem Silbermedaillengewinner Thierry Pomel gefallen. Als letztes ritt Franke Sloothaak mit „Gandini Lianos" um die bronzene Medaille und verwies mit einem Null-Fehler-Ritt Willi Melliger auf den undankbaren vierten Platz.

WM Rom 1998 — Einzelwertung

Reiter	Nation	Pferd	Punkte
1. Franke Sloothaak	GER	San Patrignano Joly	10,39
2. Willi Melliger	SUI	Calvaro 5	10,64
3. Rodrigo Pessoa	BRA	Gandini Lianos	10,92
4. Thierry Pomel	FRA	Thor des Chaines	12,40
5. Ludger Beerbaum	GER	P.S. Priamos	13,57
6. Joszef Turi	HUN	Epona Superville	14,20
7. Markus Beerbaum	GER	Lady Weingard	15,66
8. Trevor Coyle	IRL	Cruising	16,00
9. Hugo Simon	AUT	E.T. FRH	16,79
10. Nelson Pessoa	BRA	Gandini Baloubet du Rouet	18,75
17. Lars Nieberg	GER	Loro Piana Esprit FRH	33,39

Zwischen Atlanta und Sydney

Thierry Pomel mit „San Patrignano Joly"

Willi Melliger auf „Gandini Lianos"

Franke Sloothaak mit „Calvaro"

Springen

WM Rom 1998 — Finale (mit Pferdewechsel)

Reiter	Nation	L	J	T	C	Total
Rodrigo Pessoa	BRA	0	4	0	0	4,00
Thierry Pomel	FRA	0,5	4,5	0	0	5,00
Franke Sloothaak	GER	0	0	4	4	8,00
Willi Melliger	SUI	4	4	4	0	12,00
Gandini Lianos		4,5				
San Patrignano Joly			12,5			
Thor des Chaines				8		
Calvaro 5					4	

Das Medaillen-Trio: Rodrigo Pessoa, Thierry Pomel und Franke Sloothaak

Nach dem Sieg im Weltcup-Finale nun auch der Weltmeistertitel für Rodrigo Pessoa

Rodrigo Pessoa mit „Thor de Chaines"

Zwischen Atlanta und Sydney

Europameisterschaft Hickstead 1999

Das Jahr 1999 war das Jahr von Carsten-Otto Nagel. Er gewann das Deutsche Springderby in Hamburg und die Deutsche Meisterschaft in Verden. Erstmals seit dem Junioren-Alter schaffte er durch diese herausragenden Leistungen den Sprung in eine Championatsmannschaft. Und dies katapultierte ihn ganz bis an die europäische Spitze.

Aber nicht nur dies war bemerkenswert in der Entwicklung des Jahres 1999. Das Erfolgspaar Lars Nieberg und „For Pleasure" wurde auseinandergerissen. Nach einigem Hin und Her fand „For Pleasure" im Stall von Marcus Ehning ein neues zu Hause, was die Erfolgsgeschichte dieses Pferdes glücklicherweise nicht

Derby-Sieger, Deutscher Meister und Mannschafts-Europameister Carsten-Otto Nagel auf „L'Eperon"

andersetzung dauerte aber so lange, dass an eine Teilnahme an der Europameisterschaft in Hickstead nicht zu denken war.

Aus anderem Grunde stand auch Markus Beerbaum nicht zur Verfügung. Eine Schulterverletzung mit anschließender Operation ließen ihn nur als Fußgänger nach England reisen.

Das Spitzenpaar der vergangenen Jahre meldete die einschneidendste Veränderung des Jahres. Ludger Beerbaum entschied sich für die Verabschiedung seiner hochbewährten „Ratina Z" aus dem Sport und wählte das CHIO Aachen als den denkbar würdigsten Abschiedsrahmen.

Wieder war Herbert Meyer gefragt, aus den zur Verfügung stehenden, noch nicht so erfahrenen Reitern und Pferden eine neue Erfolgsgemeinschaft zu schmieden. Und wieder bewährte sich der frühzeitige Einsatz vieler Hoffnungsträger in Nationenpreisen. Die Deutsche Meisterschaft in Verden und das CHIO Aachen gaben dem DOKR- Springausschuss den notwendigen Überblick, um die richtigen Kandidaten auszuwählen.

Dabei ergab sich eine weitere, prägnante Neuerung. Mit Meredith Michaels-Beerbaum wurde erstmals eine Frau in ein deutsches Championatsteam berufen.

Die Fahrt nach Hickstead traten Carsten-Otto Nagel mit „L'Eperon", Ludger Beerbaum mit „Champion du Lys", Meredith Michaels-Beerbaum mit „Sprehe Stella" und das auf Anhieb wunderbar harmonierende neue Paar Marcus Ehning mit "For Pleasure" an. Als Reservereiter war Renè Tebbel mit "Radiator" mit von der Partie.

Die erste Frau in einer deutschen Championatsmannschaft: Meredith Michaels-Beerbaum mit „Sprehe Stella"

unterbrach. Ein weiteres Erfolgspaar erlebte eine vorübergehende, schmerzliche Trennung: „Joly Coeur" und Franke Sloothaak. Nach jahrelanger großzügiger und erfolgsgekrönter Unterstützung durch San Patrignano zog sich der Sponsor zurück und damit „Joly Coeur" aus Franke Sloothaak's Stall heraus nach Italien. Dies erweckte Begehrlichkeiten im In- und Ausland. Doch letztlich gelang es nach vielen Monaten der Ungewissheit „Joly Coeur" wieder dahin zurückzuholen, wo er hingehört: in Franke Sloothaak's Stall. Diese ganze Aus-

EM Hickstead 1999 — Mannschaftswertung

Nation/Reiter	Total/Pferd	Zeitspringen	1.Umlauf	2.Umlauf
1. Deutschland	24,13	8,13	12,00	4,00
Carsten-Otto Nagel	L'Eperon	3,33	12,00	4,00
M. Michaels-Beerbaum	Sprehe Stella	4,59	0,00	0,00
Marcus Ehning	For Pleasure	0,91	4,00	0,00
Ludger Beerbaum	Champion du Lys	3,89	8,00	4,00
2. Schweiz	25,91	13,66	8,00	4,25
Lesley McNaught	Dulf	7,04	4,00	0,25
Markus Fuchs	Tinka's Boy	2,81	4,00	4,00
Beat Mändli	Pozitano	4,64	0,00	0,00
Willi Melliger	Calvaro 5	6,21	4,00	4,00
3. Niederlande	29,13	13,13	8,00	8,00
Emile Hendrix	RBG Finesse	9,48	12,00	4,00
Jeroen Dubbeldam	V&L de Sjiem	2,12	4,00	4,00
Jan Tops	Montemorelos la Silla	6,26	4,00	0,00
Jos Lansink	Nissan Carthago Z	4,75	0,00	4,00
4. Großbritannien	29,56	12,56	8,50	8,50
Nick Skelton	Hopes Are High	1,24	8,00	4,00
Geoff Billington	Virtual Village It's Otto	6,23	0,00	0,00
Diane Lampard	Abbervail Dream	5,09	0,50	4,50
Michael Whitaker	Virtual Village Calvaro F	7,82	8,75	4,50
5. Frankreich	33,51	13,01	16,50	4,00
Alexandra Ledermann	Rochet M	5,10	0,00	0,00
Jacques Bonnet	Apache d'Adriers HN	7,92	17,75	16,00
Thierry Pomel	Thor des Chaines	7,91	12,50	4,00
Michel Robert	Auleto	0,00	4,00	0,00
vor sieben weiteren Mannschaften				

SPRINGEN

Ein Gemisch aus Spannung und Zuversicht spricht aus den Mienen von Herbert Meyer und seinem Nachfolger Kurt Gravemeier, assistiert von Richard Ehning, Hendrik Snoek und Olaf Petersen

Für Spannung vor dem zweiten Umlauf war reichlich gesorgt. Carsten-Otto Nagel als erstem deutschen Mannschaftsreiter gelang mit einem 4-Fehlerritt die Rehabilitation, und ein echter Beitrag zur Mannschaftsleistung. Meredith Michaels-Beerbaum und Marcus Ehning blieben fehlerfrei und sicherten frühzeitig den Mannschaftssieg. Unsere schärfsten Konkurrenten folgten mit Null- und 4-Fehlerritten und geringfügigen Zeitstrafpunkten dicht auf.

Zwei fehlerfreie Runden gelangen neben Meredith Michaels-Beerbaum nur dem Schweizer Beat Mändli, dem Engländer Geoff Billington und der Französin Alexandra Ledermann.

Über Hickstead wurde im Vorfeld viel diskutiert. Würde der anfällige Boden halten, würde das Wetter eine gute oder schlechte Rolle spielen oder würden möglicherweise ähnliche Verhältnisse wie in St. Gallen die Europameisterschaft beeinträchtigen. Der Veranstalter tat viel zur Verbesserung des Bodens, überließ einen Rest aber dem notwendigen Glück, was er dann auch hatte.

Das Zeitspringen sah nach einem mustergültigen Ritt den Franzosen Michel Robert auf „Auleto" in Front, gefolgt von der Schwedin Maria Gretzer mit „Feliciano" und Marcus Ehning mit „For Pleasure". Unsere weiteren Reiter schlugen sich bestens und sorgten bereits nach diesem Zeitspringen für die Führung in der Mannschaftswertung vor Schweden, England und Frankreich.

Das Mannschaftsfinale verlief wechselhaft, da Carsten-Otto Nagel mit „L'Eperon" drei Springfehler und Ludger Beerbaum mit „Champion du Lys" zwei Springfehler hinnehmen mussten. Dennoch blieb unser Team mit einem Null-Fehler-Ritt von Meredith Michaels-Beerbaum und vier Strafpunkten von Marcus Ehning nach der ersten Runde knapp in Führung vor den dicht aufgerückten Engländern und den auch sehr dicht folgenden Holländern und Schweizern.

Mit nur einem Strafpunkt im Finale erkämpfte sich die Schweizerin Lesley McNaught auf „Dulf" die Bronzemedaille

Leitwolf mit Gefolge: Ludger Beerbaum, Carsten-Otto Nagel, Marcus Ehning, Meredith Michaels-Beerbaum

Zwischen Atlanta und Sydney

Ins Einzelfinale durften dann die besten 25 Paare. In Führung lag der Franzose Michel Robert mit „Auleto" mit vier Punkten, gefolgt von Meredith Michaels-Beerbaum, 4,59 Punkten, dem Schweizer Beat Mändli mit 4,64 Punkten und Marcus Ehning mit 4,91 Punkten. Dies war eine äußerst dicht gedrängte Spitze mit guten Chancen zweier unserer Newcomer.

Diesmal war das Glück aber mehr auf der Seite anderer Reiter, die im Verlauf von Parcours A und B das bislang führende Quartett verdrängten. Am Ende wurde erstmals eine Europameisterin bejubelt: Alexandra Ledermann aus Frankreich mit „Rochet M". Bis auf Platz zwei und drei nach vorne kämpften sich die Schweizer Markus Fuchs mit „Tinka's Boy" und Lesley McNaught mit „Dulf". Hinter dem bis dahin führenden Franzosen Michel Robert auf „Auleto", der Platz vier belegte, folgte Marcus Ehning mit „For Pleasure" nach zwei Abwürfen im Parcours A und einer sauberen Runde im Parcours B auf Platz fünf.

Manchen Pferden war anzumerken, dass die Parcours in Hickstead ständig Spitzenleistungen verlangten und an den Kräften zehrten. So ging es auch „Sprehe Stella" mit Meredith Michaels-Beerbaum, die im Parcours B zwei Fehler machte und damit auf Platz neun abrutschte. Carsten-Otto Nagel verzichtete bereits nach Fehlern im Parcours A auf eine Fortsetzung seines Rittes.

Mit dem Traumergebnis von Atlanta waren dies wirklich vier goldene Jahre für unsere Springreiter. Kein Championat ohne Mannschaftssieg, in den Einzelwertungen Olympiasieg, Europameister und Bronzemedaille bei der Weltmeisterschaft. Dies alles mit wechselnden, stets mit jungen Leuten wieder aufgefüllten Mannschaften und mit dem Einsatz vieler noch nicht championatsbewährter Pferde. Dies ist ein unvergleichlicher Erfolg, erritten von jedem einzelnen beteiligten Springreiter, errungen aber auch durch die dahinter stehenden Teams der Pferdepfleger und Pferdebesitzer und gestaltet durch eine Glanzfigur: Bundestrainer Herbert Meyer. Wünschen wir ihm, dass es ihm gelingt, auch sein Abschlusswerk in Sydney so erfolgreich zu gestalten.

Ein fast makelloses Finalergebnis katapultierte den Schweizer Markus Fuchs mit „Tinka's Boy" von Platz 14 bis hin zur Silbermedaille.

Die letzten Reiter mussten über Silber und Bronze entscheiden. Dem Holländer Jos Lansink mit „Nissan Carthago Z" unterlief ein Springfehler, ebenso dem Schweizer Willi Melliger mit „Calvaro". Michael Whitaker hatte es mit „Virtual Village Calvaro F" in der Hand, mit einer fehlerfreien Runde einen Medaillenrang zu erreiten. Es gelang nicht. 4 1/4 Strafpunkte verhinderten den Erfolg. Am Ende eines sehr spannungsgeladenen Finales stand wieder einmal ein Sieg der deutschen Mannschaft, diesmal allerdings hauchdünn vor der Schweizer Mannschaft, den Holländern und den unglücklichen Engländern, die um wenige Zehntel geschlagen auf heimischem Boden mit dem undankbaren vierten Platz Vorlieb nehmen mussten.

Alexandra Ledermann mit „Rochet M" setzten sich nach anstrengenden Tagen und sehr gleichmäßiger Leistung an die Spitze der Konkurrenz und gewannen Gold

EM Hickstead 1999 — Einzelwertung

Reiter	Nation	Pferd	Prüf. 1	Prüf. 2A	Prüf. 2B	Prüf. 3A	Prüf. 3B	Punkte
1. Alexandra Ledermann	FRA	Rochet M	5,10	0,00	0,00	0,00	4,50	9,60
2. Markus Fuchs	SUI	Tinka's Boy	2,81	4,00	4,00	0,50	0,00	11,31
3. Lesley McNaught	SUI	Dulf	7,04	4,00	0,25	1,00	0,00	12,29
4. Michel Robert	FRA	Auleto	0,00	4,00	0,00	4,75	4,00	12,75
5. Marcus Ehning	GER	For Pleasure	0,91	4,00	0,00	8,00	0,00	12,91
6. Geoff Billington	GBR	Virtual Village It's Otto	6,23	0,00	0,00	4,00	4,00	14,23
7. Beat Mändli	SUI	Pozitano	4,64	0,00	0,00	12,00	0,00	16,64
8. Jos Lansink	NED	Nissan Carthago Z	4,75	0,00	4,00	8,00	0,00	16,75
9. M. Michaels-Beerbaum	GER	Sprehe Stella	4,59	0,00	0,00	4,25	8,00	16,84
10. Marion Hughes	IRL	Heritage Charlton	7,92	0,75	0,25	4,00	4,25	17,17

SPRINGEN

Über Balve und Aachen nach Sydney

Das Jahr 2000 wurde eingeleitet durch einen großen Verlust für den deutschen Springsport und für den gesamten deutschen Pferdesport. Am 08. Januar verstarb Fritz Thiedemann im Alter von knapp 82 Jahren. Er war einer der ganz Großen des deutschen Sports der Nachkriegszeit, ein bodenständiger Botschafter für Deutschland und ein weltweit anerkannter Pferdemann. Die Welt des Pferdesportes bereitete ihm am 13. Januar in seiner ehemaligen Wirkungsstätte Elmshorn einen würdigen Abschied.

Fritz Thiedemann, 3. März 1918 bis 8. Januar 2000, 5facher Derby-Sieger, Europameister, Olympiamedaillen-Gewinner: 1952 Bronzemedaille Dressur (Mannschaft) und Bronzemedaille Springen (Einzel) 1956 und 1960 Goldmedaille Springen (Mannschaft)

Das olympische Jahr ist stets der Abschluss einer vierjährigen Vorbereitungszeit. Vielfache Überlegungen, Maßnahmen, organisatorische Vorbereitungen und sportliche Entscheidungen sollen auf den Punkt genau zu dem führen, was jeder Leistungssportler als Höhepunkt seiner Laufbahn erträumt: olympischer Erfolg. Die Hallensaison 1999/2000 brachte gute sportliche Leistungen, großes und stimmungsvoll mitgehendes Publikum in den Turnierhallen sowie bemerkenswertes Medieninteresse und viele, teils sehr informativ und abwechslungsreich aufbereitete Fernsehübertragungen. Die Frage war natürlich, wie dies alles samt der notwendigen sportlichen Substanz in die grüne Saison übertragbar und bis zur zweiten Septemberhälfte auch noch steigerungsfähig sei.

Der Springausschuss des Deutschen Olympiade-Komitees für Reiterei berief aufgrund der gezeigten Vorleistungen und sportlichen Perspektive im Winter folgenden Olympiakader: Ludger Beerbaum, Markus Beerbaum, Meredith Michaels-Beerbaum, Marcus Ehning, Carsten-Otto Nagel, Lars Nieberg, Franke Sloothaak und René Tebbel.

Der Verbleib von René Tebbel im Olympiakader war nur von kurzer Dauer. Ein Zwischenfall beim Hallenturnier in Stuttgart führte zum Ruhen seiner Kadermitgliedschaft und zu einer sehr schnell durch die FEI ausgesprochenen Sperre. Leider war diese Sperre Ergebnis eines wenig sorgfältigen Verfahrens. So ist der Fall noch heute nicht abgeschlossen und hinterlässt unabhängig von seinem Ausgang erneute Fragezeichen. Was unser Sport mit Pferden verlangt, ist zugleich unabdingbar für alle Aktiven und die dahinterstehende jeweilige Mannschaft: pferdegerechtes Verhalten im Umgang mit dem Sportpartner und bei Verstößen sorgfältige, eindeutige Aufbereitung mit klaren, keine Fragen offen lassenden Entscheidungen.

Die erste, wichtige Etappe auf dem Weg nach Sydney war die Deutsche Meisterschaft in Balve. Graf Landsberg und seine Mannschaft hatten alles bestens vorbereitet, die sauerländische Turnieranlage erstrahlte in erneut aufpoliertem Glanz und der Wettergott tat das Seine zur Durchführung wunderbarer Meisterschaftstage.

Angesichts des noch langen, beschwerlichen Weges bis zu den Olympischen Spielen hatte der DOKR-Springausschuss entschieden, nur zwei anstatt der bisherigen drei Meisterschaftsprüfungen zu verlangen: ein Springen nach Art des Nationenpreises am Freitag und ein Springen nach Art des olympischen Einzelfinales am Sonntag.

Der Olympiakader war nicht komplett am Start. Meredith Michaels-Beerbaum und Carsten-Otto Nagel fehlten, da ihre Pferde noch nicht die für Meisterschaftseinsätze notwendige Konstitution aufwiesen. Kennzeichnend für die Balver Tage war das Nachrücken junger Paare bis dicht an die Medaillenränge heran und das Wiedererstarken des schon sehr bewährten Sören von Rönne.

Das Springen am Freitag mit zwei Umläufen sah den in der Weltcup-Saison bereits sehr erfolgreichen Ralf Schneider auf „Chopin" knapp in Führung vor Ludger Beerbaum mit „Goldfever", Marcus Ehning mit „For Pleasure" und Hans-Günther Goskowitz mit „Debue". Dies war eine Spitzengruppe aus bewährten Leistungsträgern und jungen Nachrückern, die verfolgt wurde von einer ebenso durchmischten Gruppe wie den erfahrenen Franke Sloothaak und Lars Nieberg und so jungen Reitern wie Markus Merschformann und Christian Ahlmann.

Nicht in der Wertung blieb leider Markus Beerbaum mit seiner „Lady Weingard". Zu Ende des ersten Umlaufes erlitt sie eine Verrenkung im Halsbereich und konnte nicht weiter eingesetzt werden. Schade für den Reiter, sehr schmerzlich im Hinblick auf die Olympia-Nominierung.

Nach einer Ruhepause am Samstag, der zum Tag der Amazonen wurde, musste der Sonntag dann über die Medaillen entscheiden. In den beiden schweren, unterschiedlich gestalteten Parcours gelang es drei Reitern, gänzlich fehlerfrei zu bleiben: Marcus Ehning mit „For Pleasure", Franke Sloothaak mit „Joly Coeur" und dem wiedererstarkten Sören von Rönne mit „Chandra". Der bis nach Abschluss des Parcours A in der Gesamtwertung mit nur 1/2 Zeitstrafpunkt belastete führende Ralf Schneider erlebte einen bedauerlichen Einbruch im abschließenden Parcours B. Vier Abwürfe warfen ihn von Platz 1 bis auf Platz 13 zurück. Sehr beachtlich war die Leistung von Hans-Günther Goskowitz mit seinem 14-jährigen „Debue", der mit zwei Abwürfen in allen vier Parcours und kleinen Zeitstrafpunkten in der Meisterschafts-Endwertung Platz 5 belegte. Gemeinsam auf Platz 6 rangierten am Ende der wieder aufstrebende Otto Becker mit „Dobel's Cento" sowie die Nachwuchsreiter Christian Ahlmann mit „Zeno" und Markus Merschformann mit „Camirez B". Die Meisterschaft für sich entschied jedoch einmal mehr der Vorreiter und Vordenker der letzten Jahre: kein Springfehler in allen vier Runden, lediglich einige Zeitfehler führten für Ludger Beerbaum mit „Goldfever" zum Endergebnis 3 1/4 Strafpunkte und zur Goldmedaille. Silber errang Marcus Ehning mit „For Pleasure" mit insgesamt einem Abwurf und die Bronzene Medaille teilten sich Franke Sloothaak mit

41

ZWISCHEN ATLANTA UND SYDNEY

*Zum 6. Mal Deutscher Meister:
Ludger Beerbaum mit „Goldfever"*

sche Olympiakandidaten schlugen sich achtbar und erreichten gute Platzierungen: Otto Becker, Lars Nieberg und Björn Nagel.

Auch der „Nordrhein-Westfalen-Preis" am Donnerstag brachte mit dem zweiten Platz von Sören von Rönne auf „Charlottenhof's Charisma" ein erfreuliches Ergebnis. Nun ging es um die richtige Mannschaft für den Nationenpreis und gleichzeitig auch um eine Art Generalprobe für Olympia.

Franke Sloothaaks „Joly Coeur" ging am Mittwoch mit einem Abwurf zwar recht gut, zog sich jedoch eine Verletzung zu. Intensive Beratungen und Konsultation des Mannschaftstierarztes führten dann zum Startverzicht. Um einige Paare in der Belastung eines Nationenpreises nochmals auf Herz und Nieren testen zu können, verzichtete auch Ludger Beerbaum auf einen Einsatz und Herbert Meyer benannte Lars Nieberg mit „Loro Piana Esprit FRH", Sören von Rönne mit „Chandra", Otto Becker mit „Dobel's Cento" und Marcus Ehning mit „For Pleasure" für die Mannschaft.

Nach dem ersten Umlauf lagen drei Teams mit jeweils vier Strafpunkten auf Platz 1: England, Mexiko und Deutschland. In unserer Mannschaft blieben Lars Nieberg und Marcus Ehning fehlerfrei, Otto Becker unterlief ein Abwurf und Sören von Rönne lieferte mit drei Abwürfen das Streichergebnis. Der zweite Umlauf der neun besten Mannschaften wurde äußerst spannend. Unsere ersten drei Reiter blieben fehlerfrei. In der englischen Mannschaft leistete sich nur Andrew Davies einen Abwurf. Die weiteren Mannschaften gingen mit höherem Strafpunktekonto etwas auf Distanz.

Nach dem neuen Modus für Nationenpreise gibt es kein Stechen mehr, sondern die gebrauchte Zeit entscheidet über Sieg und Platz „Joly Coeur" und Sören von Rönne mit „Chandra" mit jeweils acht Strafpunkten.

Der Springausschuss zog aus diesem Abschneiden die Konsequenz und erweiterte den Olympiakader um Otto Becker, Christian Ahlmann und Sören von Rönne.

Vier Wochen vor Beginn der Quarantäne für die Olympiapferde begann der CHIO Aachen. Hier sollten die Würfel für die Fahrkarten nach Sydney fallen. Die Umstände waren insofern nicht glücklich, als es meistens in Strömen regnete. Allerdings bestand der Aachener Rasen seine Bewährungsprobe und gab trotz großer Wasserlachen den Pferden guten Halt.

Der „Preis von Europa" am Mittwoch war der erste echte Leistungstest. Nach einem Mammut-Stechen mit 13 Teilnehmern wurde er dank Marcus Ehnings Sieg auf „For Pleasure" und Markus Beerbaums zweitem Platz auf der wieder genesenden „Lady Weingard" zu einem deutschen Triumph. Auch andere deut-

DM Balve 2000 — Einzelwertung Springreiter

Reiter	Pferd	Punkte
1. Ludger Beerbaum	Goldfever 3	3,25
2. Marcus Ehning	For Peasure	4,00
3. Franke Sloothaak	Joly Coeur 6	8,00
3. Sören von Rönne	Caretin	8,00
5. Hans Günther Goskowitz	Debue	10,00
6. Otto Becker	Dobel's Cento	12,00
6. Christian Ahlmann	Zeno 5	12,00
6. Markus Merschformann	Camirez B	12,00
9. Björn Nagel	Scutt	12,00
10. Lutz Gripshöver	Warren NRW	16,00
10. Lars Nieberg	Loro Piana Esprit FRH	16,00
10. Holger Wulschner	Capriol	16,00
13. Elmar Gundel	Chapel	16,50
13. Ralf Schneider	Chopin 45	16,50
15. René Tebbel	Radiator	21,25
16. Gilbert Böckmann	HGF Fine Kiss	24,00
17. Karsten Huck	Montanus Faro	25,25
18. Marc Bettinger	Ragtime Joe	25,50

bei Fehlergleichheit. Die Reiter aus England waren deutlich schneller als unsere Paare. Nun lag es in der Hand der letzten Reiter beider Mannschaften. Dies waren Marcus Ehning mit „For Pleasure" und John Whitaker mit „Virtual Village Calvaro FC". Für den Fall, dass John Whitaker fehlerfrei bleiben sollte, musste Marcus Ehning mit „For Pleasure" einen Null-Fehlerritt mit sehr schneller Zeit vorlegen, um bei dann gegebener Strafpunktgleichheit beider Mannschaften den Sieg für unser Team zu sichern. Marcus Ehning legte ein atemberaubendes Tempo vor und ritt riskant kurze Wege. Es war wie ein 630 m langes Stechen. Diese Bravour-Leistung brachte das Ergebnis Null Strafpunkte in 78,19 Sekunden. Das war 10 Sekunden schneller als die durchschnittlich gebrauchte Zeit für einen Umlauf. Alles lag nun in John Whitakers Hand. Fehlerfreiheit und eine schnelle Zeit waren die Voraussetzung, um seiner Mannschaft den Sieg zu sichern. John beflügelte seinen schwerfälligen Hengst erstaunlich. In der letzten Wendung verlor er auf regennassem Boden beide Vordereisen. Mehrfach rutschten ihm vor den letzten Hindernissen die Beine zur Seite, doch John Whitaker kämpfte, brachte sein Pferd immer wieder auf die Füße und gewann. Null Fehler in 80,07 Sekunden bedeuteten den Sieg für England vor Deutschland, Irland, der Schweiz und den Niederlanden.

Den 3. Platz teilten sich Sören von Rönne mit „Chandra" (Abb. links) und Franke Sloothaak mit „Joly Coeur" (Abb. oben)

Bundestrainer Meyer und der Springausschuss hatten zwar weitere Erkenntnisse gewonnen, doch die erforderliche Klarheit ließ noch auf sich warten. Der „Große Preis von Aachen" am Sonntag musste daher die letzten Aufschlüsse bringen. Dies war die große Stunde von Otto Becker, der nach zwei Umläufen und Stechen immer noch fehlerfrei war und schneller blieb als der ebenfalls fehlerfreie Holländer Jos Lansink mit „Carthago Z". Der wohl größte Triumph in Otto Beckers bisheriger Laufbahn wurde ergänzt durch den dritten Platz von Markus Beerbaum auf „Lady Weingard", der zwar die schnellste Zeit im Stechen erzielte, aber ausgerechnet am letzten Hindernis einen Abwurf hinnehmen musste.

Nun hatte der Springausschuss das Wort. Nach intensiver Beratung wurden folgende Reiter und Pferde nominiert: Ludger Beerbaum mit „Goldfever", Otto Becker mit „Dobel's Cento" und „Dobel's Padarco", Marcus Ehning mit „For Pleasure", Lars Nieberg mit „Loro Piana Esprit FRH" und als mögliche Reservereiter Sören von Rönne mit „Chandra" und

Zwischen Atlanta und Sydney

„Charlottenhof's Charisma" sowie Markus Beerbaum mit „Lady Weingard". Für Franke Sloothaak wurde aufgrund der Verletzung seines Pferdes ein Sonderweg beschlossen. Bei rechtzeitiger Genesung sollte ein Start in zwei Wochen im belgischen Valkenswaard die Entscheidung bringen, ob er möglicherweise noch in die Mannschaft aufrücken würde. So wurde es dann auch durchgeführt, allerdings ohne den erhofften Erfolg. Nach dem ersten Parcours, nach Untersuchungen durch den Mannschaftstierarzt und einer Lagebesprechung mit dem Bundestrainer war klar, dass Franke Soothaak mit Rücksicht auf die Gesundheit seines Pferdes auf einen weiteren Einsatz und auf die Teilnahme an den Olympischen Spielen in Sydney verzichten musste.

Sechster bei der Deutschen Meisterschaft und in den Olympiakader berufen wurde Christian Ahlmann mit „Zeno"

Der größte Triumph in der bisherigen Laufbahn: Sieg im „Großen Preis von Aachen" für Otto Becker auf „Dobel's Cento"

SPRINGEN

Quarantäne und Trainingslager in Warendorf

Am 8. August begann der Count Down. Die Quarantäne in Warendorf wurde in der vom Springausschuss beschlossenen Besetzung bezogen. Drei Kilometer Zaun trennten die Olympiakandidaten von der Umwelt. Fußgänger- und Joggerwege wurden durchschnitten, Stalltrakte leergeräumt und desinfiziert. Trainingsstätten in Freiheit und Quarantäne aufgeteilt und alles, was benötigt wurde, wurde ins umzäunte Areal gebracht: Reitausrüstung, Futter, Hindernismaterial, Stallausrüstung, Laufband, ein Trecker, ein Auto, Fahrräder und alle Ausrüstung, die in Sydney für die dort noch folgende Quarantäne gebraucht wurde. Der Warendorfer Seminarraum wurde zum Umkleideraum umfunktioniert und beinhaltete für zwei Wochen anstelle von Tischen und Stühlen eine Vielzahl von Umkleidekabinen.

Dann kamen die Pferde und deren Pfleger. Das letzte Tor ging zu. Rein und raus kam man nur noch nach Wechseln der Kleidung und Registrierung durch die Wachmannschaft: Silvia Kostiuk, Willi Schlöpker und Gerhard Pfiffer.

Durch 3 km Zaun von der Umwelt getrennt. Dies galt sogar fürs Fernsehen

So wurden am 23. August folgende Pferde verladen und nach Frankfurt transportiert: „Goldfever", „For Pleasure", „Dobel's Cento", „Loro Piana Esprit FRH" sowie „Lady Weingard" als Reservepferd. Sören von Rönne beendete seine Reservistenrolle und fuhr zurück in seinen Heimatstall. Ihm gebührt Dank und Respekt dafür, dass er sich dieser Rolle stellte, für den Fall einer Verletzung zur Verfügung stand und die hierfür erforderliche Zeit opferte. Er war stets mit dem gleichen Eifer und der gleichen Ernsthaftigkeit zur Stelle wie seine Mannschaftskameraden.

Die Seminarhalle wurde zum Umkleideraum

Zum Abflug bereit

Die Trainingsbedingungen waren ideal. In völliger Ruhe und mit allen Möglichkeiten, die das Warendorfer Bundesleistungszentrum zu bieten hatte. Trainingsplätze auf Gras und Sand, Trainingshalle, Ausreitemöglichkeiten und Weiden. Die Reiter trafen sich zum Training jeweils an einem Nachmittag, übernachteten im Hotel Mersch und trainierten dann noch am folgenden Vormittag. Dann entschwanden sie wieder zu ihren Heimatställen. Alles wurde koordiniert durch Herbert Meyer, assistiert von Kurt Gravemeier. Die Pferde waren sehr fit und zeigten sich in bester Springverfassung. Keine Krankheiten und Verletzungen beeinträchtigten den Trainingsverlauf.

REINHARD WENDT

Das war ein

Es gehört nicht nur auf die Positivseite olympischer Erfahrungen, es gehört ganz nach oben. Organisation, die man nicht merkt, Perfektion, die einfach da ist und dazu diese Menschen!

Nicht, dass es keine Probleme, ja Skandale gab. Nicht, dass es keine Skepsis und keine Widerstände der Bevölkerung gab. Dies alles war genauso existent wie bei der Vorbereitung früherer Olympischer Spiele.

Unmittelbar vor und während der Wettkampftage war dies alles wie weggefegt. Begeisterung und begeisternde Atmosphäre nicht nur in den Stadien, sondern in ganz Sydney und Umgebung. Eine Stadt, ein ganzer Kontinent feierte Olympia. 60.000 freiwillige Helfer waren das Korsett des Unternehmens. Neben einem beneidenswerten „Gewusst wie" waren sie die Garanten für Freundlichkeit und Hilfsbereitschaft. Eigenschaften, die anzustecken schienen oder den Australiern einfach zu Eigen sind. Denn überall in Sydney, ob an Wettkampfstätten oder anderswo, begegnete man dieser Mentalität: beim Taxifahrer, an den S-Bahn- und Busstationen, in den öffentlichen Verkehrsmitteln, bei der Polizei, beim Einkaufen, bei der Bevölkerung. Verriet der eigene Gesichtsausdruck ein kleines Fragezeichen, so war sofort unaufgefordert freundliche Hilfe zur Stelle.

Bemerkenswerte Einbindung der australischen Ureinwohner (Aboriginies) zu vielen Gelegenheiten

Erlebnis

Die Eröffnungsfeier war ein Ereignis aus großartigen Ideen, überwältigender Choreographie und präzisester Perfektion. Ein Auftakt voller Überschwang. Beeindruckend das rasante Schaubild vieler Pferde ganz am Anfang. Bemerkenswert die Einbindung australischer Ureinwohner, der Aboriginies, nicht nur hier, sondern bei vielen weiteren Gelegenheiten. Und wenn beim Einmarsch der Mannschaften Südafrika mit einem Gemisch aus Schwarz und Weiß erscheint und Nord- und Südkoreaner Hand in Hand auftreten, so hat Olympia einen ganz besonderen, über das sportliche Geschehen weit hinausgehenden Sinn.

Ganz in diesem Sinne sprach der Bürgermeister des olympischen Dorfes bei der Begrüßung jeder einzelnen Mannschaft angesichts des australischen Völkergemisches vom „Volk der Völker" und von einer „Kultur der Kulturen". Diese Begrüßung fiel so warmherzig und persönlich aus, wie man es bis dahin noch nicht erlebt hatte. Das Ende war die Nationalhymne der begrüßten Mannschaft, gesungen von einem Kinderchor der Region.

Deutsche Nationalhymne aus Kinderkehlen zur Begrüßung im olympischen Dorf

Die Begrüßung galt etwa 10.500 Athleten und 5.500 Offiziellen in 28 Sportarten. Um deren Wettkämpfe zu erleben, hatten 6 Millionen Eintrittskarten im Vorverkauf interessierte Abnehmer gefunden, und um darüber zu berichten, wurden 15.000 Journalisten und Medienvertreter akkreditiert.

Die Menschenmassen, die in allen Stadien die enthusiastische Atmosphäre aufnahmen und verstärkten, wurden wie an unsichtbaren Fäden geführt. Wie selbstverständlich kam jeder dort an, wo er hin musste und genauso selbstverständlich teilten sich die Menschenmeere am Ende der Veranstaltungen und verschwanden ohne Staus und Drängen im nächtlichen Sydney. Alle paar hundert Meter wiesen freiwillige Helfer auf Hochsitzen die Menschen weiter, unterhielten und informierten sie, bis vorbeiziehende Musikanten für Kurzweil sorgten. Präzision gepaart mit Leichtigkeit.

Am Ende dann noch diese Abschlussfeier! Schade für jeden, der sie nicht erleben konnte. Die olympische Flamme sprang bei der Eröffnungsfeier als inspirierender Funke auf alle über, die in Sydney waren und behielt ihre Kraft bis zur Abschlussfeier und zum großen Feuerwerk in Sydneys Hafen.

„Der Sieger heißt Sydney" sagte IOC-Präsident Antonio Samaranch. Recht hat er. Gratulation Australien.

Vergnügungszentrum „Darling Harbour"   *Eröffnungsfeier*

VIELSEITIGKEIT

Martin Plewa und Uta Helkenberg

Vielseitigkeit
Horsley Park Sydney

Einmal mehr eröffnete die Vielseitigkeit den Reigen der olympischen Reiterspiele. Da die Spiele im australischen Frühling stattfanden, hatte es im Gegensatz zu Atlanta im Vorfeld keine Klimadiskussionen gegeben. Und obwohl die Temperaturen vor Ort auf sommerliche Grade anstiegen, erfüllten die Vielseitigkeitsprüfungen die normalen Bedingungen eines Vier-Sterne-Championats.

Wie schon in Atlanta wurden auch in Sydney die Vielseitigkeits-Medaillen in zwei getrennten Wettbewerben - einem Mannschafts- und einem Einzelwettbewerb - ausgetragen. Die deutsche Vielseitigkeitsequipe bestand aus sechs Reiterinnen und Reitern mit sieben Pferden. Erstmals war eine deutsche Teilnehmerin, Marina Köhncke, in der glücklichen Situation, zwei gleich qualifizierte Pferde zur Verfügung zu haben und so in beiden Wettbewerben zu starten.

Kein Sportler der Welt ist heute mehr in der Lage, ohne ein entsprechendes Team im Hintergrund, Topleistungen zu vollbringen. Wenn es aber um die Vergabe der Medaillen geht, wird deren Anteil meist vergessen. In den deutschen Reihen lag die Organisation im Hintergrund auf den Schultern von Equipechef Martin Plewa sowie Horst Karsten, der mit diesen Olympischen Spielen seinen offiziellen Abschied als Bundestrainer gab. Als Nachfolger von Dr. Karl Blobel, der als Mannschaftstierarzt die deutschen Vielseitigkeitspferde viele Jahre lang bei den Championaten betreute, war Dr. Friedrich von Saldern mit nach Sydney gereist. Erstmals in einer deutschen Mannschaft war mit Jean-Yves Guray auch ein Physiotherapeut für Pferde mit im Betreuerteam. Das Wohl der Hufe aller deutschen Pferde - und noch zahlreicher anderer - lag in den bewährten Händen von Hufschmied Dieter Kröhnert. Ein eigener Physiotherapeut war den Reitern nicht zugestanden worden. Trotzdem fand Dieter Hoffmann, der die Buschreiter schon im Vorfeld fit gemacht hatte, Mittel und Wege, seine „Schäfchen" auch in Sydney zu betreuen. Die Gesamtleitung hatte einmal mehr DOKR-Sportchef Reinhard Wendt, unterstützt von Friedrich Otto-Erley. Zuletzt, dafür aber besonders erwähnt werden sollen auch die Pferdepfleger, deren Nervenstärke während der langen Wochen in den verschiedenen Quarantänestationen nicht unerheblich belastet wurde, und die damit maßgeblichen Anteil an den guten Leistungen der deutschen Vielseitigkeitspferde hatten.

Zeitplan

Fr.	15.09.	1. Verfassungsprüfung (Mannschaft/Einzel)
Sa.	16.09.	Dressur (M)
So.	17.09.	Dressur (M)
Mo.	18.09.	Gelände (M)
Di.	19.09.	3. Verfassungsprüfung (M) Springen (M) 1. Verfassungsprüfung (E)
Mi.	20.09.	Dressur (E)
Do.	21.09.	Gelände (E)
Fr.	22.09.	3. Verfassungsprüfung (E) Springen (E)

Die deutsche Equipe mit Trainer Horst Karsten, Marina Köhncke, Dr. Annette Wyrwoll, Ingrid Klimke, Kai Rüder, Nele Hagener und Equipechef Martin Plewa (v.li.n.re.)

GELÄNDESTRECKE • MANNSCHAFTS- UND EINZELWETTBEWERB

Die deutsche Mannschaft

Reiter	Alter	Pferd / Pfleger	Alter	Zuchtgebiet	Züchter / Besitzer
Mannschaftswettbewerb					
Andreas Dibowski	34	Leonas Dancer / Mareike Leers	9	Hannover	Bernhard Revens / Friedrich Butt
Nele Hagener	24	Little McMuffin FRH / Bodil Hansen	11	Hannover	Hanke Meyer / Birthe Hagener
Ingrid Klimke	32	Sleep Late / Carmen Thiemann	9	England	DOKR/FORS
Marina Köhncke	32	Sir Toby / Kathrin Diebitz	11	England	Jürgen Schultzke/DOKR
Einzelwettbewerb					
Marina Köhncke	32	TSF Boettcher's Longchamps / Kathrin Diebitz	13	Trakehner	Maria Hoogen / Dörthe Loheit/Trakehner Förderverein
Kai Rüder	29	Butscher / Martin Kessler	11	Holstein	Lothar Völz / Friedrich Dehn
Dr. Annette Wyrwoll	44	Equitop Bantry Bay / Pavlina Kovatova	15	Irland	Patrick Foy / Dr. Annette Wyrwoll

Equipechef	Trainer	Tierarzt
Martin Plewa	Horst Karsten	Dr. Friedrich-Christoph von Saldern

Charakterisierung der Geländeprüfungen

Die Distanzen in den vier Phasen der Geländeprüfungen entsprachen den Mindestanforderungen für eine olympische Vielseitigkeit (siehe Kasten Seite 52). Gemäß den neuen Regelungen enthielt die Phase C, erstmals bei Olympia, eine zusätzliche Zehnminutenpause, die auf eine Empfehlung des internationalen Sicherheitskomitees zurückgeht.

Als Designer für die Geländekurse hatten sich die Organisatoren der Reiterspiele für Michael Etherington-Smith entschieden, zweifellos eine hervorragende Wahl, gehört der Engländer doch zu den erfahrensten Aufbauern weltweit. Seine originäre Tätigkeit ist die Organisation und der Geländeaufbau des Drei-Sterne-CCI von Blenheim Palace, wofür er sich einen exzellenten Namen erworben hat.

Als „Mike E-S", wie er unter Freunden und Kollegen genannt wird, vor vier Jahren mit der Planung und Anlage der Strecke begann, legte er zunächst größten Wert auf ein vom Start bis zum Ziel gleichmäßig gutes Geläuf. Dazu bedurfte es erheblicher Aufwendungen, da der gewachsene Boden ausgerechnet in Horsley Park zum Reiten völlig ungeeignet ist. Zur Prüfung präsentierten sich dann alle vier Phasen in einem optimalen Zustand. Die Rennbahn, der Bereich der Zehnminuten-Box, sowie weite Teile der Querfeldeinstrecke mussten im Verlauf der letzten Jahre neu angelegt und landschaftlich neu gestaltet werden. Die Aufwendungen waren gerechtfertigt, unter anderem auch deshalb, weil wesentliche Teile der Anlage und der Strecke auch zukünftig für Trainings- und Wettkampfzwecke genutzt werden sollen.

Das Ergebnis der Bemühungen im Gelände war eine sportfachlich optimale Strecke mit einer flüssig zu reitenden Linienführung, aber mit einem konditionell anspruchsvollen Streckenprofil. Insbesondere die erste Hälfte der Phase D war recht hügelig, zum Streckenende ging es noch mehr als 1.000 Meter stetig bergauf, was den konditionsstarken Galoppierern sehr entgegenkam. Auch zwischen einigen Hinderniskomplexen gab es zum Teil lange Galoppierstrecken, die es ermöglichten, an Sprüngen verlorene Zeit wieder wettzumachen. Diese Streckencharakteristik war neben dem sehr guten Geläuf Hauptgrund für die außergewöhnlich hohe Zahl von Ritten innerhalb der Bestzeit (acht Paare im Mannschafts-, zwölf im Einzelwettbewerb).

In der Abfolge der Hindernisse und der Verteilung der Schwierigkeiten hatte der erfahrene Parcourschef darauf Rücksicht genommen, dass die meisten Pferde wegen der vorangegangenen Quarantäne seit mindestens sechs Wochen keine Prüfungen hatten gehen können. Daher kamen die ersten eigentlichen Anforderungen erst etwas später als sonst üblich.

Auffallend war die relativ hohe Anzahl von Hindernissen mit tieferer Landestelle, die die Reiter immer wieder zwangen, ihre Pferde aufzunehmen und zu versammeln. Hierdurch sollte sicher auch das hohe Tempo aus der sonst recht schnellen Strecke genommen werden. Wesentliche Kriterien waren zudem die gehäuft abverlangten so genannten technischen Hindernisse, die eine besondere Präzision beim Anreiten und Überwinden verlangten, wie zum Beispiel Ecken, schmale Sprünge beziehungsweise Hindernisfolgen, die ein schräges Anreiten erforderten. Auch wurden geschickt die Bodenunebenheiten für einige Sprünge ausgenutzt, für deren sicheres Überwinden ein gut ausbalanciertes Pferd Voraussetzung war.

Zu den schwierigsten und fehlerträchtigsten Sprüngen zählten sowohl im Mannschafts- wie auch im Einzelwettbewerb die beiden Wasserkomplexe. Während die erste Teichpassage vor allem eine schnelle und sichere Kontrolle nach dem Wassereinsprung erforderte, um die folgenden Rittigkeitsaufgaben bewältigen zu können, verlangte der zweite Wasserkomplex mit mehreren, schnell aufeinander folgenden Auf- und Absprüngen vor allem eine schnelle Reaktions- und Koordinationsfähigkeit vom Pferd, und vom Reiter sichere Balance im Sattel bei gleichzeitig energischem Treiben. Hier gab es in beiden Prüfungen, auch wenn die Aufgaben jeweils etwas unterschiedlich waren, etliche Verweigerungen und selbst bei einigen

Als Nachfolger des langjährigen Mannschafts-Tierarztes Dr. Karl Blobel reiste Dr. Friedrich von Saldern erstmals mit dem deutschen Vielseitigkeitsteam zu Olympischen Spielen.

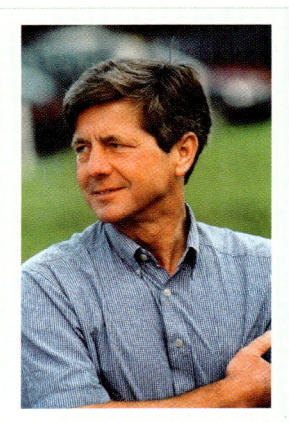

VIELSEITIGKEIT

Die Hindernisse der Querfeldeinstrecke

Nachfolgend werden die 32 Hindernisse des Mannschaftswettbewerbs sowie die 29 Hindernisse des Einzelwettbewerbs der Querfeldeinstrecke vorgestellt. Die Hindernisse des Mannschaftswettbewerbs sind mit weißen Ziffern auf grünem Quadrat nummeriert, die Hindernisse des Einzelwettbewerbs mit weißen Ziffern auf blauem Kreis.

1 **1** *Horsley Park Bench*

2 **2** *Crestani's Fruit & Veg*

3 **3** *Darug Bulada*

5 **5** *Cumberland Woodpile*

6 AB **6** AB *Cumberland Drop*

7 AB **7** *Boorooberongal Brushes*

8 **8** *Crosby's Hammock*

9 *Florio's Rails*

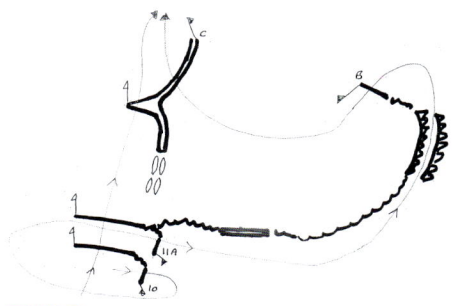

10 **11** ABC *Pemulwuy's Waterhole*

11 ABC *Pemulwuy's Waterhole*

9 **10** ABCD *Pemulwuy's Waterhole*

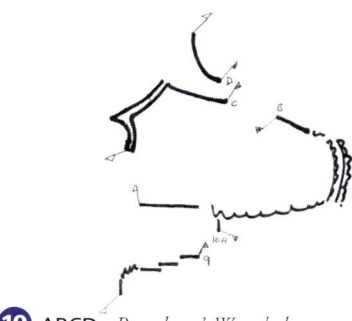

9 **10** ABCD *Pemulwuy's Waterhole*

12 **11** *Eureka Stockade*

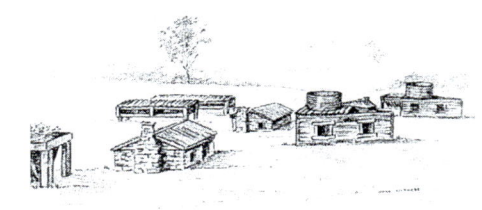

13 ABCD **12** ABCD *Abbotsbury Farmyard*

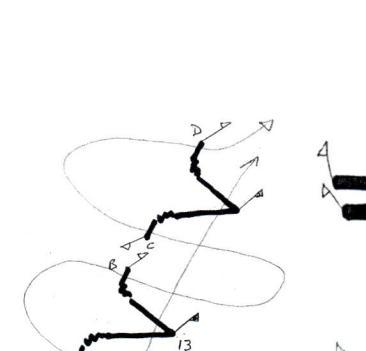

13 ABCD 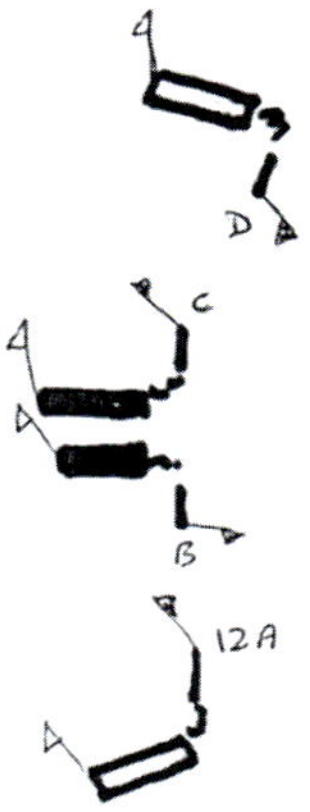 **12** ABCD

15 ABCDE
13 ABCDE *Devils Back Billabong*

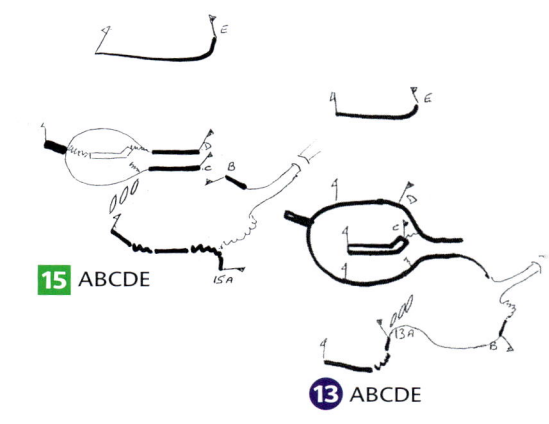

15 ABCDE

13 ABCDE

GELÄNDESTRECKE • MANNSCHAFTS- UND EINZELWETTBEWERB

17 AB **15** AB *Calmsley Hill Gardens*

22 23 ABC **20 21** ABC *Orphan School Seats*

28 A **25** AB *Vinegar Hill*

17 CD **15** CD *Calmsley Hill Gardens*

22 23 ABC

20 21 ABC

28 B **25** C *Vinegar Hill*

18 **16** *Funnel Web Shelter*

24 25 *The Providence Haysheds*

28 AB *Vinegar Hill* **25** ABC *Vinegar Hill*

19 AB **17** AB *Warra Warra Footbridge*

22 ABCD *Cowpasture Corners*

29 AB **26** AB *Weston's Playground*

20 **18** *Cabramattagal Timbers*

26 AB **23** AB *Wirriga Ditch*

31 **28** *Busby's Barrells*

21 **19** *Davis Flyer*

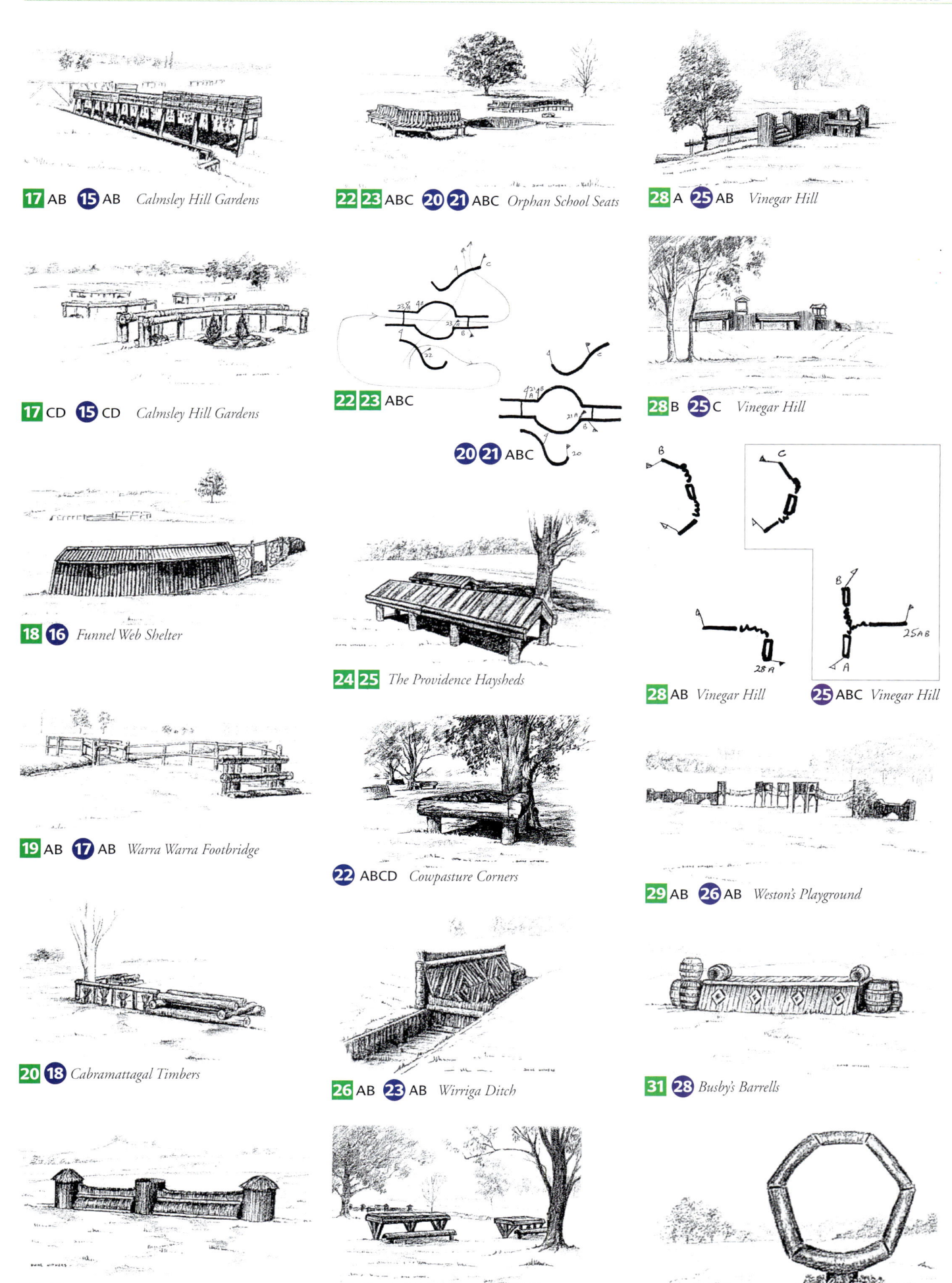

27 **24** *Pimelea Picnic Tables*

32 **29** *The Hellenic Omega*

|51

GELÄNDESTRECKE

Geländeritt — Mannschafts- und Einzelwettbewerb

Phase	Länge	Tempo	Hindernisse	Bestzeit
Phase A — Wegestrecke 1	4.620 m	220 m/min	—	21:00 min
Phase B — Rennbahn	3.105 m	690 m/min	9	4:30 min
Phase C — Wegestrecke 2	8.800 m	220 m/min	—	50:00 min
Phase D — Querfeldeinstrecke	7.450 m	570 m/min	32 M / 29 E	13:05 min

10 Minuten Zwangspause in Phase C, 10 Minuten Zwangspause vor Phase D

Horsley Park Equestrian Centre

Die Geländestrecke der olympischen Vielseitigkeit

Hindernisse:
Mannschaftswettbewerb ▪
Einzelwettbewerb ●

GELÄNDESTRECKE • MANNSCHAFTS- UND EINZELWETTBEWERB

Spitzenreitern Schrecksekunden, die durch zum Teil zögerliches und unrhythmisches Springen der Pferde verursacht wurden.

Zu einigen Fehlern, leider auch Stürzen, kam es an einer im Bogen zu reitenden Kombination mit zwei Oxern (Calmsley Hill Gardens), die in recht enger Distanz aufeinander folgten. Eine der letzten wirklichen Klippen im Kurs waren die „Orphan School Seats", eine Hindernisfolge, die ein hohes Maß an Kontrolle und Versammlung erforderte. Nach einer Sitzbank ging es unmittelbar hinunter in eine kreisrunde Senke, nach nur einem Galoppsprung wieder heraus erneut über eine Bank. Diese vierfache Folge wurde dadurch so anspruchsvoll, dass sie nur auf einer präzise einzuhaltenden Linie gut springbar war. Zwischen den zum Teil kniffligen Komplexen waren sinnvoll Einzelsprünge verteilt, die durchaus beachtliche Dimensionen hatten, aber gut aus dem Fluss zu reiten waren. Auch die letzten Sprünge waren imponierend in den Abmessungen, verlangten aber kaum noch technische Anforderungen. Zudem lagen noch lange Galoppstrecken dazwischen, so dass fitte Pferde noch bis ins Ziel „Zeit machen" konnten. Weniger konditionsstarke Reiter konnten allerdings verleitet werden, ihre Pferde zu früh laufen zu lassen, ohne zu berücksichtigen, dass der Weg ins Ziel noch lang war und die letzten Sprünge noch viel Kraft kosteten. Zwei Pferde haben auf diese Weise das Ziel nicht erreicht und vor dem letzten beziehungsweise vorletzten Sprung die „Reise" beenden müssen.

In der Einschätzung der Kurse vor den Prüfungen waren sich alle Experten einig, dass sie den konditionsstarken Galoppierern entgegen kamen, die auch dann noch die Bestzeit erreichen konnten, wenn an den vielen technischen, präzise anzureitenden Hindernissen Zeit verloren ging. Die Ergebnisse haben diese Voreinschätzungen voll bestätigt.

1 ❶ *Horsley Park Bench*

2 ❷ *Crestani's Fruit & Veg*

3 ❸ *Darug Bulada*

4 AB ❹ *Deerubbin Gully*

5 ❺ *Cumberland Woodpile*

6 AB ❻ *Cumberland Drop*

VIELSEITIGKEIT

6 A *Cumberland Drop*

6 B *Cumberland Drop*

7 AB **7** *Boorooberongal Brushes*

8 **8** *Crosby's Hammock*

9 *Florio's Rails* **10** **11** ABC *Pemulwuy's Waterhole*

9 **10** ABCD *Pemulwuy's Waterhole*

Geländestrecke • Mannschafts- und Einzelwettbewerb

12 **11** *Eureka Stockade*

13 ABCD **12** ABCD *Abbotsbury Farmyard*

14 **15** ABCDE **13** ABCDE *Devils Back Billabong*

16 **14** *Cowdeknows Drays*

17 AB **15** AB *Calmsley Hill Gardens*

55

VIELSEITIGKEIT

17 CD **15** CD *Calmsley Hill Gardens*

18 **16** *Funnel Web Shelter*

19 AB **17** AB *Warra Warra Footbridge*

20 **18** *Cabramattagal Timbers*

21 **19** *Davis Flyer*

22 **23** ABC **20** **21** ABC *Orphan School Seats*

24 **25** *The Providence Haysheds*

22 ABCD *Cowpasture Corners*

GELÄNDESTRECKE • MANNSCHAFTS- UND EINZELWETTBEWERB

26 AB   23 AB   *Wirriga Ditch*

27   24   *Pimelea Picnic Tables*

28 A   25 AB   *Vinegar Hill*

28 B   25 C   *Vinegar Hill*

29 AB   26 AB   *Weston's Playground*

30 AB   27   *Ginger Meggs Kennels*

31   28   *Busby's Barrells*

32   29   *The Hellenic Omega*

57

VIELSEITIGKEIT

Der Mannschaftswettbewerb
1. Verfassungsprüfung

Während sich die meisten Olympioniken und Organisatoren auf die große Eröffnungsfeier im Stadion vorbereiteten, wurde es für die Vielseitigkeitsreiter bereits ernst. Wie üblich fand die Verfassungsprüfung am Tag vor der Dressurprüfung statt. Dies war auch der erste Tag, an dem die Öffentlichkeit Zugang zum Stadion erhielt. Allerdings war es wie schon in Atlanta nur ein kleiner Kreis von Vielseitigkeitsinsidern, der den Weg zum Equestrian Centre in Horsley Park fand.

Vorgetrabt wurde auf einer speziellen Asphaltbahn parallel der Ehrengast- und Pressetribüne im Stadion. Die meisten Nationen stellten neben ihren geplanten Mannschaftspferden auch die späteren Kandidaten für die Einzelwertung vor, um gegebenenfalls noch ein Paar austauschen zu können. Insgesamt standen 72 Paare auf der Liste, von denen Cousin Jim der spanischen Reiterin Natalia Valdez keine Startzulassung erhielt. Für die Spanier bedeutete dies, dass sie mit nur drei Reitern in der Mannschaftswertung starten mussten.

Generell machten alle Pferde einen fitten und durchtrainierten Eindruck, auch solche Veteranen wie zum Beispiel der 17-jährige Bounce des Neuseeländers Vaughn Jefferis, beide Weltmeister 1994, oder der 15-jährige Angloaraber Twist la Beige. Er war bereits 1993 Europameister mit Jean-Lou Bigot. An den Olympischen Spielen in Atlanta konnte das Pferd nur deswegen nicht eingesetzt werden, weil es Piroplasmose-positiv war.

Das Alter der vorgestellten Pferde schwankte zwischen 8 und 17 Jahren. Wie schon bei früheren Olympiaden handelte es sich bei den meisten Pferden um Vollblüter. Die USA und Neuseeland waren komplett mit Vollblütern beritten, dagegen starteten die Deutschen mit vier deutschen Pferden, zwei englischen Vollblütern und einem Iren.

Das laute und „guckige" Stadion brachte manchen erfolgreichen Vielseitigkeitsreiter ins Schwitzen. Nicht so Ingrid Klimke, die Dank ihrer großen Routine mit „Sleep Late" ein hervorragendes Ergebnis für das deutsche Team vorlegte.

Die Dressurprüfung

Die Startfolge in der Dressur wurde wie immer nationenweise gelost, wobei die Brasilianer das Los Nummer eins zogen. Über die interne Reihenfolge entschied jeweils die Mannschaftsführung. Aus taktischen Gründen wählten die meisten Nationen als ersten Starter diejenigen, die noch mit einem Zweitpferd in der Einzelwertung eingeplant waren. Schlusslicht bildeten die Spitzenpaare, denen man bei Ausfall des Teams auch eine Chance in der Einzelwertung zutraute und die gegebenenfalls kurzfristig in die zweite Prüfung „umgepolt" werden konnten. Eine Taktik, von der Frankreich und Italien später auch Gebrauch machten.

Die Dressurprüfung fand, wie schon in Atlanta, im Hauptstadion statt. Als Richter fungierten der Australier Brian Schrapel (bei H), der Däne Frederik Obel (bei C) und Jean Mitchell aus Irland (bei M).

Bereits in dieser ersten Teilprüfung machten die Australier, Mannschafts-Olympiasieger in Barcelona und Atlanta, deutlich, dass sie angetreten waren, um nun vor einheimischem Publikum zum dritten Mal in Folge die Goldmedaille zu holen. Getragen wurden sie dabei von einer Welle von Sympathie und Begeisterung des Publikums, die vor allem der in Australien lebende Stuart Tinney zu spüren bekam, der sein bisher bestes Dressurergebnis von 36 Punkten vorlegte. Allerdings kam er nicht an seinem Landsmann Andrew Hoy vorbei, der mit 30,6 Strafpunkten den Maßstab für die gesamte Mannschaftsprüfung setzte und nur noch in der Einzelwertung vom späteren Olympiasieger David O'Connor und Custom Made unterboten werden konnte. Das geschlossene Mannschaftsbild der Australier wurde von Phillip Dutton mit House Doctor mit 46,00 und Matt Ryan mit 47,80 Strafpunkten vervollständigt.

Dicht auf den Fersen waren den Australiern allerdings die Briten. Ausschlaggebend war dabei vor allem das Ergebnis der amtierenden Europameisterin Pippa Funnell mit Supreme Rock, deren herausragende Vorstellung die Richter zur Vergabe hoher Noten veranlasste. Mit lediglich einem Patzer für einen Fliegenden Wechsel kam sie auf ein Endergebnis von 32,00 Punkten.

Trotz der Entfernung zu den Tribünen, die an drei Seiten das Stadion umsäumten, und obwohl am ersten Dressurtag die Ränge nur etwa halbvoll waren, stellte die ungewohnte Stadionatmosphäre besondere Anforderungen an Reiter und Pferde. Vielseitigkeitsdressuren finden ja häufig unter Ausschluss der Öffentlichkeit statt und selbst in Luhmühlen halten sich meist kaum mehr als 3.000 Interessenten am Viereck auf. So wunderte es also nicht, dass viele Pferde ausgesprochen guckig und verspannt auf die ungewohnte Umgebung reagierten, wovon auch ein Teil der Favoriten nicht verschont blieb. Dies betraf auch die Ritte der beiden Neuseeländer Mark Todd mit Diamond Hall Red und Blyth Tait mit seinem Olympia- und Weltmeisterschaftspferd Ready Teddy, die mit 58,60 beziehungsweise 52,00 Strafpunkten weit hinter den Erwartungen zurückblieben. Für den Topfavoriten Neuseeland blieb damit nach der Dressur zunächst nur Platz fünf hinter Australien, Großbritannien, USA und Frankreich.

DRESSUR • MANNSCHAFTSWETTBEWERB

Vielseitigkeit Dressur — Mannschaftswettbewerb

Nation/Reiter	Pferd	Total	Nation/Reiter	Pferd	Total
1. Australien		112,60	7. Belgien		160,40
Andrew Hoy	Darien Powers	30,60	C. van Rijckevorsel	Withcote Nellie	52,20
Phillip Dutton	House Doctor	46,00	Kurt Heyndrickx	Archimedes	55,20
Stuart Tinney	Jeepster	36,00	Carl Bouckaert	Urane des Pins	53,00
Matt Ryan	Kibah Sandstone	47,80	Karin Donckers	Gormley	57,20
2. Großbritannien		115,20	8. Italien		170,40
Jeanette Brakewell	Over To You	50,60	Lara Villata	Rubber Ball	70,20
Leslie Law	Shear H_2O	44,00	Giacomo della Chiesa	Tokyo Joe	69,80
Pippa Funnell	Supreme Rock	32,00	Andrea Verdina	Donnizetti	56,20
Ian Stark	Jaybee	39,20	Fabio Magni	Cool'n Breezy	44,40
3. USA		125,40	9. Japan		171,60
David O'Connor	Giltedge	44,40	Shigeyuki Hosono	Urfe des Landes	69,40
Nina Fout	3 Magic Beans	58,60	Masaru Fuse	Voyou du Roc	51,60
Linden Wiesman	Anderoo	48,40	Daisuke Kato	Elusive Warlock	57,20
Karen O'Connor	Prince Panache	32,60	Takeaki Tsuchiya	Right on Time	62,80
4. Frankreich		140,20	10. Irland		175,80
Jean-Luc Force	Crocus Jacob	48,80	Susan Shortt	Joy of my Heart	69,60
Jean Teulere	Amouncha	49,80	Patricia Donegan	Don't Step Back	54,20
Didier Willefert	Blakring	50,00	Nicola Cassidy	Mr. Mullins	59,20
Jean-Lou Bigot	Twist La Beige	41,60	Vigina McGrath	The Yellow Earl	62,40
5. Neuseeland		143,60	11. Spanien		199,60
Mark Todd	Diamond Hall Red	58,60	Enrique Sarasola	Super Djarvis	65,80
Paul O'Brien	Enzed	51,00	Ramon Beca	Perseus II	66,40
Blyth Tait	Ready Teddy	52,00	Jaime Matossian	New Venture	67,40
Vaughn Jefferis	Bounce	40,60			
6. Deutschland		150,40	12. Brasilien		215,00
Marina Köhncke	Sir Toby 4	52,40	Serguei Fofanoff	Sanderston	72,20
Nele Hagener	Little McMuffin FRH	65,80	Vicente Araujo Neto	Teveri	87,20
Andreas Dibowski	Leonas Dancer	61,80	Eder Pagoto	Amazonian	77,20
Ingrid Klimke	Sleep Late	36,20	Luiz Augusto Faria	Hunefer	65,60

Insgesamt jedoch wurde auf einem recht hohen Niveau geritten. Bei der richterlichen Beurteilung stand offensichtlich Lektionensicherheit im Vordergrund, während risikofreudiges Herausreiten von Höhepunkten weniger belohnt zu werden schien.

Aus der deutschen Mannschaft musste Marina Köhncke als erste aufs Viereck. Sie zeigte zunächst eine sehr gute Trabarbeit mit geschmeidigen Übergängen und Seitengängen. In der Schrittphase fing Sir Toby allerdings an zu zackeln und zeigte etwas Widerstand beim Rückwärtsrichten. Zwei versprungene Wechsel kosteten sie zudem wertvolle Punkte, so dass es nur zu einer 52,4 für die deutsche Vizemeisterin reichte. Mit 65,8 Punkten kam Nele Hagener aus dem Viereck. Auch wenn bekannterweise die Dressur nicht zu den Stärken dieses Paares gehört, hatten sich die Trainer doch ein besseres Ergebnis erhofft. Traurige Mienen also am Abend des ersten Dressurtages im deutschen Lager, die sich auch nach dem Ritt von Andreas Dibowski nicht aufhellten. „Das Stadion ist einfach sehr laut und 'guckig' für die Pferde", meinte der Pferdwirtschaftsmeister nach seiner Vorstellung. Leonas Dancer hatte sich so verspannt, dass Andreas Dibowski erst gar nicht zum Reiten kam und ihn nur mit Vorsicht durch die Lektionen steuern konnte. Erst der Ritt von Ingrid Klimke verbesserte die Stimmung im deutschen Lager. Zwar reagierte auch Sleep Late beim Einreiten ins Stadion etwas unwirsch auf die ungewohnte Atmosphäre, mit ihrer großen Dressur-Routine bekam Ingrid Klimke den Schimmel jedoch rechtzeitig in den Griff und lieferte eine Vorstellung ab, die auch bei der internationalen Konkurrenz und beim Fachpublikum auf große Bewunderung stieß. Mit 36,2 Strafpunkten zählte sie mit Andrew Hoy, Pippa Funnell, Karen O'Connor, Stuart Tinney und Ian Stark zu den sechs Reitern dieser Mannschaftsprüfung, die mit einem Ergebnis in den 30ern abschlossen. Für das deutsche Team bedeutete dies Platz sechs nach Dressur.

Trotz fehlerfreien Geländeritts lief es für Blyth Tait mit „Ready Teddy" nicht wie erwartet. Bereits in der Dressur blieb der Neuseeländer unter seinen Möglichkeiten und durfte zuletzt nicht mehr zum Springen antreten.

VIELSEITIGKEIT

Die Geländeprüfung

Der Geländetag war heiß und sonnig. In einem schier unablässigen Strom von Shuttlebussen kamen über 50.000 Zuschauer zu der Veranstaltung und verteilten sich über das hügelige Gelände entlang der Strecke. Die Reiter selbst konnten die Ritte an den Bildschirmen in der Zwangspause mitverfolgen, wobei die Kameras nahezu alle Passagen der Geländestrecke abdeckten.

Erster Reiter im Gelände war Serguei Fofanoff, der bereits in der Dressur den „Pathfinder" machen musste, da man auf den sonst üblichen Vorreiter verzichtet hatte. Er kam langsam und mit je einer Verweigerung am ersten und am zweiten Wasser ins Ziel. Die erste fehlerfreie Runde drehte - begleitet vom Riesenjubel der australischen Fans - Andrew Hoy mit Darien Powers. Beinahe ein „Bilderbuchritt": Er wurde lediglich von einer Schrecksekunde an Hindernis 17 D getrübt und davon, dass Andrew Hoy einmal angehalten werden musste, weil der vor ihm gestartete Constantin van Rijckevorsel gestürzt war. Wie sich herausstellte, hatte sich der Belgier dabei den Knöchel gebrochen.

Für Andrew Hoy bedeutete der Stopp aber auch die Gelegenheit, die flatternde Bandage an Darien Powers Vorderbein kurz zu untersuchen, auf die ihn auf seinem Weg „Tausende von Leuten" aufmerksam gemacht hatten. Insgesamt brachten die Australier alle vier Mannschaftsmitglieder ohne Hindernisfehler ins Ziel. Neben Andrew Hoy blieb auch Olympia-Debütant Stuart Tinney gänzlich ohne Strafpunkte; Matt Ryan kassierte lediglich 0,4 und Philipp Dutton mit House Doctor 1,6 Strafpunkte, was den vier Aussies die eindeutige Führung auch nach der Geländeprüfung eintrug.

Eine bessere Geländeleistung erzielten nur die Neuseeländer, die gleich drei Reiter ohne Zeit- und Hindernisfehler ins Ziel brachten: Mark Todd mit Diamond Hall Red, Blyth Tait mit Ready Teddy und den Weltmeister von 1994, Vaughn Jefferis, mit dem bewährten Bounce. Lediglich Newcomer Paul O'Brien leistete sich mit Enzed zwei Verweigerungen, so dass die Kiwis nach ihrer enttäuschenden Dressur nun wieder auf Platz drei und damit in Medaillennähe rückten.

Angefeuert vom Jubel der Australier ritt der erste australische Mannschaftsreiter Andrew Hoy mit „Darien Powers" ins Ziel. Obwohl er auf der Querfeldeinstrecke aufgehalten werden musste, kam er ohne Fehler ins Ziel. Die Mannschafts-Goldmedaille von Sydney war die dritte Goldmedaille in Folge für ihn.

GELÄNDERITT • MANNSCHAFTSWETTBEWERB

Nicht ganz nach Plan lief es bei diesen Olympischen Spielen für das neuseeländische Team. Als Einziger beendete Mark Todd mit Diamond Hall Red die komplette Prüfung. Der Doppel-Olympiasieger wurde allerdings in der Einzelwertung mit einer Bronzemedaille entschädigt. Mark Todd, unbestritten einer der größten Horsemen der Welt, beendete mit diesen Olympischen Spielen seine aktive Vielseitigkeitskarriere.

An der Spitze blieb es allerdings bei einem Kopf-an-Kopf-Rennen zwischen Australien und Großbritannien. Für England drehte sowohl Jeanette Brakewell mit Over To You, wie auch - trotz einiger brenzliger Situationen - Leslie Law mit Shear H_2O eine Nullrunde. Einen Traumritt, der nur eine Sekunde langsamer war als erlaubt, absolvierten Pippa Funnell und ihr großer Galoppierer Supreme Rock trotz eines kleinen Rumplers am zweiten Wassereinsprung. Das Streichergebnis für die Briten lieferte Routinier Ian Stark, der am ersten Wasser „ein Bad nahm" und zudem eine Verweigerung am zweiten Wasser hinnehmen musste. In der Gesamtwertung aber blieb England den Australiern mit nur 12,8 Punkten Abstand dicht auf den Fersen.

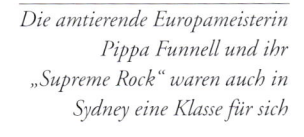

Die amtierende Europameisterin Pippa Funnell und ihr „Supreme Rock" waren auch in Sydney eine Klasse für sich

VIELSEITIGKEIT

Einen guten Auftakt in der Geländeprüfung lieferte Marina Köhncke mit „Sir Toby 4", die als erste Reiterin für das deutsche Team an den Start ging. Obwohl durch eine vorangegangene Grippe geschwächt, steuerte die Pferdewirtschaftsmeisterin ihren Vollblüter ohne Zeit- und Hindernisfehler durch die Strecke.

Auch bei den Deutschen lief es zunächst ausgezeichnet. Marina Köhncke, die kurz zuvor wegen einer Grippe noch mit dopingfreien Medikamenten hatte versorgt werden müssen, bestätigte die in sie und Sir Toby gesetzten Hoffnungen mit einer fehlerfreien Runde. Lediglich zwei Strafpunkte kassierte das Paar für Zeitüberschreitung und bildete damit einen soliden Grundstock für die Teamwertung.

Mit dem Ziel, eine sichere Nullrunde zu drehen, startete auch Nele Hagener mit Little McMuffin FRH in den Kurs. Nach ihren Vorleistungen deutete alles daraufhin, dass das Paar dazu auch in der Lage sei. In Sydney fanden beide aber nicht so recht zu ihrem Rhythmus, bereits an den Boorooborongal Brushes hatte Nele Hagener mit ihrem Pferd eine erste Verweigerung. Ein „Run-out" an der Abbotsbury Farmyard, Hindernis 13, folgte. Größtes Pech aber war ein Sturz am Einsprung des „Orphan School Seats", in dessen Folge Little McMuffin FRH in der Senke landete und ein Teil des Hindernisses entfernt werden musste, um das Pferd wieder aus dieser Situation zu befreien. Über die Alternative setzte das Paar seinen Ritt fort und kam auch ins Ziel, wenn auch mit 181,60 zusätzlichen Strafpunkten belastet, was ein Endergebnis von 247,40 Punkten bedeutete.

Nele Hagener mit „Little McMuffin FRH"

GELÄNDERITT • MANNSCHAFTSWETTBEWERB

Ein beachtliches Vier-Sterne-Debüt gaben Andreas Dibowski und „Leonas Dancer" (hier am zweiten Wasser). Trotz eines Sturzes kamen beide nur knapp über der erlaubten Zeit ins Ziel.

Nun ruhten die Hoffnungen auf den beiden letzten Reitern. Andreas Dibowski begann ausgezeichnet. Allerdings versah sich sein Leonas Dancer am Hindernis 17C und kam zu Fall. Trotzdem setzte das Paar seinen Ritt ebenso souverän fort, wie es ihn begonnen hatte. Lediglich 21 Sekunden zu spät kamen sie ins Ziel. Mit den 60 Strafpunkten für den Sturz erhöhte sich ihr Kontostand allerdings auf insgesamt 130,20 Punkte.

Die Herzen höher schlagen ließ zuletzt der Ritt von Ingrid Klimke mit Sleep Late. Wie an der Schnur gezogen lief der Schimmel durch das Gelände. „Es hätte ruhig noch länger so weitergehen können", strahlte seine Reiterin im Ziel. Dank dieser Nullrunde verbesserte sich das deutsche Team auf Platz fünf.

Insgesamt sieben Teams brachten drei oder mehr Reiter ins Ziel, darunter auch die Brasilianer, die damit Platz sieben belegten. Vier weitere - Frankreich, Japan, Belgien und Spanien - kamen mit jeweils zwei Reitern ins Ziel.

Damit auch sie in der Wertung bleiben konnten, wurden wie schon in Atlanta für jeden ausgefallenen Mannschaftsreiter 1.000 Punkte angerechnet. Das Schlusslicht bildete am Geländetag Italien, das nach dem Ausfall von Lara Villata mit Rubber Ball und Giacomo della Chiesa mit Tokyo Joe seine beiden letzten Reiter für einen Start in der Einzelwertung zurückbehielt.

Die zweifache Deutsche Meisterin Ingrid Klimke mit „Sleep Late" bei ihrer Nullrunde durch das Gelände

Vielseitigkeit

„Schade, dass es schon vorbei ist", sagte Ingrid Klimke im Ziel. Die Deutsche Meisterin und ihr Vollblüter „Sleep Late" bewiesen in Sydney ihre Weltklasse. Nach altem Austragungsmodus hätte es für sie eine Silbermedaille gegeben.

Geländestatistik (Phase D)

	Mannschaftswettbewerb	
Teilnehmer gesamt	40	100%
ohne Hindernisfehler	21	52,5%
ohne Zeitfehler	8	20,0%
beendet mit Hindernisfehlern	14	35,0%
Prüfung beendet	35	87,5%

Parcourschef Michael Etherington-Smith verwendete bei seinem Kursdesign schwerpunktmäßig Motive der Aborigines, wie hier am Wirriga Ditch. Im Bild der Spanier Enrique Sarasola mit „Super Djarvis".

Vielseitigkeit Geländeritt – Mannschaftswettbewerb

Nation/Reiter	Pferd	A+C Wegestrecken	B Rennbahn	D Querfeldeinstrecke Hindernis	D Querfeldeinstrecke Zeit	D Querfeldeinstrecke Gesamt	ABCD Total	2. Tag Total
1. Australien								**114,20**
Andrew Hoy	Darien Powers	0	0,00	0	0,00	0	0	30,60
Phillip Dutton	House Doctor	0	0,00	0	1,60	1,6	1,6	47,60
Stuart Tinney	Jeepster	0	0,00	0	0,00	0	0	36,00
Matt Ryan	Kibah Sandstone	0	0,00	0	0,40	0,4	0,4	48,20
2. Großbritannien								**127,00**
Jeanette Brakewell	Over To You	0	0,00	0	0,00	0	0	50,60
Leslie Law	Shear H₂O	0	0,00	0	0,00	0	0	44,00
Pippa Funnell	Supreme Rock	0	0,00	0	0,40	0,4	0,4	32,40
Ian Stark	Jaybee	0	0,00	80	17,20	97,2	97,2	136,40
3. Neuseeland								**151,20**
Mark Todd	Diamond Hall Red	0	0,00	0	0,00	0	0	58,60
Paul O'Brien	Enzed	0	0,00	40	19,60	59,6	59,6	110,60
Blyth Tait	Ready Teddy	0	0,00	0	0,00	0	0	52,00
Vaughn Jefferies	Bounce	0	0,00	0	0,00	0	0	40,60
4. USA								**160,80**
David O'Connor	Giltedge	0	0,00	0	2,40	2,4	2,4	46,80
Nina Fout	3 Magic Beans	0	2,40	0	20,00	20,0	22,4	81,00
Linden Wiesman	Anderoo	0	0,00	140	–	EL	EL	EL
Karen O'Connor	Prince Panache	0	0,00	0	0,40	0,4	0,4	33,00
5. Deutschland								**220,80**
Marina Köhncke	Sir Toby 4	0	0,00	0	2,00	2,0	2,0	54,40
Nele Hagener	Little McMuffin FRH	0	0,00	100	81,60	181,6	181,6	247,40
Andreas Dibowski	Leonas Dancer	0	0,00	60	8,40	68,4	68,4	130,20
Ingrid Klimke	Sleep Late	0	0,00	0	0,00	0	0	36,20
6. Irland								**239,40**
Susan Shortt	Joy of my Heart	0	0,00	0	0,40	0,4	0,4	70,00
Patricia Donegan	Don't Step Back	0	0,00	0	11,60	11,6	11,6	65,80
Nicola Cassidy	Mr. Mullins	0	0,00	40	20,00	60,0	60,0	119,20
Vigina McGrath	The Yellow Earl	0	0,00	20	21,20	41,2	41,2	103,60
7. Brasilien								**266,00**
Serguei Fofanoff	Sanderston	0	0,00	40	82,00	122,0	122,0	194,20
Vicente Araujo Neto	Teveri	0	2,40	0	25,20	25,2	27,6	114,80
Eder Pagoto	Amazonian	0	0,00	0	5,60	5,6	5,6	82,80
Luiz Augusto Faria	Hunefer	0	0,00	0	2,80	2,8	2,8	68,40
8. Frankreich								**1.186,20**
Jean-Luc Force	Crocus Jacob	0	0,00	20	4,80	24,8	24,8	73,60
Jean Teulere	Amouncha	0	0,00	60	2,80	62,8	62,8	112,60
Didier Willefert	Blakring	0	0,00	20	–	RT	RT	RT
Jean-Lou Bigot	Twist la Beige	0	0,00	–	–	RT	RT	RT
9. Japan								**1.251,60**
Shigeyuki Hosono	Urfe des Landes	0	0,00	–	–	RT	RT	RT
Masaru Fuse	Voyou du Roc	0	0,00	80	18,80	98,8	98,8	150,40
Daisuke Kato	Elusive Warlock	0	0,00	20	24,00	44,0	44,0	101,20
Takeaki Tsuchiya	Right On Time	0	0,00	–	–	RT	RT	RT
10. Belgien								**1.297,00**
C. van Rijckevorsel	Withcote Nellie	0	0,00	80	–	RT	RT	RT
Kurt Heyndrickx	Archimedes	0	0,00	20	12,00	32,0	32,0	87,20
Carl Bouckaert	Urane des Pins	0	0,00	100	56,80	156,8	156,8	209,80
Karin Donckers	Gormley	0	–	–	–	RT	RT	RT
11. Spanien								**1.298,20**
Enrique Sarasola	Super Djarvis	60	0,00	0	0,00	0	60,0	125,80
Ramon Beca	Perseus II	0	0,00	60	46,00	106,0	106,0	172,40
Jaime Matossian	New Venture	0	0,00	80	–	RT	RT	RT
12. Italien								**3.000,00**
Lara Villata	Rubber Ball	0	0,00	100	–	RT	RT	RT
Giacomo della Chiesa	Tokyo Joe	0	0,00	–	–	RT	RT	RT
Andrea Verdina	Donnizetti	0	–	–	–	WD	WD	WD
Fabio Magni	Cool'n Breezy	0	–	–	–	WD	WD	WD

RT = retired/aufgegeben WD = withdrawn/zurückgezogen EL = eliminated/ausgeschieden

VIELSEITIGKEIT

3. Verfassungsprüfung

Die dritte Verfassungsprüfung fand wieder auf der Asphaltbahn im Hauptstadion statt vor einer großen Zuschauermasse, die bereits zu dem ausverkauften Springen angerückt war. Von den 35 Pferden, die die Geländeprüfung beendet hatten, wurden 28 vorgestellt.

Einziges verbliebenes Paar der Belgier war Kurt Heyndrickx mit Archimedes, da Carl Bouckaert mit Urane de Pins nicht zur Verfassungsprüfung erschien und sowohl Constantin van Rijeckvorsel als auch Karen Donckers bereits am Vortag verletzungsbedingt ausscheiden mussten. Nicht zur Verfassungsprüfung kamen auch die beiden verbliebenen Japaner und Franzosen. Nur noch zu dritt waren die Briten, da Ian Stark auf die Vorstellung seines Arakai verzichtete.

Besonderes Pech aber hatten die Neuseeländer. Paul O'Brien präsentierte seinen Enzed nicht zur Verfassungsprüfung und Ready Teddy, das Pferd von Blyth Tait, wurde wegen Lahmheit nicht mehr zum Springen zugelassen. Damit blieben dem Topfavoriten Neuseeland nur noch zwei Reiter, weshalb alle Teams mit mindestens noch drei Reitern in Wertung einen Platz nach vorne rückten. Von diesem Pech der Kiwis profitierte auch die deutsche Equipe, deren vier Pferde alle von der Jury akzeptiert wurden. Ebenfalls als komplette Mannschaft zum Springen zugelassen wurden die Brasilianer und Iren. Insgesamt verblieben damit noch 27 Pferde in der Wertung.

Im abschließenden Springen drehte Andreas Dibowski mit „Leonas Dancer" eine der drei Nullrunden

Die Springprüfung

Der Springparcours des Venezuelaners Leopoldo Palacios bestand aus 13 Hindernissen, davon eine zweifache und eine dreifache Kombination. Die Länge des Kurses betrug 590 Meter, die erlaubte Zeit 95 Sekunden, die jedoch von kaum einem Reiter eingehalten werden konnte.

Absolviert wurde das Springen wie bei einem Nationenpreis in zwei Abschnitten, wobei die schlechteren Nationen im ersten Teil starteten. Da allerdings Italien, Japan und Frankreich überhaupt nicht mehr vertreten waren und punktgleich auf dem letzten Platz rangierten (jeweils 3.000 Punkte), bestand zur Enttäuschung der Zuschauermassen der gesamte erste Teil des Springen aus nur noch fünf Ritten. Und von diesen fiel auch noch einer aus, da zuletzt der Neuseeländer Vaugh Jefferis darauf verzichtete, an den Start zu gehen.

Im zweiten Abschnitt wurde es dann aber spannend, schließlich lagen die beiden führenden Nationen weniger als drei Hindernisfehler auseinander: Und keiner ihrer Reiter blieb ohne Fehler. Zwei Abwürfe leistete sich Matt Ryan, je drei Andrew Hoy und Phillip Dutton, der damit das Streichergebnis für Australien lieferte. Newcomer Stuart Tinney drehte mit nur einem Abwurf die beste Runde der vier Aussies und übernahm damit auch die Führung in der inoffiziellen und auch nicht veröffentlichten Einzelrangierung dieses Mannschaftswettbewerbs. Das Ergebnis der Australier hätte den Engländern noch die Goldmedaille sichern können, doch auch sie leisteten sich diverse Hindernis- und Zeitfehler. Je zwei Abwürfe gingen auf das Konto von Pippa Funnell und Leslie Law, einer auf das von Jeanette Brakewell. Hinzu kamen insgesamt neun Zeitfehler, so dass der Gastgeber Australien seinen Vorsprung sogar auf insgesamt 13,2 Punkte ausdehnen konnte. Dies bedeutete die dritte Mannschafts-Goldmedaille in Folge für die Reiter aus „down under".

Das beste Springergebnis allerdings legten die USA mit lediglich 15 Strafpunkten vor. Damit war auch die letzte Chance auf eine Medaille für Deutschland außer Sicht, auch wenn Andreas Dibowski eine der nur insgesamt drei Nullrunden vorweisen konnte. Marina Köhncke hatte zwei Abwürfe plus Zeitfehler, Nele Hagener drei Hindernisfehler. Ingrid Klimke erwies sich auch in der letzten Teildisziplin in Topform. Sie und Sleep Late hatten nur einen Abwurf, was ihnen im Endergebnis den zweiten Platz in der inoffiziellen Einzelrangierung eintrug. Nach dem alten Austragungsmodus hätte das die Silbermedaille bedeutet. So blieb es im Endergebnis bei Platz vier für die deutsche Mannschaft.

Vielseitigkeit Gesamtergebnis — Mannschaftswettbewerb

Nation/Reiter	Pferd	Dressur	Gelände	Springen	Total
1. Australien					146,80
Andrew Hoy	Darien Powers	30,60	0,00	15,00	45,60
Phillip Dutton	House Doctor	46,00	1,60	16,00	63,60
Stuart Tinney	Jeepster	36,00	0,00	5,00	41,00
Matt Ryan	Kibah Sandstone	47,80	0,40	12,00	60,20
2. Großbritannien					161,00
Jeanette Brakewell	Over To You	50,60	0,00	11,00	61,60
Leslie Law	Shear H$_2$O	44,00	0,00	10,00	54,00
Pippa Funnell	Supreme Rock	32,00	0,40	13,00	45,40
Ian Stark	Jay Bee	39,20	97,20 WD*		WD
3. USA					175,80
David O'Connor	Giltedge	44,40	2,40	0,00	46,80
Nina Fout	3 Magic Beans	58,60	22,40	5,00	86,00
Linden Wiesman	Anderoo	48,40	EL		EL
Karen O'Connor	Prince Panache	32,60	0,40	10,00	43,00
4. Deutschland					241,80
Marina Köhncke	Sir Toby 4	52,40	2,00	16,00	70,40
Nele Hagener	Little McMuffin FRH	65,80	181,60	15,00	262,40
Andreas Dibowski	Leonas Dancer	61,80	68,40	0,00	130,20
Ingrid Klimke	Sleep Late	36,20	0,00	5,00	41,20
5. Irland					270,00
Susan Shortt	Joy of my Heart	69,60	0,40	10,00	80,00
Patricia Donegan	Don't Step Back	54,20	11,60	0,00	65,80
Nicola Cassidy	Mr. Mullins	59,20	60,00	5,00	124,20
Virgina McGrath	The Yellow Earl	62,40	41,20	36,00	139,60
6. Brasilien					333,00
Serguei Fofanoff	Sanderston	72,20	122,00	22,00	216,20
Vicente Araujo Neto	Teveri	87,20	27,60	10,00	124,80
Eder Pagoto	Amazonian	77,20	5,60	36,00	128,80
Luiz Augusto Faria	Hunefer	65,60	2,80	11,00	79,40
7. Spanien					1.341,20
Enrique Sarasola	Super Djarvis	65,80	60,00	39,00	164,80
Ramon Beca	Perseus II	66,40	106,00	4,00	176,40
Jaime Matossian	New Venture	67,40	RT		RT
8. Neuseeland					2.065,60
Mark Todd	Diamond Hall Red	58,60	0,00	7,00	65,60
Paul O'Brien	Enzed	51,00	59,60 WD*		WD
Blyth Tait	Ready Teddy	52,00	0,00 EL*		EL
Vaughn Jefferis	Bounce	40,60	0,00	WD	WD
9. Belgien					2.121,20
C. van Rijckevorsel	Withcote Nellie	52,20	RT		RT
Kurt Heyndrickx	Archimedes	55,20	32,00	34,00	121,20
Carl Bouckaert	Urane des Pins	53,00	156,80 WD*		WD
Karin Donckers	Gormley	57,20	RT		RT
10. Frankreich					3.000,00
Jean-Luc Force	Crocus Jacob	48,80	24,80 WD*		WD
Jean Teulere	Amouncha	49,80	62,80 WD*		WD
Didier Willefert	Blakring	50,00	RT		RT
Jean-Lou Bigot	Twist La Beige	41,60	RT		RT
11. Japan					3.000,00
Shigeyuki Hosono	Urfe des Landes	69,40	RT		RT
Masaru Fuse	Voyou du Roc	51,60	98,80 WD*		WD
Daisuke Kato	Elusive Warlock	57,20	44,00 WD*		WD
Takeaki Tsuchiya	Right On Time	62,80	RT		RT
12. Italien					3.000,00
Lara Villata	Rubber Ball	70,20	RT		RT
Giacomo della Chiesa	Tokyo Joe	69,80	RT		RT
Andrea Verdina	Donnizetti	56,20	WD		WD
Fabio Magni	Cool'n Breezy	44,40	WD		WD

RT = retired/aufgegeben WD = withdrawn/zurückgezogen EL = eliminated/ausgeschieden * = in 3. Verfassungsprüfung

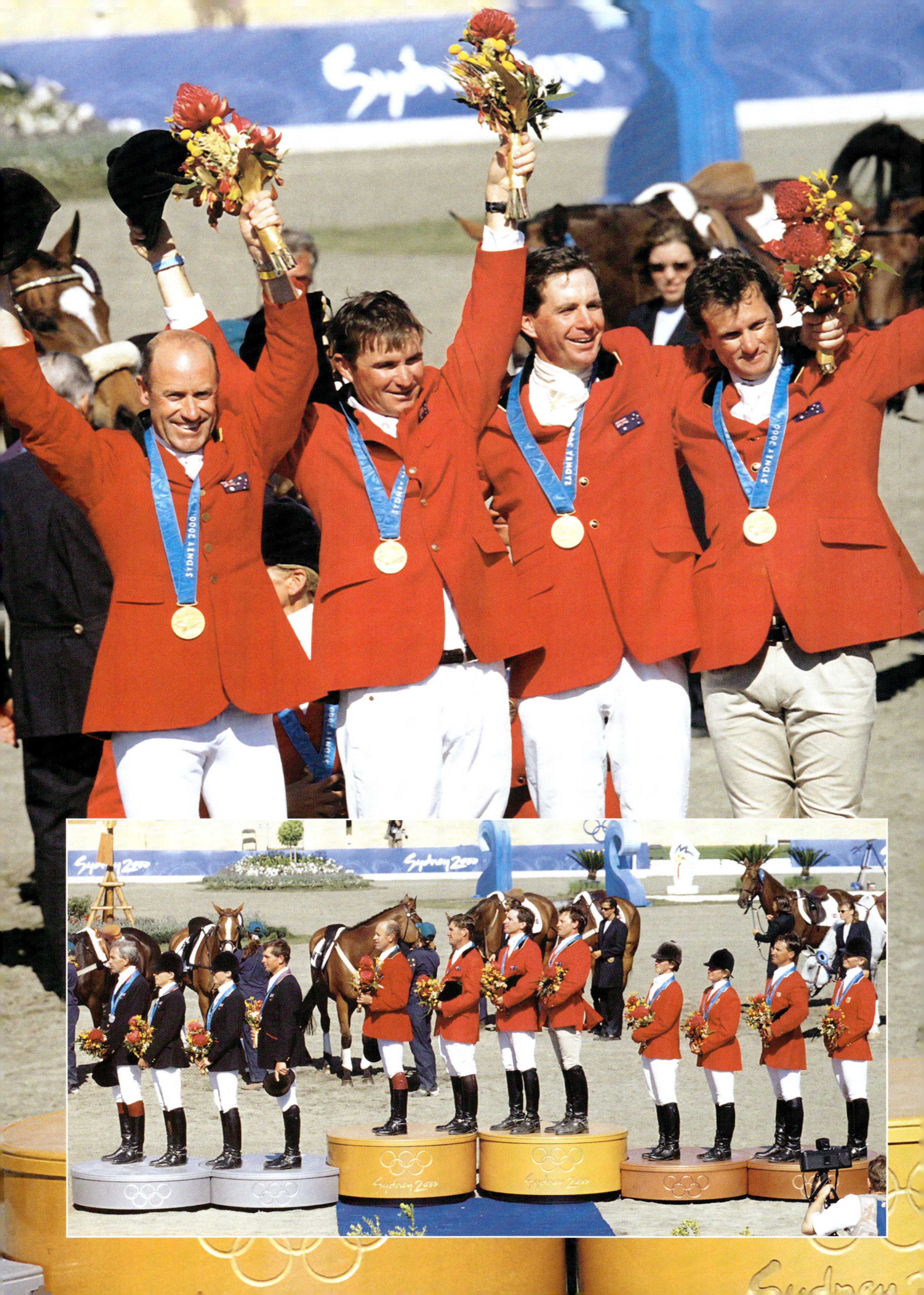
SYDNEY 2000
Sydney 2000

Verfassungsprüfung und Dressur • Einzelwettbewerb

Zum dritten Mal in Folge gab es Gold für eine australische Mannschaft. Von links: Andrew Hoy, Stuart Tinney, Matt Ryan und Brook Staples.

Mit dem vierten Platz behaupteten die deutschen Vielseitigkeitsreiter ihre Position von den EM 1999 als zweitbeste europäische Nation. Diese Leistung ist umso höher einzuschätzen, als sich die deutschen Reiter in der Weltspitze mit Mannschaften messen mussten, in deren Ländern die Vielseitigkeit die Pferdesportart Nummer eins ist. Die entsprechende Professionalisierung der Reiter, aber auch das für Vier-Sterne- Prüfungen geeignete Pferdepotenzial sind in Australien, Großbritannien und USA, aber auch in Neuseeland, Irland und Frankreich um ein Vielfaches größer als in Deutschland, wo sich eine erdrückende Mehrheit dem Spring- und Dressursport widmet.

Die realistische Einschätzung dieser Situation und der so ungleichen Voraussetzungen hat die Verantwortlichen in Deutschland direkt nach Atlanta bewogen, die Professionalisierung auch in Deutschland voranzutreiben und sich dazu auf entsprechend arbeitetende Spitzenreiter zu konzentrieren. Im Nachhinein wurde dieses Konzept dadurch bestätigt, dass drei dieser ausgesuchten Reiterinnen und Reiter das Zählergebnis für die Mannschaftswertung brachten.

Die Favoriten bestätigten ihre Form: Gold für Australien, Silber für Großbritannien und Bronze für die USA.

Der Einzelwettbewerb
1. Verfassungsprüfung

Während sich die verbliebenen australischen Fans noch ihrem Freudentaumel über die Goldmedaille hingaben, wurde es für die Einzelreiter bereits wieder ernst. 42 Pferde wurden bei der Verfassungsprüfung vorgestellt. Australien, USA, Großbritannien und Frankreich präsentierten jeweils vier Pferde, von denen drei später an den Start gingen. Mit drei Paaren stand auch Neuseeland auf der Verfassungsliste, allerdings verzichtete Andrew Nicholson auf die Vorstellung von Dawdle. Großes Pech für den erfolgreichen Reiter, der gerade noch kurz zuvor das CCI**** Burghley mit Mr. Smiffy gewinnen konnte. Er kam somit bei diesen Olympischen Spielen überhaupt nicht zum Einsatz. Mit drei Paaren war auch Deutschland in der Verfassungsprüfung vertreten, da durch das Pech von Constantin van Rijckevorssel, in Atlanta noch Achter im Einzelwettbewerb, kurzfristig ein Startplatz frei geworden war. Marina Köhncke präsentierte ihren Trakehner TSF Boettcher's Longchamps, Kai Rüder den Bold-Indian xx-Sohn Butscher und Dr. Annette Wyrwoll ihren Iren Equitop Bantry Bay. Quasi in letzter Sekunde nachgerückt war auch der in Australien lebende Inder Imtiaz Annees, der den Startplatz der Spanierin Natalie Valdes einnahm. Damit beteiligten sich an der Einzelwertung der Olympischen Spiele 38 Paare aus 20 Ländern. Alle vorgestellten Pferde konnten die Verfassungsprüfung passieren, allerdings mussten beide Reiter aus Uruguay ihre Pferde zweimal vortraben, ebenso wie Julie Black aus den USA und Andrea Verdina aus Italien.

Die Dressurprüfung

Bereits in der Dressur zeigte sich, dass das Starterfeld in der Einzelwertung sehr inhomogen war. Neben Topreitern auf der einen Seite gingen andererseits auch Paare an den Start, deren Qualifikation für Olympische Spiele doch von Beginn an recht fraglich erschien. Allen voran der Brasilianer Roberto Macedo, der mit 93,20 Punkten das schlechteste Dressurergebnis dieser olympischen Vielseitigkeit ablieferte. Das andere Extrem war der Amerikaner David O'Connor mit Custom Made, an dessen Ritt es fast nichts zu beanstanden gab und der mit 29,00 Strafpunkten das Feld nach Dressur anführte. Zugleich legte er damit auch die beste Vielseitigkeitsdressur dieser Spiele vor.

Aus deutscher Sicht begann die Vielseitigkeits-Einzelwertung recht vielversprechend. Kai Rüder blieb mit 53,00 Punkten zwar etwas hinter den Erwartungen, war aber im Großen und Ganzen mit seinem Pferd zufrieden.

Nach der Dressur rangierte Marina Köhncke mit „TSF Boettcher's Longchamps" auf Platz 2

Vielseitigkeit Dressur — Einzelwettbewerb

Reiter	Nation	Pferd	H	C	M	Total	Punkte
1. David O'Connor	USA	Custom Made	194	187	194	575	29,00
2. Marina Köhncke	GER	TSF Boettcher's Longchamps	174	194	178	546	34,80
3. Heidi Antikatzidis	GRE	Michaelmas	181	176	176	533	37,40
4. Mark Todd	NZL	Eyespy II	181	170	174	525	39,00
5. Andrew Hoy	AUS	Swizzle In	158	180	183	521	39,80
5. Sofia Andler	SWE	Amaretto	171	165	185	521	39,80
7. Blyth Tait	NZL	Welton Envoy	157	175	184	516	40,80
8. Rodolphe Scherer	FRA	Bambi de Brière	167	171	175	513	41,40
9. Robert Costello	USA	Chevalier	176	161	171	508	42,40
10. Fabio Magni	ITA	Cool'n Breezy	167	171	162	500	44,00
11. Amanda Ross	AUS	Otto Schumaker	167	159	170	496	44,80
12. Dr. Annette Wyrwoll	GER	Equitop Bantry Bay	168	163	164	495	45,00
13. Mary King	GBR	Star Appeal	153	164	168	485	47,00
14. Nils Haagensen	DEN	Discovery II	152	166	166	484	47,20
15. Brook Staples	AUS	Master Monarch	159	158	165	482	47,60
16. Daisuke Kato	JPN	Akwaba	152	169	159	480	48,00
17. Enrique Sarasola	ESP	Cool Boy	150	159	161	470	50,00
18. Karen Dixon	GBR	Too Smart	149	160	159	468	50,40
19. Nicolas Touzaint	FRA	Cobra d'Or	156	149	162	467	50,60
20. Ian Stark	GBR	Arakai	157	158	150	465	51,00
21. Mary Jane Tumbridge	BER	Bermuda's Gold	154	152	151	457	52,60
22. Piia Pantsu	FIN	Uppercut	144	160	152	456	52,80
22. Julie Black	USA	Hyde Park Corner	154	148	154	456	52,80
22. Austin O'Connor	IRL	Fabio	157	152	147	456	52,80
25. Kai Rüder	GER	Butscher	148	157	150	455	53,00
26. Bruno Goyens de Heusch	BEL	Graceland Cavalier	146	153	155	454	53,20
27. Eduard Stibbe	AHO	Eton	149	154	148	451	53,80
27. Andrea Verdina	ITA	Donnizetti	152	147	152	451	53,80
29. Jean-Lou Bigot	FRA	Twist La Beige	141	147	150	438	56,40
30. Wyndham St. John	CAN	Oliver	130	147	145	422	59,60
31. Paula Törnqvist	SWE	Monaghan	135	148	144	427	60,60
32. Imtiaz Anees	IND	Spring Invader	133	143	139	415	61,00
33. Bruce Mandeville	CAN	Larissa	134	125	147	406	62,80
34. Trevor Smith	IRL	High Scope	129	136	140	405	65,00
35. Jorge Fernandez	URU	Tiberio	114	118	118	350	74,00
36. Carlos Paro	BRA	Feline	100	102	110	312	81,60
37. Henry Gramajo	URU	Potencial	101	105	109	315	83,00
38. Roberto Macedo	BRA	Fricote	76	84	94	254	93,20

vor weiteren zwölf Teilnehmern

Richter: H = Brian Ross (USA), C = Frederik Obel (DEN), M = Brian Schrapel (AUS)

Marina Köhnckes Pferd TSF Boettcher's Longchamps war anfänglich etwas verspannt und galoppierte gleich beim Anreiten kurz an. Dann aber zeigte der Schwarzbraune was in ihm steckt und veranlasste die Richter zur Vergabe hoher Noten. Zunächst übernahm Marina Köhncke mit 34,80 Punkten kurzfristig die Führung und wurde nur noch von David O'Connor mit Custom Made geschlagen. Dr. Annette Wyrwoll erzielte mit einer sehr korrekten Dressur ein Ergebnis von 45,00 Strafpunkten, ihr bis dato bestes Dressurergbenis mit dem Iren Equitop Bantry Bay, mit dem sie in Sydney ihr 19tes gemeinsames CCI bestritt.

Für eine kleine Überraschung im positiven Sinne sorgte Heidi Antikatzidis. Die Griechin, im vergangenen Jahr Siebte bei den Europameisterschaften in Luhmühlen, legte eine elegante und harmonische Dressur vor und belegte damit Platz drei noch vor Mark Todd mit Eyespy II und Andrew Hoy mit Swizzle In. Punktgleich mit dem inzwischen dreifachen Mannschafts-Olympiasieger rangierte die Olympia-Debütantin und Saumur- Gewinnerin, Sofia Andler aus Schweden mit Amaretto auf Platz fünf. Erst auf Platz sieben folgte Titelverteidiger Blyth Tait, der allerdings nach dem kurzfristigen Ausfall seines eigentlichen Mannschaftspferdes Chesterfield sein Olympia- und WM-Pferd Ready Teddy bereits in der Mannschaftswertung geritten hatte und nun im Sattel von Welton Envoy saß.

Etwas überraschend, wenn auch weniger erfreulich für die Beteiligten, war das Abschneiden verschiedener Favoriten. So auch der Briten, die alle drei unter ihren Möglichkeiten blieben. Sowohl Badminton-Gewinnerin Mary King mit Star Appeal als auch Karen Dixon mit dem bewährten Too Smart leisteten sich Patzer in der Galopptour. Bei Ian Starks Ritt mit Arakai zogen die Richter alle Register: Seine Bewertung reichte von einer 1 für den verpatzten Schritt bis zu einer 10 für den starken Galopp. Und auch die amtierende Vize-Europameisterin Paula Törnqvist stellte ihren imponierenden irischen Wallach Monaghan nicht in der gewohnten Form vor. Sie schloss mit dem Ergebnis von 60,60 Strafpunkten ab, darin eingeschlossen Strafpunkte für Verreiten.

GELÄNDERITT • EINZELWETTBEWERB

Die Geländeprüfung

Der Geländetag der Vielseitigkeits- Einzelwertung fand trotz angesagter Gewitterschauer bei strahlendem Sonnenschein statt. Während allerdings das Team-Gelände eine echte Werbung für den Vielseitigkeitssport gewesen war, wurde dieser zweite Geländetag von schweren Stürzen und schlechten Bildern überschattet, die insbesondere in den Medien die vielen phantastischen Ritte untergehen ließen. So zum Beispiel den von Andrew Hoy mit Swizzle In, der als zweiter Reiter auf die Strecke ging und diese wie einen „Pony-Club-Kurs" aussehen ließ. Immer im Rhythmus, immer passend überwand er die 29 Hindernisse und kam ohne Zeitfehler ins Ziel. Lediglich am Aussprung der „Orphan School Seats" wurde es einmal ein klein wenig eng, was für das Toppaar allerdings kein echtes Problem darstellte. Ähnlich erging es zehn weiteren Paare, die alle ohne Hindernis- und ohne Zeitfehler das Ziel sahen. Unter ihnen auch der nach Dressur führende David O'Connor mit Custom Made, die zierliche Griechin Heidi Antikatzidis mit Michaelmas und der Neuseeländer Mark Todd, die damit die Plätze eins bis drei nach Gelände belegten. Dazu kamen weitere sieben Teilnehmer ohne Hindernisfehler.

Leider zählte keiner der deutschen Reiter dazu, auch nicht Marina Köhncke, für die noch am Tag zuvor eine Einzelmedaille durchaus möglich erschienen war. Bis zum zweiten Wasser lief für sie und TSF Boettcher's Longchamps alles tadellos. Beim Inselaufsprung allerdings rutschte das Pferd mit den Hinterbeinen ab und konnte den folgenden Sprung nicht überwinden. Danach war TSF Boettcher's Longchamps nicht mehr zu bewegen, von der Insel wieder ins Wasser zurück zu springen, so dass das Paar schließlich ausscheiden musste.

Marina Köhncke mit „TSF Boettcher's Longchamps"

Auch für Kai Rüder, der bereits vor Marina Köhncke an den Start musste, lief es nicht wie erhofft. Von Anfang an kamen er und Butscher nicht in den richtigen Rhythmus und am ersten Wasser kam die Quittung in Form einer Verweigerung nach dem Wasseraussprung. Wie sich bei vielen anderen Paaren nachher zeigte, musste man genau passend aus dem Wasser kommen, um noch den nötigen Schwung für den Aussprung mitzubringen. Wie Kai Rüder hatten hier zahlreiche Reiter eine Verweigerung, darunter auch Titelverteidiger Blyth Tait mit Welton Envoy, der daraufhin auf das Weiterrei-

Kai Rüder mit „Butscher"

| 71

VIELSEITIGKEIT

Dr. Annette Wyrwoll mit „Equitop Bantry Bay" gaben in Sydney ihr Olympiadebüt. Mit einem 19. Platz verabschiedeten sie sich zugleich aus dem aktiven Sport

ten verzichtete. Kai Rüder aber setzte seinen Ritt fort. Beim zweiten Wasser sprang Butscher jedoch viel zu früh auf die Insel, so dass er mit den Hinterbeinen nicht mehr aufsetzen konnte, was — wie später bei Marina Köhncke — zu einer Verweigerung an Hindernis 13 C führte. Danach verzichtete auch Kai Rüder auf ein Weiterreiten.

Damit ruhten die deutschen Hoffnungen auf Dr. Annette Wyrwoll und „Benny". Mit großem Elan, „übermotiviert", wie sie selbst sagte, ging die Tierärztin an den Start, wo es für sie bis zum zweiten Wasser auch gut lief, auch wenn Equitop Bantry Bay einmal kurzerhand auf der wuchtigen Stockade, Hindernis elf, aufsetzte.

Eine reife Leistung zeigten Heidi Antikatzidis und „Michaelmas" beim Geländeritt. Nach dem zweiten Prüfungstag erschien eine Medaille in greifbarer Nähe.

GELÄNDERITT • EINZELWETTBEWERB

Vielseitigkeit Geländeritt – Einzelwettbewerb

Reiter	Nation	Pferd	A+C Wegestrecken	B Rennbahn	D Querfeldeinstrecke Hindernis	D Querfeldeinstrecke Zeit	ABCD Total	2. Tag Total
1. David O'Connor	USA	Custom Made	0	0,00	0	0,00	0,00	29,00
2. Heidi Antikatzidis	GRE	Michaelmas	0	0,00	0	0,00	0,00	37,40
3. Mark Todd	NZL	Eyespy II	0	0,00	0	0,00	0,00	39,00
4. Andrew Hoy	AUS	Swizzle In	0	0,00	0	0,00	0,00	39,80
5. Rodolphe Scherer	FRA	Bambi de Brière	0	0,00	0	0,00	0,00	41,40
6. Robert Costello	USA	Chevalier	0	0,00	0	0,00	0,00	42,40
7. Fabio Magni	ITA	Cool'n Breezy	0	0,00	0	0,00	0,00	44,00
8. Mary King	GBR	Star Appeal	0	0,00	0	0,00	0,00	47,00
9. Karen Dixon	GBR	Too Smart	0	0,00	0	0,00	0,00	50,40
10. Ian Stark	GBR	Arakai	0	0,00	0	0,00	0,00	51,00
11. Enrique Sarasola	ESP	Cool Boy	0	0,00	0	1,60	1,60	51,60
12. Julie Black	USA	Hyde Park Corner	0	0,00	0	0,80	0,80	53,60
13. Jean-Lou Bigot	FRA	Twist La Beige	0	0,00	0	0,00	0,00	56,40
14. Eduard Stibbe	AHO	Eton	0	0,00	0	4,80	4,80	58,60
15. Paula Törnqvist	SWE	Monaghan	0	0,00	0	2,80	2,80	63,40
16. Andrea Verdina	ITA	Donnizetti	0	0,00	20	0,00	20,00	73,80
17. Wyndham St. John	CAN	Oliver	0	0,00	0	18,80	18,80	78,40
18. Brook Staples	AUS	Master Monarch	0	0,00	20	18,80	38,80	86,40
19. Austin O'Connor	IRL	Fabio	0	0,00	20	19,20	39,20	92,00
20. Carlos Paro	BRA	Feline	0	0,00	0	19,20	19,20	100,80
21. Trevor Smith	IRL	High Scope	0	0,00	0	36,80	36,80	101,80
22. Dr. Annette Wyrwoll	GER	Equitop Bantry Bay	0	0,00	40	32,80	72,80	117,80
23. Amanda Ross	AUS	Otto Schumaker	0	0,00	60	27,20	87,20	132,00
24. Bruce Mandeville	CAN	Larissa	0	0,00	60	72,80	132,80	195,60
25. Imtiaz Anees	IND	Spring Invader	0	0,00	120	45,60	165,60	226,60

Von 38 Teilnehmern verblieben 25 in der Wertung.
Richter: Brian Ross (USA), Frederik Obel (DEN), Brian Schrapel (AUS)

Am zweiten Wasser hatte sie dann allerdings eine Verweigerung am Einsprung zu verzeichnen und setzte ihren Weg über die Alternative fort. Eine weitere Verweigerung am Aussprung der „Orphan School Seats" kostete das Paar weitere 20 Strafpunkte, zu denen zuletzt noch Zeitfehler hinzukamen. Im Endergebnis bedeutete dies für Dr. Annette Wyrwoll Platz 22 nach Gelände.

Auch wenn sich die Fehler recht gleichmäßig über die Strecke verteilten, stellte sich doch das zweite Wasser als Hauptfehlerquelle heraus. Allein neun Paare hatten hier Verweigerungen und auch einige der starken Reiter gerieten gelegentlich in Wohnungsnot. Die Zahl der Stürze insgesamt belief sich auf sieben, die zudem fast alle recht spektakulär aussahen und von den Medien entsprechend ausgeschlachtet wurden. Bedauerlicherweise blieben zwei davon auch nicht ohne Folgen. So musste Nils Haagensen aus Dänemark mit einer geprellten Schulter, der Brasilianer Roberto Macedo mit einem gebrochenen Becken in die Klinik gebracht werden. Besonders tragisch endete der Ritt für Mary Jane Tumbridge von den Bermudas. Im Anschluss an das zweite Hindernis brach sich ihre Stute Bermuda's Gold ein Vorderbein und musste nach eingehenden Untersuchungen in der Tierklinik eingeschläfert werden. Sicherlich ein Unglück, das jeden Tag auch auf der Weide oder beim Ausreiten passieren kann, das aber trotzdem einen Schatten auf die Veranstaltung warf. Dieser Todesfall, zusammen mit den schlechten Bildern, trug leider auch dazu bei, dass die vielen guten Leistungen nicht die entsprechende Würdigung fanden.

Erfrischung gefällig? Fleissige Helfer bereiten „Equitop Bantry Bay" auf seinen Einsatz im Gelände vor

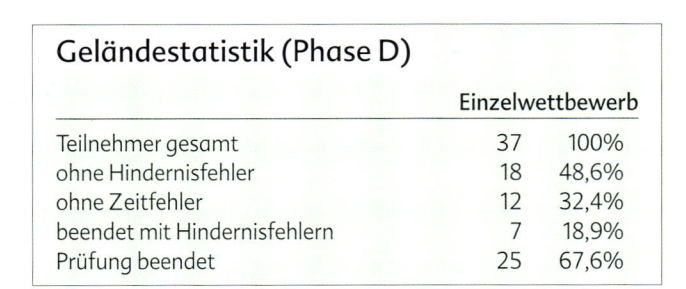

Geländestatistik (Phase D)

	Einzelwettbewerb	
Teilnehmer gesamt	37	100%
ohne Hindernisfehler	18	48,6%
ohne Zeitfehler	12	32,4%
beendet mit Hindernisfehlern	7	18,9%
Prüfung beendet	25	67,6%

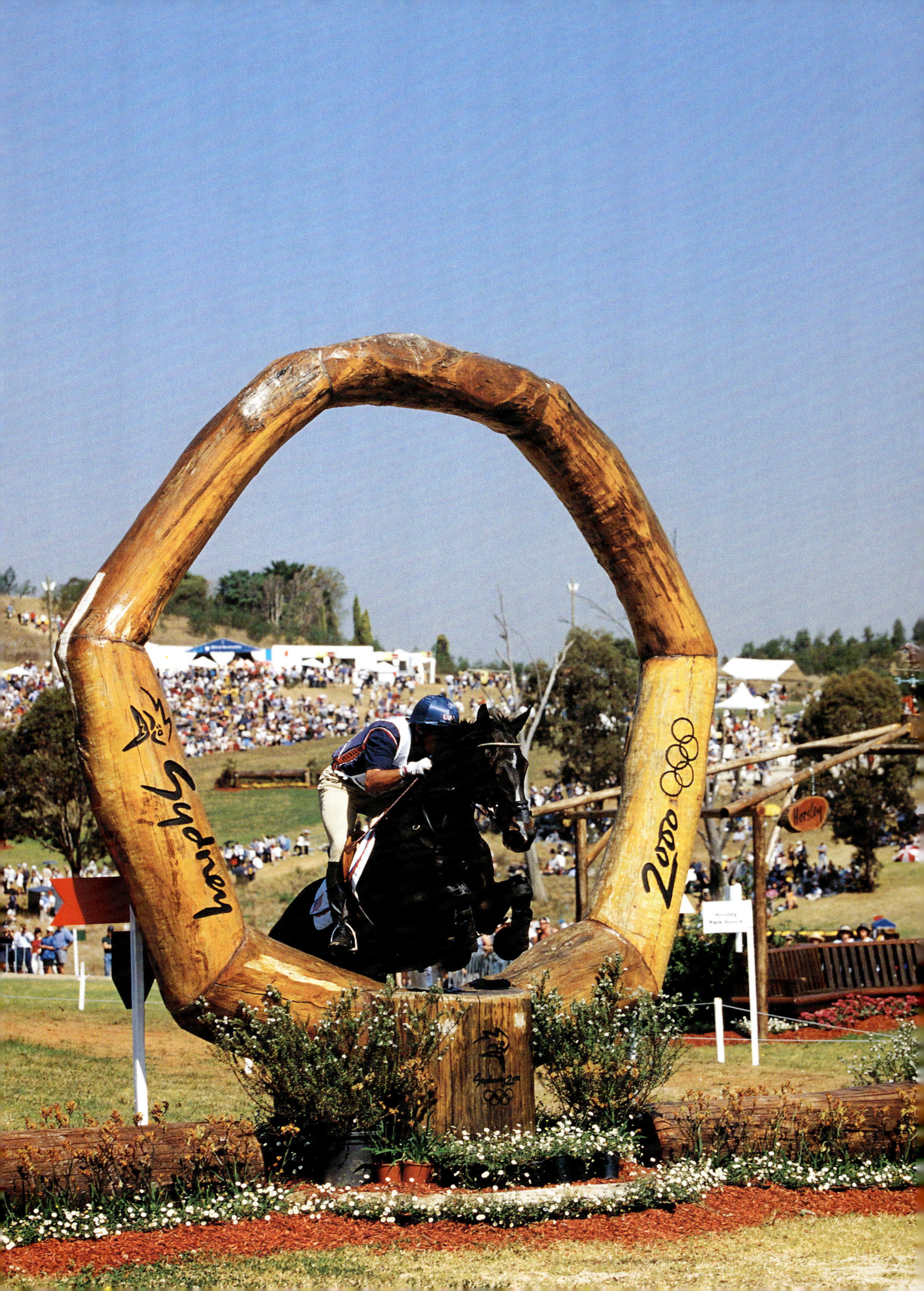
Sydney
2000

Springen • Einzelwettbewerb

Springen Einzelwettbewerb

Parcoursdaten

Länge des Parcours	560 m
Geschwindigkeit	375 m/min
Erlaubte Zeit	90 sek

Hindernis	Höhe	Breite	Distanz
1	1,15	1,50	
2	1,20		
3	1,20	1,35	
4A	1,20		7,80
4B	1,20	0,80	
5	1,20	1,30	
6R	1,20		24,00
6L	1,15		
7R	1,20	1,40	
7L	1,25		
8	1,20	1,40	
9	1,20		
10A	1,20	1,30	7,40
10B	1,20	1,30	8,10
10C	1,20		21,00
11	1,20		
12	1,20	1,40	
13	1,20		

3. Verfassungsprüfung

Zur dritten Verfassungsprüfung erschienen von den 25 Pferden, die das Gelände beendet hatten, nur 24, da Wyndham St. John aus Kanada auf die Vorstellung ihres Oliver verzichtete. Drei der Pferde wurden in die Holding Box geschickt, allerdings durfte anschließend nur Cool Boy des Spaniers Enrique Sarasola nicht passieren. Ein bisschen Zittern musste auch Mark Todd, der seinen Eyespy II zweimal vortraben musste, dann aber die Starterlaubnis für das Springen erhielt. Damit blieben 23 Paare in der Wertung.

Die Springprüfung

Das Springen verlief in gewohnter Form in umgekehrter Reihenfolge der Platzierung nach Dressur und Gelände. Die Besonderheit des 560 Meter langen Kurses mit seinen 13 Hindernissen war die eingebaute Alternative, eine Spezialität des Parcourschefs Leopoldo Palacios. So gab es zwei verschiedene Versionen der Hindernisse sechs und sieben: Zum einen eine Steilsprung-Oxer-Distanz mit 24 Metern Abstand, zum anderen eine Folge aus Steilsprung und Mauer, die in einem etwas zeitraubenderen Bogen zu reiten war. Die Wahl des direkten, aber schwierigeren Weges kostete im Endeffekt der Griechin Heidi Antikatzidis eine mögliche Medaille. Als eine der wenigen hatte sie sich für die kürzere Alternative entschieden und kassierte an beiden Sprüngen je einen Abwurf. Aus der Traum einer Medaille für den Gastgeber der nächsten Olympischen Spiele. Stattdessen rückte Andrew Hoy mit einer Nullrunde in das Medaillentrio auf, was ihm Standing Ovations der australischen Zuschauer eintrug. Er überrundete sogar noch den zweifachen Olympiasieger Mark Todd, der mit drei Zeitstraffehlern auf den Bronzerang zurückfiel. Fast hätte es sogar Doppel-Gold für Andrew Hoy gegeben, da sich der führende David O'Connor im Parcours beinahe verritten hätte. Aufschreie aus dem Publikum und von der Trainerbank konnten dieses Pech in letzter Sekunde verhindern. Mit einem Abwurf blieb es dann bei Gold für David O'Connor, Silber für Andrew Hoy und Bronze für Mark Todd, der damit seine erfolgreiche Karriere als aktiver Vielseitigkeitsreiter beendete.

Mit einer sauberen Nullrunde verabschiedete sich auch Dr. Annette Wyrwoll aus dem Spitzensport. „Ich habe mein persönliches Ziel - die Teilnahme an Olympischen Spielen - erreicht", meinte die 45-jährige Tierärztin, die die olympische Vielseitigkeit 2000 auf Platz 19 abschloss.

Im Ziel der Geländestrecke: David O'Connor mit „Custom Made" auf dem Weg zur Goldmedaille

VIELSEITIGKEIT

Rückblick und Ausblick

So großartig die olympischen Vielseitigkeitsprüfungen auch organisiert waren und so beeindruckend die Leistungen vieler Pferde und Reiter auch gewesen sind, so wenig werden die Diskussionen um die Weiterentwicklung der Disziplin aufhören. Sydney hat gezeigt, dass die Schere zwischen der Weltspitze und dem „Rest der Welt" weiter auseinander zu gehen scheint. Für die Zukunft wird entscheidend sein, wie der Spagat bewältigt werden kann, einerseits bei Olympia die besten Vielseitigkeitsreiter der Welt leistungsmäßig zu differenzieren, andererseits den Sport in seiner weltweiten Verbreitung repräsentiert zu sehen und damit auch weniger erfahrene Paare am Start zu haben. Ein Schlüssel zur Lösung dieses Problems dürfte in der Überarbeitung der Zulassungskriterien liegen, die nicht nur ein einmal erfülltes Handicap verlangen dürfen, sondern auch die aktuelle Leistungsfähigkeit im unmittelbaren Vorfeld der Olympischen Spiele berücksichtigen müssen. Dies ist über entsprechende Nachweise von Leistungen in Olympiavorbereitungsprüfungen denkbar. Sicherlich gibt es noch weitere Lösungsansätze, um zu verhindern, dass offensichtlich überforderte Paare ausgerechnet bei Olympia durch gefährliche Reitweise den Sport in Misskredit bringen. Sie sollten und müssen sorgfältigst unter Fachleuten diskutiert werden, gedankliche Schnellschüsse, wie sie zum Teil noch vor Abschluss der Prüfungen in Sydney geäußert wurden, sind hingegen wenig hilfreich und tragen eher zur Verunsicherung statt zur Versachlichung bei.

Die Tatsache, dass die unbestritten schlechten Bilder, die einige Reiter im Einzelwettbewerb abgaben, sogleich die überwiegend positiven, zum Teil gar begeisternden Kommentare zum Teamwettbewerb in der Presse überdeckten und vergessen ließen, weist auch auf ein weiteres Problemfeld hin, das allerdings vorwiegend den deutschsprachigen Raum betrifft: Die Disziplin tut sich schwer, in den Medien eine objektive Resonanz zu wecken. Sei es, was den Umgang mit Erfolg und Misserfolg der Sportler angeht - an einem Tag der Held, am nächsten der absolute Versager -, aber auch was die Sportart selbst angeht. Es bleibt die Frage, ob und inwieweit hier aktiv betriebene Öffentlichkeitsarbeit überhaupt entgegenwirken kann.

In sportlicher Hinsicht haben die beiden Prüfungen von Sydney vor allem aber gezeigt, wo der Unterschied zwischen Drei-Sterne-CCI und Vier-Sterne-Championaten liegt, nämlich vor allem in den Distanzen auf der Rennbahn und im Gelände. Es war schon beeindruckend, mit welcher Selbstverständlichkeit die reinen Vollblüter beziehungsweise „Fast-Vollblüter" die

Vielseitigkeit Gesamtergebnis — Einzelwettbewerb

	Reiter	Nation	Pferd	Dressur	Gelände	Springen	Total
1.	David O'Connor	USA	Custom Made	29,00	0,00	5,00	34,00
2.	Andrew Hoy	AUS	Swizzle In	39,80	0,00	0,00	39,80
3.	Mark Todd	NZL	Eyespy II	39,00	0,00	3,00	42,00
4.	Rodolphe Scherer	FRA	Bambi de Brière	41,40	0,00	5,00	46,40
5.	Fabio Magni	ITA	Cool'n Breezy	44,00	0,00	5,00	49,00
6.	Heidi Antikatzidis	GRE	Michaelmas	37,40	0,00	13,00	50,40
7.	Mary King	GBR	Star Appeal	47,00	0,00	5,00	52,00
8.	Robert Costello	USA	Chevalier	42,40	0,00	10,00	52,40
9.	Julie Black	USA	Hyde Park Corner	52,80	0,80	0,00	53,60
10.	Ian Stark	GBR	Arakai	51,00	0,00	5,00	56,00
11.	Karen Dixon	GBR	Too Smart	50,40	0,00	10,00	60,40
12.	Jean-Lou Bigot	FRA	Twist La Beige	56,40	0,00	10,00	66,40
13.	Eduard Stibbe	AHO	Eton	53,80	4,80	13,00	71,60
14.	Paula Toernquist	SWE	Monaghan	60,60	2,80	11,00	74,40
15.	Andrea Verdina	ITA	Donnizetti	53,80	20,00	14,00	87,80
16.	Brook Staples	AUS	Master Monarch	47,60	38,80	10,00	96,40
17.	Austin O'Connor	IRL	Fabio	52,80	39,20	5,00	97,00
18.	Trevor Smith	IRL	High Scope	65,00	36,80	0,00	101,80
19.	Dr. Annette Wyrwoll	GER	Equitop Bantry Bay	45,00	72,80	0,00	117,80
20.	Amanda Ross	AUS	Otto Schumaker	44,80	87,20	10,00	142,00
21.	Carlos Paro	BRA	Feline	81,60	19,20	47,00	147,80
22.	Bruce Mandeville	CAN	Larissa	62,80	132,80	0,00	195,60
23.	Imtiaz Anees	IND	Spring Invader	61,00	165,60	10,00	236,60
	Enrique Sarasola	ESP	Cool Boy	50,00	1,60 EL*	—	EL
	Wyndham St. John	CAN	Oliver	59,60	18,80 WD*	—	WD
	Marina Köhncke	GER	Longchamps	34,80	EL	—	EL
	Jorge Fernandez	URU	Tiberio	74,00	EL	—	EL
	Henry Gramajo	URU	Potencial	83,00	EL	—	EL
	Bruno Goyens de Heusch	BEL	Graceland Cavalier	53,20	RT	—	RT
	Sofia Andler	SWE	Amaretto	39,80	RT	—	RT
	Kai Rüder	GER	Butscher	53,00	RT	—	RT
	Nils Haagensen	DEN	Discovery II	47,20	RT	—	RT
	Roberto Macedo	BRA	Fricote	93,20	RT	—	RT
	Mary Jane Tumbridge	BER	Bermuda's Gold	52,60	RT	—	RT
	Blyth Tait	NZL	Welton Envoy	40,80	RT	—	RT
	Nicolas Touzaint	FRA	Cobra d'Or	50,60	RT	—	RT
	Daisuke Kato	JPN	Akwaba	48,00	RT	—	RT
	Piia Pantsu	FIN	Uppercut	52,80	RT	—	RT

RT = retired/aufgegeben WD = withdrawn/zurückgezogen EL = eliminated/ausgeschieden, * = 3. Verfassungsprüfung
Richter: Brian Ross (USA), Frederik Obel (DEN), Brian Schrapel (AUS)

GESAMTWERTUNG • EINZELWETTBEWERB

Konditionsanforderungen bewältigten. Wohl noch nie hat es solch eine Ansammlung an qualitätvollen Blutpferden gegeben. Solange der Sport bei Olympischen Spielen (und bei Weltmeisterschaften) diese Vier-Sterne-Anforderungen stellt, wird man sich auch in der Pferdeauswahl darauf einstellen müssen, auch wenn es viele Pferde gibt, die erfolgreich Drei-Sterne-Prüfungen, wie zum Beispiel Europameisterschaften, absolvieren.

Auch hat sich in Sydney die Tendenz bestätigt, dass der Vielseitigkeitssport in der Weltspitze fast ausschließlich durch „Profis" bestimmt wird. Konsequenterweise wurde in Deutschland schon 1996 im Hinblick auf Sydney und darüber hinaus ein Professionalisierungskonzept initiiert, das sich im Nachhinein durch die Erfolge der erfassten Reiterinnen und Reiter in den letzten Jahren und bei Olympia bestätigt hat. Es geht kein Weg daran vorbei, dass ein vergleichbares Konzept auch für die nächsten Jahre entwickelt werden muss, wenn unsere Föderation den wiedergewonnen Platz in der Weltspitze halten will. Dies gilt erst recht deshalb, weil die Vielseitigkeit bei uns unter schwierigeren Rahmenbedingungen im Vergleich zu den in der Welt führenden Nationen stattfindet und wir auch aus einem relativbescheidenen Reservoir an geeigneten Pferden und Reitern schöpfen können. Daher gibt es auch überhaupt keinen Grund, sich der verpassten Medaille wegen zu grämen. Vielmehr ist die Stabilisierung des Leistungsstandes mit dem vierten Platz in der Weltspitze Anlass, mit Optimismus neues Engagement für die Disziplin Vielseitigkeit im Hinblick auf die nächste Olympiade zu entwickeln.

Die Medaillengewinner des olympischen Einzelwettbewerbs Vielseitigkeit: David O'Connor (Gold), Andrew Hoy (Silber) und Mark Todd (Bronze)

SYDNEY 2000

Michael Klimke

Dressur
Ein Sieg für die Dressurreiterei

Die olympischen Dressurprüfungen standen insgesamt im mit 20.000 Zuschauern durchweg ausverkauften Stadion des Horsley Park von Sydney auf einem sehr hohen Niveau.

Der positive Trend im Dressursport der vergangenen Jahre mit einem immer größer werdenden Interesse von Zuschauern und Medien an unserem Sport hält an.

Mit 47 Teilnehmern aus 17 Nationen hat die Dressurreiterei weltweit ihren Stellenwert gegenüber anderen Sportarten ausgebaut. Der Angst vor dem olympischen Aus der Reitwettbewerbe wurde mit großartigem Sport und gastfreundlicher Organisation entgegengetreten.

Die vor allem vom ehemaligen Chefrichter Wolfgang Niggli vorangetriebene Globalisierung des Dressursports hatte den Zweck, möglichst viele Nationen für die Dressur zu begeistern. Zur Zeit wird in 75 Ländern der Welt wettkampfmäßig Dressur geritten. Jetzt muss dem Gedanken der bloßen Teilnahme vieler Nationen die Leistungsverbesserung durch noch intensivere Ausbildung von Trainern und Reitern in diesen Ländern folgen. Eine Verbesserung des Niveaus kann nicht durch eine Öffnung für noch mehr Nationen erreicht werden, sondern nur durch höhere Anforderungen in der olympischen Qualifikation erfolgen. Eine Mindestprozentzahl von z.B. 65 % im Grand Prix würde das Niveau doch deutlich anheben und verhindern, dass bei den olympischen Spielen unterdurchschnittliche Leistungen gezeigt werden. Eine Erschwerung der Qualifikation erzwingt bessere Leistungen und erzeugt noch mehr Ehrgeiz und Trainingseifer.

Die international etablierten Paare konnten sich in Sydney noch einmal durchsetzen und die wenigen jungen oder neuen Pferde waren noch nicht in der Lage, leistungsmäßig aufzuschließen.

Der Leistungsstandard der führenden Nationen Deutschland und Holland ist fast gleichwertig, wobei die gute Tagesform der deutschen Paare den Ausschlag für den verdienten Sieg gab. Der Punktabstand zu den übrigen Nationen erscheint etwas überhöht. Länder wie Amerika und Dänemark haben ihr Potential nicht voll ausgeschöpft. Während Dänemark krankheitsbedingt durch den Ausfall von Blue Horse Carvan mit Lars Petersen

DRESSUR

geschwächt war, erwartet man von Amerika einfach noch bessere Pferde. Es werden Jahr für Jahr Toppferde aus Deutschland und Holland nach Amerika exportiert. Dennoch brachten die amerikanischen Spitzenreiter mit Ausnahme von Flim Flam unter Susan Blinks Pferde an den Start, die von der Grundqualität nicht oder noch nicht an die führenden Paare heranreichten.

Die Mannschaften mit großer Tradition aus Schweden und der Schweiz waren aus unterschiedlichen Gründen enttäuscht. Während Schweden gesundheitsbedingt nicht ihre beste Mannschaft an den Start bringen konnte, hat die Schweiz immer noch nicht an die Leistungen der 70er und 80er Jahre anknüpfen können und wurde zudem noch sehr kritisch von den Richtern benotet. Die Gastgeber Australien konnten ebenso positiv überraschen wie die Equipe mit den sympathischen Reitern aus Spanien, die sich inzwischen in der Spitzengruppe der Welt etabliert hat.

wahren. Es war auffällig, dass Mängel in der Grundgangart Schritt nicht in gebührendem Maße benotet wurden. Des Weiteren konnte man in einigen Prüfungen Pferde mit engen Halseinstellungen und ohne Rahmenerweiterung in den Verstärkungen beobachten, die aber überdurchschnittlich gut bewertet wurden. Auffallend war weiterhin, dass deutlich im Vorwärts gezeigte Piaffen von den Richtern immer noch gut bewertet wurden. Positiv ist die Entwicklung in den gezeigten Leistungen der Piaffe und Passage. Es gibt in den letzten

Die deutsche Mannschaft

Reiter	Alter	Pferd Pfleger	Alter	Zuchtgebiet	Züchter Besitzer
Nadine Capellmann	35	Farbenfroh Sabine Domhöfer	10	Westfalen	Egon Stiens Nadine Capellmann
		Nikolaus Sabine Domhöfer	11	Westfalen	Anton Pickert Nadine Capellmann
Ulla Salzgeber	42	Rusty Patrick Seidel/Sandra Fischer	12	Latvia	 Ulla Salzgeber
Alexandra Simons-de Ridder	37	Chacomo Claudia Buchkremer	11	Holstein	Meike Reckefuß-Voß Hof Roßheide
Isabell Werth	31	Gigolo FRH Rainer Korsch	17	Hannover	Horst Klussmann Dr. Uwe Schulten-Baumer

Equipechef	Bundestrainer	Tierarzt
Anton Fischer	Klaus Balkenhol	Dr. Björn Nolting

Die unterschiedlichen Platzziffern der einzelnen Richter waren vor allem im Grand Prix Special zu hoch. Auch wenn schlussendlich die Rangierung fachlich nachvollziehbar, vertretbar und meines Erachtens auch richtig war, führen die Punktunterschiede der Richter zu mangelnder Transparenz unseres Sports bei Aktiven und Beobachtern. Farbenfroh erhielt z.B. in der ersten Piaffe von einem Richter die Note 4 = mangelhaft und von einem anderen Richter die Note 9 = sehr gut. Diese Differenz in der Beurteilung einer Lektion ist bei Olympischen Spielen nicht akzeptabel und kann auch nicht mit unterschiedlichen Blickwinkeln der einzelnen Richter begründet werden.

Die Internationale Reiterliche Vereinigung ist weiter gefordert, durch noch intensivere Richterfortbildung die im Reglement festgelegten Grundsätze der klassischen Reiterei zu

Jahren immer mehr Pferde, die eine ordentliche bis gute Piaffe-Passage Tour zeigen. Auch ist in der Qualität der Trab- und Galoppverstärkungen eine erfreuliche Entwicklung zu beobachten, weil immer mehr Pferde mit großer Dynamik und engagierter Hinterhand zu sehen sind.

Schließlich ist es nicht mehr akzeptabel, dass der holländische Richter Jan Peters bei jedem Championat in der Addition der Punkte seine Landsleute in der Mannschaftsentscheidung als Sieger rangiert. Die Internationale Reiterliche Vereinigung muss jeden Richter auswechseln, der den Anschein der Berücksichtigung fachlich fremder Erwägungen vermittelt. Die Veröffentlichung der einzelnen Notenbögen eines jeden Reiters könnte mehr Transparenz ergeben und eine fachliche Diskussion zwischen Richtern, Trainern und Reitern ermöglichen.

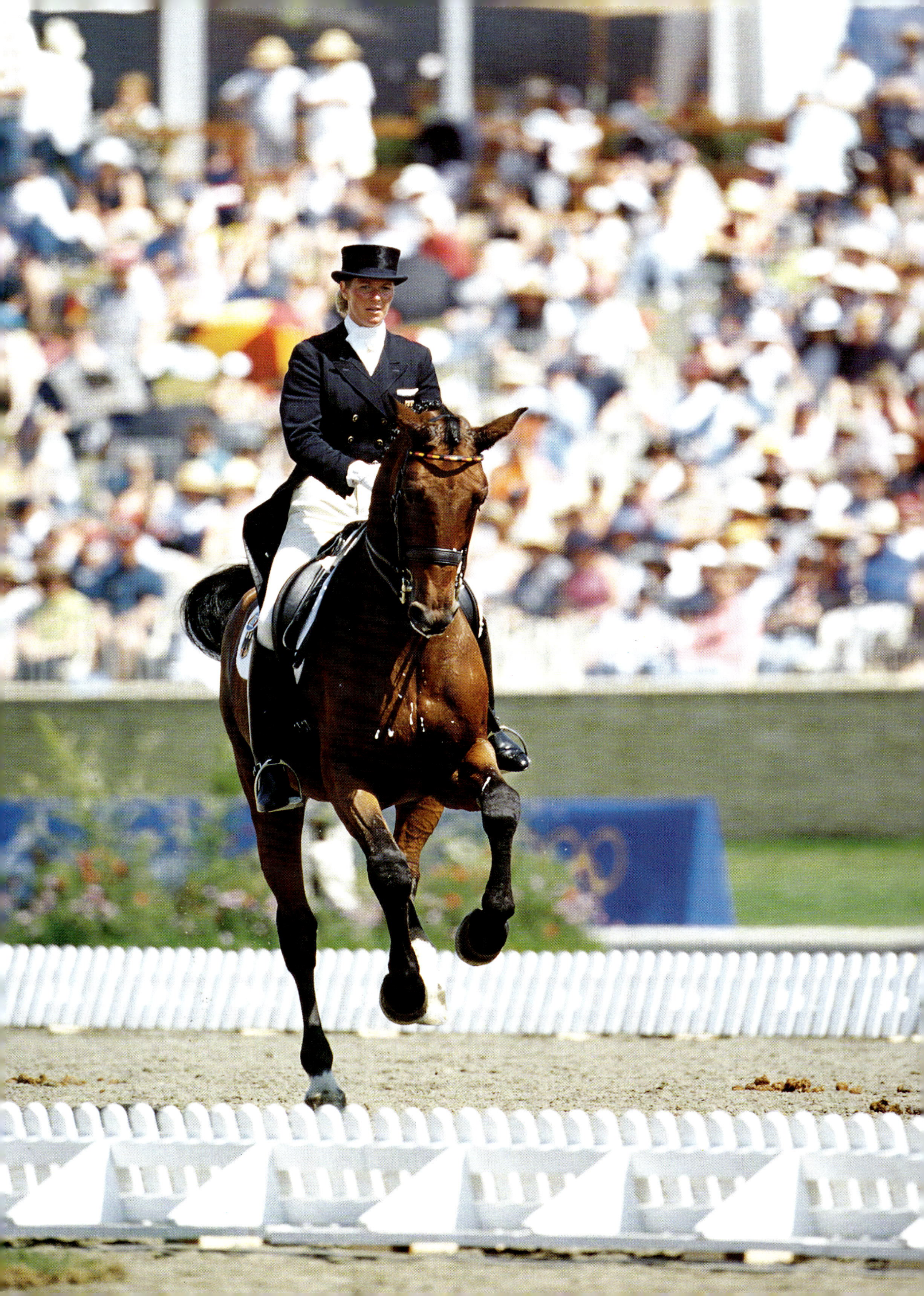

Der olympische Grand Prix

Deutschland holt 10. olympische Mannschaftsgoldmedaille:
1. Platz – 5.632 Punkte

Die von Bundestrainer Klaus Balkenhol und Equipechef Anton Fischer auf den Punkt fit gemachte deutsche Damenequipe konnte die im Sport einmalige Siegesserie fortsetzen und gewann hochverdient den olympischen Mannschaftswettbewerb.

Isabell Werth auf dem inzwischen 17-jährigen Graditz-Nachkommen Gigolo FRH überzeugte durch genaues, fehlerloses Reiten von Punkt zu Punkt, wobei der hannoveraner Wallach große Losgelassenheit und Durchlässigkeit ausstrahlte. Nur die gelegentlich zuckenden Hinterbeine in den Piaffen trübten das hervorragende Gesamtbild.

Nadine Capellmann stellte mit dem westfälischen Wallach Farbenfroh von Freudentänzer ein Pferd mit unbegrenzten Möglichkeiten vor, das in den Trabverstärkungen und den Piaffen eine fast schon unnatürliche Dynamik zeigte. Die Reiterin konnte ihr Pferd aber nicht so sicher an den Hilfen präsentieren wie beispielsweise Isabell Werth. Dennoch beeindruckte die gehfreudige Vorstellung des jungen Pferdes so sehr, dass eine höhere Benotung fachlich vertretbar gewesen wäre.

Die deutsche Ersatzreiterin Heike Kemmer unterstützte nicht nur Ulla Salzgeber

Chacomo unter Alexandra Simons-de Ridder überzeugte ebenfalls durch hervorragende Grundgangarten mit Höhepunkten in den Verstärkungen. Die im Vorwärts gezeigten Piaffen und die teilweise etwas enge Halseinstellung drückten den guten Gesamteindruck.

Die deutsche Meisterin Ulla Salzgeber blieb im Grand Prix auf Rusty deutlich unter ihren Möglichkeiten. Das Pferd zeigte vor allem die erste Piaffe sehr im Vorwärts und galoppierte in der rechten Trabtraversale an. Die Richter mussten auch die Fehler am Ende der Einerwechsel und den zwar verbesserten aber wegen mangelndem Raumgriff immer noch nicht befriedigenden starken Schritt in der Bewertung berücksichtigen. Die deutsche Ersatzreiterin Heike Kemmer war als Trainerin von Ulla Salzgeber mit nach Sydney gereist und hat nicht nur bei Rusty unterstützend mitgewirkt. Sie unterstützte das gesamte deutsche Team.

Holland liefert spannenden Mannschaftswettkampf:
2. Platz – 5.579 Punkte

Die holländische Dressurequipe, vom deutschen Dressurausbilder Jürgen Koschel betreut, hat es wieder nicht geschafft, im entscheidenden Mannschafts-Grand Prix die deutschen Dressurreiterinnen von Platz 1 zu verdrängen.

Anky van Grunsven und ihr Oldenburger Welt-As Sohn Gestion Bonfire hatten einen groben Patzer bei der Einleitung der 2er Wechsel und Spannungen beim Angaloppieren aus dem Trab und der Passage. Der Schritt von Gestion Bonfire war nicht nur im Raumgriff ungenügend sondern auch im Takt passartig. Der Punktabstand im Grand Prix zu Isabell Werth und Gigolo FRH erschien folglich zu gering.

Ellen Bontje auf „Silvano N" im Trabe mit guter Selbsthaltung

Beeindruckende Galoppdynamik: „Chacomo" und Alexandra Simons-de Ridder

Sydney 2000

Arjen Teeuwissen und „Goliath" im energischen starken Galopp, leider leicht über dem Zügel

Der wunderschöne Rapphengst Ferro zeigte eine sichere Vorführung mit Höhepunkten in der Piaffe und Passage Tour. Der Taktverlust in der Trabtraversale nach links und ein Fehler in der Anzahl der Galoppsprünge in der Zick-Zack-Traversale verhinderten ein noch besseres Ergebnis.

Die Piaffen von Goliath unter Arjen Teeuwissen waren die besten der gesamten Prüfung. Die unsichere Halseinstellung und der ungenügende starke Schritt sind bekannte, grundlegende Mängel des Pferdes, die zusätzlich zu dem Fehler beim Angaloppieren aus der Passage eine bessere Benotung verhinderten. Ellen Bontje ritt eine fehlerlose Aufgabe mit viel Risiko und überzeugender reiterlicher Kontrolle. Die seit Jahren erfolgreiche Reiterin zeigte klassische Reitkunst auf höchstem Niveau und mit dem 15-jährigen Holsteiner Hengst Silvano N einen ihrer besten Ritte. Es war besonders ärgerlich, dass die Richter wohl nicht nur die Tagesform bewerteten. Trotz des taktgefährdeten versammelten Schrittes mussten vor allem die Verstärkungen und die gut gesetzten Galopp-Pirouetten hohe Noten erzielen.

Amerika holt Bronze:
3. Platz — 5.166 Punkte

Die Mannschaft aus Amerika behauptete international den 3. Platz und enttäuschte dennoch etwas die Erwartungen, weil man sich noch bessere Pferde und eine ernsthafte Konkurrenz der führenden Nationen erhofft hatte.

Robert Dover zeigte mit dem erst 9-jährigen Ranier ein Pferd, das sich noch von seiner Umgebung ablenken und während der gesamten Aufgabe die gewünschte Losgelassenheit und Durchlässigkeit vermissen ließ. Der raumgreifende starke Schritt konnte die etwas laufenden Trabverstärkungen wieder ausgleichen. Der erfahrene Wallach Flim Flam unter Susan Blinks überzeugte durch eine leichtfüßige Piaffe-Passage Tour. Eine bessere Platzierung konnte wegen der misslungenen Galopp-Pirouetten und des ungehorsamen starken Galopps nicht erreicht werden. Günter Seidel überzeugte durch einen sehr guten Sitz bei dezenter aber effektiver Einwirkung. Man wünschte dem 13-jährigen holländischen Wallach Voltaire noch auffälligere Grundgangarten. Die Fehler beim Mittelgalopp und den Zweierwechseln drückten zudem den positiven Gesamteindruck. Christine Traurig stellte Etienne ebenfalls geschickt vor und sicherte als letzte Mannschaftsreiterin die Bronzemedaille mit einer soliden, fehlerlosen Vorführung bei jedoch deutlich im Vorwärts gezeigten Piaffen.

Susan Blinks und „Flim Flam" in einer ausdrucksstarken Piaffe mit aufmerksamem Ohrenspiel

Der Olympische Grand Prix

Dänemark verbleibt der undankbare 4. Rang:
4. Platz — 5.149 Punkte

Die von Rudolf Zeilinger, dem Willi Schultheiss Schüler aus Emsbüren, sehr gut vorbereitete Mannschaft aus Dänemark lieferte einen spannenden Kampf um den 3. Rang, obwohl der vierte der Europameisterschaften von Arnheim, Lars Petersen auf Blue Horse Carvan krankheitsbedingt nicht starten konnte.

Jon Pedersen gelang auf Esprit de Valde einer der wenigen fehlerfreien Ritte der gesamten Prüfung mit aktiven Piaffen und risikoreichem Vorwärtsreiten. Morten Thomsen gilt als guter Ausbilder von jungen Pferden und stellte mit dem 8-jährigen Wallach Gay das jüngste Pferd vor. Leider missglückte die Vorführung vollständig, weil sich das Pferd von der Umgebung ablenken ließ und nicht an den Hilfen des Reiters gezeigt werden konnte. Anne van Olst brachte ihr wohl besseres Pferd Dempsey nicht an den Start und zeigte mit dem erfahrenen Any How eine solide Vorführung mit sehr engagierten Hinterbeinen in den Piaffen bei unglücklichen Fehlern in den Einerwechseln und der Zick-Zack-Traversale. Lone Jörgensen und ihr Baden-Württemberger Wallach FBW Kennedy konnten an die Form der vergangenen Turniere anknüpfen und zeigte taktsichere Piaffen und Passagen. Die Höhepunkte des Rittes lagen in der fehlerlosen und sicheren Galopptour, wobei der taktgefährdete versammelte Schritt negativ bewertet werden musste. Das Paar untermauerte im Grand Prix seine Ambitionen auf eine Einzelmedaille.

Spanien etabliert sich in der Spitzengruppe
5. Platz — 5.011 Punkte

Der frühere deutsche Honorartrainer Jean Bemelmans unterstützte die Dressurequipe aus Spanien. Mit Beatrix Ferrer-Salat auf Beauvalais wächst ein elegantes, harmonisches Paar heran, dass zu den positiven Überraschungen des Wettbewerbs zählte, auch wenn noch einige Flüchtigkeitsfehler eine höhere Platzierung leider verhinderten.

Die übrigen Paare der Königlich Andalusischen Reitschule aus Jerez demonstrierten klassische Piaffen, Passagen und Pirouetten. Dennoch erscheinen die andalusischen Pferde von der Qualität der Grundgangarten und dem Raumgriff und der Kadenz in den Verstärkungen begrenzt. Die große Tradition der spanischen Reiterei bereichert den Dressursport und verbindet Tradition und Dressur 2000.

Beatrix Ferrer-Salat auf „Beauvalais" im versammelten Trab bei guter Selbsthaltung

Australien erfreute nicht nur die einheimischen Zuschauer:
6. Platz — 4.925 Punkte

Die Ritte der gastgebenden Nation erfreuten nicht nur die sympathischen Einheimischen. Allen voran die von Karin Rehbein trainierte Kristy Oatley-Nist demonstrierte eine harmonische und sichere Vorstellung in stilistisch guter Manier. Die junge Reiterin hat bei entsprechendem Pferdematerial gute Zukunftsperspektiven. Auch die übrigen Reiterinnen zeigten durchweg solide, ordentliche Leistungen. Der von Rudolf Zeilinger ausgebildete Crisp zeigte unter Ricky Macmillan gut gesetzte Piaffen, wobei die zu großen Pirouetten im Galopp und durchschnittliche Grundgangarten eine höhere Platzierung verhinderten. Rachel Downs und ihre 11-jährige Stute Aphrodite hatten noch Probleme in den Übergängen Piaffe — Passage bei einer sonst harmonischen Vorstellung. Der von Kyra Kyrklund ausgebildete Wallach Limbo unter Mary Hanna hatte Fehler in den Galoppwechseln und beim Mittelgalopp, obwohl der Gesamteindruck der gut sitzenden Reiterin überzeugen konnte.

Die für Finnland startende Kyra Kyrklund selbst konnte wegen einer Verletzung ihres Pferdes leider nicht starten.

Die junge Amazone Kristy Oatley-Nist begeisterte nicht nur die einheimischen Zuschauer mit sicheren Vorstellungen

Am zweiten Mannschaftstag hatten die Teilnehmer morgens zunächst mit schlechten Bodenverhältnissen zu kämpfen

**Schweizer Reiter streng bewertet:
7. Platz — 4.924 Punkte**

Die Schweizer Dressurequipe, die sich bei den Europameisterschaften in Arnheim 1999 den letzten Startplatz für die Mannschaftswertung erkämpfte, kann immer noch nicht an die Leistungen vergangener Jahre anknüpfen. Die Ritte von Christine Stückelberger und Daniel Ramseier wurden vergleichsweise streng bewertet. Der 15-jährige westfälische Hengst Aquamarin wurde von der erfahrenen Christine Stückelberger gekonnt vorgestellt. Das etwas schleppende Hinterbein durfte nicht so stark in die Bewertung einfließen, wie es

Grand Prix — Mannschaftswertung

Nation/Reiter	Pferd	E	H	C	M	B	Total
1. Deutschland							5632
Isabell Werth	Gigolo FRH	386	375	383	383	381	1908
Alexandra Simons-de Ridder	Chacomo	368	373	377	369	370	1857
Ulla Salzgeber	Rusty	350	362	378	366	373	1829
Nadine Capellmann	Farbenfroh	361	362	377	393	374	1867
2. Niederlande							5579
Anky van Grunsven	Gestion Bonfire	367	382	377	371	378	1875
Ellen Bontje	Silvano N	356	370	351	357	352	1786
Arjen Teeuwissen	Goliath	353	372	370	369	367	1831
Coby van Baalen	Ferro	371	384	383	369	366	1873
3. USA							5166
Robert Dover	Ranier	337	331	347	331	332	1678
Susan Blinks	Flim Flam	341	347	344	350	343	1725
Günter Seidel	Voltaire	343	351	338	328	335	1695
Christine Traurig	Etienne	345	344	353	353	351	1746
4. Dänemark							5149
Jon Pedersen	Esprit de Valdemar	345	345	357	342	339	1728
Morten Thomsen	Gay	302	314	319	299	302	1536
Anne van Olst	Any How	320	332	324	324	325	1625
Lone Jörgensen	FBW Kennedy	349	368	366	353	360	1796
5. Spanien							5011
Juan Antonio Jimenez	Guizo	319	332	329	337	321	1638
Rafael Soto	Invasor	331	337	328	342	325	1663
Luis Lucio	Aljarafe	308	310	304	304	327	1553
Beatriz Ferrer-Salat	Beauvalais	338	345	347	327	353	1710
6. Australien							4925
Kristy Oatley-Nist	Wall Street 22	335	338	337	346	348	1704
Rachael Downs	Aphrodite	318	321	323	311	340	1613
Ricky Macmillan	Crisp	319	324	324	317	318	1602
Mary Hanna	Limro	317	322	326	319	324	1608
7. Schweiz							4924
Patricia Bottani	Diamond	316	325	332	313	329	1615
Daniel Ramseier	Rali Baba	340	336	332	327	329	1664
Christine Stückelberger	Aquamarin	324	337	325	324	327	1637
Françoise Cantamessa	Sir S	311	327	332	317	336	1623
8. Großbritannien							4898
Emile Faurie	Rascher Hopes	331	338	332	324	349	1674
Carl Hester	Argentile Gulli	312	327	323	328	332	1622
Kirsty Mepham	Dikkiloo	292	316	322	325	315	1570
Richard Davison	Askari	320	324	324	315	319	1602
9. Schweden							4849
Ulla Hakanson	Bobby						WD
Jan Brink	Briar	299	313	310	332	319	1573
Tinne Vilhelmson	Cezar	327	337	324	323	335	1646
Pether Markne	Amiral	321	319	338	327	325	1630

Richter: E = Volker Moritz (GER), H = Johannes Peeters (NED), C = Eric Lette (SWE), M = Axel Steiner (USA), B = Mary Seefried (AUS)   WD = withdrawn / zurückgezogen

DER OLYMPISCHE GRAND PRIX

Der Schweizer Meister Daniel Ramseier auf „Rali Baba" in einer Passage mit aktiver Hinterhand

tatsächlich geschehen ist. Daniel Ramseier ritt den frisch wirkenden Rali Baba vorwärts mit Höhepunkten in der Piaffe und mit sicheren Galoppwechseln, weswegen fachlich gesehen eine bessere Benotung vertretbar gewesen wäre. Patricia Bottani und Françoise Cantamessa blieben bei ihrer Olympiapremiere in ihren Möglichkeiten, wobei die Grundqualität der Pferde im internationalen Vergleich mit den Top-Pferden nicht auszureichen scheint.

England und Schweden vor Neuaufbau
Die Engländer blieben weit unter Form und konnten sich lediglich vor der Equipe aus Schweden platzieren, die in ihrer großen olympischen Reitsporttradition erstmals den letzten Platz belegte. Beiden Nationen ist ein Neuaufbau vor allem mit jungen Pferden zu wünschen.

Die deutschen Dressurdamen bei der Nationalhymne in nicht ganz textsicherem Gesang

Sydney 2000

Grand Prix – Einzelwertung

Reiter	Nation	Pferd	E	H	C	M	B	Total
1. Isabell Werth	GER	Gigolo FRH	386 (01)	375 (03)	383 (01)	383 (02)	381 (01)	1908
2. Anky van Grunsven	NED	Gestion Bonfire	367 (04)	382 (02)	377 (04)	371 (03)	378 (02)	1875
3. Coby van Baalen	NED	Ferro	371 (02)	384 (01)	383 (01)	369 (04)	366 (07)	1873
4. Nadine Capellmann	GER	Farbenfroh	361 (05)	362 (08)	377 (04)	393 (01)	374 (03)	1867
5. A. Simons-de Ridder	GER	Chacomo	368 (03)	373 (04)	377 (04)	369 (04)	370 (05)	1857
6. Arjen Teeuwissen	NED	Goliath	353 (07)	372 (05)	370 (07)	369 (04)	367 (06)	1831
7. Ulla Salzgeber	GER	Rusty	350 (08)	362 (08)	378 (03)	366 (07)	373 (04)	1829
8. Lone Jörgensen	DEN	FBW Kennedy	349 (09)	368 (07)	366 (08)	353 (09)	360 (08)	1796
9. Ellen Bontje	NED	Silvano N	356 (06)	370 (06)	351 (11)	357 (08)	352 (10)	1786
10. Christine Traurig	USA	Etienne	345 (10)	344 (15)	353 (10)	353 (09)	351 (11)	1746
11. Jon Pedersen	DEN	Esprit de Valdemar	345 (10)	345 (13)	357 (09)	342 (13)	339 (16)	1728
12. Susan Blinks	USA	Flim Flam	341 (13)	347 (11)	344 (15)	350 (11)	343 (14)	1725
13. Beatriz Ferrer-Salat	ESP	Beauvalais	338 (16)	345 (13)	347 (13)	327 (23)	353 (09)	1710
14. Kristy Oatley-Nist	AUS	Wall Street 22	335 (17)	338 (16)	337 (18)	346 (12)	348 (13)	1704
15. Günter Seidel	USA	Voltaire	343 (12)	351 (10)	338 (17)	328 (21)	335 (19)	1695
16. Pia Laus	ITA	Renoir	326 (22)	346 (12)	350 (12)	333 (17)	337 (17)	1692
17. Robert Dover	USA	Ranier	337 (16)	331 (26)	347 (13)	331 (19)	332 (22)	1678
18. Emile Faurier	GBR	Rascher Hopes	331 (18)	338 (16)	332 (21)	324 (27)	349 (12)	1674
19. Daniel Ramseier	SUI	Rali Baba	340 (14)	336 (21)	332 (21)	327 (23)	329 (25)	1664
20. Rafael Soto	ESP	Invasor	331 (18)	337 (18)	328 (29)	342 (13)	325 (31)	1663
21. Kallista Field	NZL	Waikare	323 (25)	330 (27)	342 (16)	336 (16)	330 (24)	1661
22. Tinne Vilhelmson	SWE	Cezar	327 (21)	337 (18)	324 (34)	323 (30)	335 (19)	1646
23. Elena Sidneva	RUS	Podkhod	329 (20)	333 (22)	327 (31)	321 (31)	334 (21)	1644
24. Peter Gmoser	AUT	Candidat	326 (22)	332 (23)	335 (20)	318 (34)	327 (27)	1638
24. Juan Antonio Jiminez	ESP	Guizo	319 (29)	332 (23)	329 (27)	337 (15)	321 (35)	1638
26. Christine Stückelberger	SUI	Aquamarin	324 (24)	337 (18)	325 (33)	324 (27)	327 (27)	1637
27. Daniel Pinto	POR	Weldon Surprise	317 (32)	329 (28)	329 (27)	330 (20)	327 (27)	1632
28. Perther Markne	SWE	Amiral	321 (26)	319 (37)	338 (17)	327 (23)	325 (31)	1630
29. Anne van Olst	DEN	Any How	320 (27)	332 (23)	324 (34)	324 (27)	325 (31)	1625
30. Françoise Cantamessa	SUI	Sir S	311 (38)	327 (30)	332 (21)	317 (36)	336 (18)	1623
31. Carl Hester	GBR	Argentile Gulli	312 (37)	327 (30)	323 (39)	328 (21)	332 (22)	1622
32. Patricia Bottani	SUI	Diamond	316 (34)	325 (32)	332 (21)	313 (41)	329 (25)	1615
33. Rachael Downs	AUS	Aphrodite	318 (31)	321 (36)	323 (39)	311 (42)	340 (15)	1613
34. Mary Hanna	AUS	Limbo	317 (32)	322 (35)	326 (32)	319 (33)	324 (34)	1608
35. Ricky Macmillan	AUS	Crisp	319 (29)	324 (33)	324 (34)	317 (36)	318 (39)	1602
35. Richard Davison	GBR	Askari	320 (27)	324 (33)	324 (34)	315 (39)	319 (37)	1602
37. Elisabet Ehrnrooth	FIN	Harald	308 (39)	328 (29)	324 (34)	320 (32)	321 (35)	1601
38. Stefan Peter	AUT	Bon Voyage	314 (36)	318 (36)	330 (26)	318 (34)	315 (10)	1595
39. Svetlana Kniazeva	RUS	Russian Dance	313 (36)	308 (44)	328 (29)	315 (39)	314 (42)	1578
40. Jan Brink	SWE	Briar	299 (43)	313 (42)	310 (44)	332 (18)	319 (37)	1573
41. Kirsty Mepham	GBR	Dikkiloo	292 (45)	316 (40)	322 (41)	325 (26)	315 (40)	1570
42. Heike Holstein	IRL	Royale	307 (41)	319 (37)	330 (25)	299 (44)	314 (42)	1569
43. Luis Lucio	ESP	Aljarafe	308 (39)	310 (43)	304 (45)	304 (43)	327 (27)	1553
44. Antonio Rivera	MEX	Aczydos	299 (43)	305 (45)	318 (43)	317 (36)	302 (44)	1541
45. Morten Thomsen	DEN	Gay	302 (42)	314 (41)	319 (42)	299 (44)	302 (44)	1536
46. Heidi Svanborg	FIN	Bazalt	292 (45)	286 (46)	272 (46)	291 (46)	296 (46)	1437
47. Jorge Rocha	BRA	Quixote Lanciano	255 (47)	271 (47)	269 (47)	278 (47)	277 (47)	1350
48. Ulla Hakanson	SWE	Bobby						WD

Richter: E = Volker Moritz (GER), H = Johannes Peeters (NRED) C = Eric Lette (SWE), M = Axel Steiner (USA), B = Mary Seefried (AUS)   WD = withdrawn / zurückgezogen

Der Olympische Grand Prix

Peter Gmoser überzeugte auf "Candidat" mit sicherer Hilfengebung an Kreuz und Schenkeln

Die Einzelreiter

Von den 12 gestarteten Einzelreitern konnten sich mit Pia Laus (Italien), Kallista Field (Neuseeland) und Peter Gmoser (Österreich) nur drei unter den besten 25 Paaren für den Grand Prix Special qualifizieren.

Der 12-jährige westfälische Wallach Renoir von Rex Fritz wurde von der international erfahrenen Pia Laus sehr geschickt vorgestellt und zeigte ausdrucksstarke Trabverstärkungen und eine sichere Galopptour. Nach einer guten Europameisterschaft 1999 hat sich das für Italien startende Paar international etabliert. Die Piaffen und Passagen müssten noch müheloser gezeigt werden, um eine bessere Platzierung zu erreichen.

Die bisher international unbekannte Kallista Field überraschte mit einer taktreinen Piaffe-Passage Tour ihres hoch im Blut stehenden Pferdes und schaffte verdient den Sprung unter die besten 25 Paare. Als zweiter Starter konnte Peter Gmoser mit dem etwas altmodisch wirkenden Candidat die Richter noch nicht überzeugen. Die fehlerfreie Vorführung hätte im Vergleich auch höher bewertet werden müssen.

Der Dressursport hat sich im Grand Prix von seiner spannenden Seite gezeigt und Raum für fachliche Diskussionen über Reitweisen, Richterbewertungen und Zuchtentwicklungen geboten. Es war ein guter Mannschafts-Grand Prix, der jedoch von den Leistungen her gesehen vergangene Championate nicht überboten hat.

Pia Laus auf "Renoir" in der Piaffe mit etwas tiefer Halseinstellung

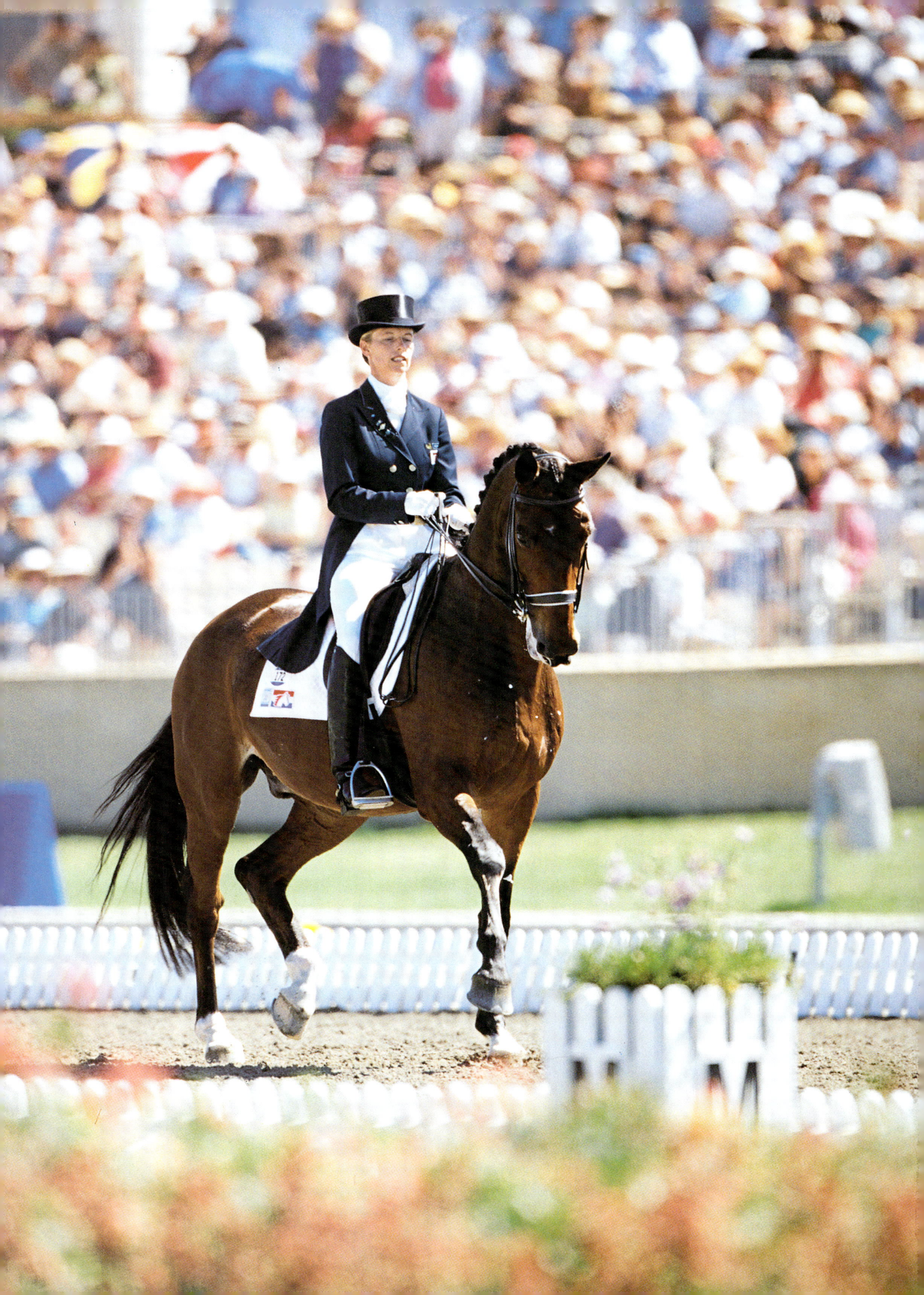

Der Grand Prix Special: Die Wende für Anky

Anky van Grunsven schaffte im Grand Prix Special die Wende und legte den Grundstein für den Gewinn der Einzelgoldmedaille. Gestion Bonfire zeigte sich gegenüber dem Grand Prix deutlich verbessert und Anky van Grunsven spielte ihre reiterliche Routine eindrucksvoll aus.

Das Paar zeigte ausdrucksstarke Piaffen und Passagen und eine sehr korrekte Galopptour, wobei der schwache Schritt einer sonst harmonischen Vorstellung nicht verschwiegen werden darf.

Demgegenüber hatte Isabell Werth auf Gigolo FRH nicht ihren besten Tag. Das Pferd war teilweise etwas verspannt und zeigte ungleiche Tritte in den Piaffen und Passagen. Bei der Einleitung der Galoppverstärkung fiel Gigolo FRH in den Trab, was jedoch nur Chefrichter Eric Lette mit der gerechtfertigten Note 4 ahndete. Die übrigen Richter gaben Noten zwischen 6 und 8, was fachlich nicht begründet werden kann.

Olympiasiegerin Anky van Grunsven auf „Gestion Bonfire" in einer Trabtraversale nach rechts

Coby van Baalen und der wunderschöne Rapphengst „Ferro" in der Passage mit sichtbarer Unterstützung der Reiterin

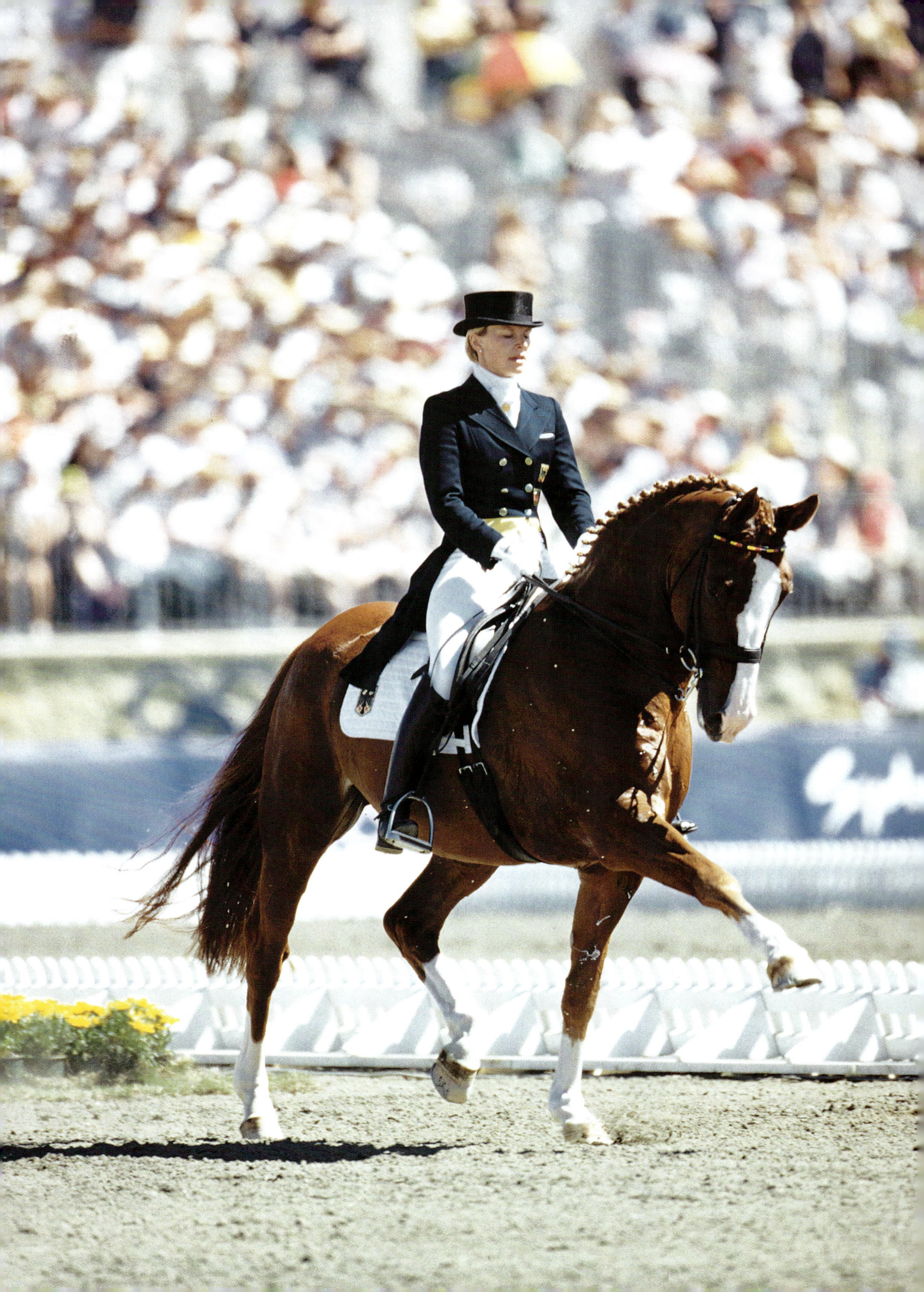

Der Grand Prix Special

Chacomo unter Alexandra Simons-de Ridder begann seine Vorführung mit schwungvollen Trabverstärkungen und taktreinen Übergängen vom Trab in die Passage. Das Pferd war jedoch größtenteils eng im Hals und trat nicht in die Spur, die das Vorderbein zeigte. Ein Ungehorsam im Übergang in die zweite Piaffe und etwas eilige Pirouetten verhinderten den Durchbruch des imposanten und sehr dynamisch gehenden Holsteiner Wallachs. Der erst 11-jährige Holsteiner Chacomo gehört unbestritten zu den jüngeren Pferden mit großer Perspektive. Dazu zählt auch der erst 10-jährige Farbenfroh unter Nadine Capellmann, der im Grand Prix Special an seine beeindruckende Leistung vom Grand Prix anknüpfen konnte. Das Pferd bewegt sich leichtfüßig mit viel Ausdruck, wobei man sich noch genaueres und sichereres Reiten von Punkt zu Punkt wünscht. Die richtigerweise an 2. Stelle platzierte Ulla Salzgeber kämpfte auf ihrem Rusty um den Einzug in die Kür. Der Ritt überzeugte durch mutiges Vorwärtsreiten und zeichnete sich durch sehr gute Galoppwechsel und ausdrucksstarke Traversalen aus. Warum die sehr gut sitzende Reiterin in der Note Sitz und Einwirkung bei allen Richtern einen Punkt weniger bekam als Anky und Isabell, ist fachlich nicht nachvollziehbar.

„Farbenfroh" und Nadine Capellmann in einer fast perfekten Trabverstärkung

Bundestrainer Klaus Balkenhol gibt letzte Anweisungen an das Team Capellmann

Während die deutschen Reiterinnen die Plätze 2–5 hinter Anky van Grunsven belegten, kam bei zwei holländischen Reitern große Enttäuschung auf. Der Hengst Ferro verweigerte seiner Reiterin Coby van Baalen in den Piaffen trotz sichtbarer Hilfengebung der Reiterin die Mitarbeit. Insgesamt wirkte Ferro verspannt und wie schon in Arnheim 1999 übertrainiert. Der Bronzemedaillengewinner von Arnheim, Arjen Teeuwissen auf Goliath, verpasste durch mehrere Fehler in der Galopptour bei gleichbleibend ungenügendem Schritt den Einzug in die abschließende Kür und zählte mit zu den Verlieren von Sydney.

Grand Prix Special

Reiter	Nation	Pferd	E	H	C	M	B	Total
1. Anky van Grunsven	NED	Gestion Bonfire	346 (01)	331 (02)	327 (02)	340 (01)	336 (02)	1680
2. Ulla Salzgeber	GER	Rusty	346 (01)	325 (03)	327 (02)	329 (03)	323 (04)	1650
3. Nadine Capellmann	GER	Farbenfroh	326 (04)	322 (04)	332 (01)	327 (04)	340 (01)	1647
4. Isabell Werth	GER	Gigolo FRH	323 (05)	338 (01)	317 (06)	331 (02)	318 (05)	1627
5. A. Simons-de Ridder	GER	Chacomo	333 (03)	315 (06)	324 (04)	325 (05)	329 (03)	1626
6. Lone Jörgensen	DEN	FBW Kennedy	322 (06)	321 (06)	321 (05)	324 (06)	318 (05)	1606
7. Ellen Bontje	NED	Silvano N	317 (08)	313 (07)	309 (10)	312 (07)	310 (08)	1561
8. Coby van Baalen	NED	Ferro	316 (09)	310 (08)	312 (08)	307 (08)	289 (19)	1534
9. Susan Blinks	USA	Flim Flam	311 (10)	307 (10)	303 (12)	307 (09)	303 (10)	1531
10. Christine Traurig	USA	Etienne	321 (07)	305 (11)	296 (14)	300 (15)	303 (10)	1525
11. Beatriz Ferrer-Salat	ESP	Beauvalais	300 (15)	309 (09)	307 (11)	303 (14)	297 (14)	1516
12. Arjen Teeuwissen	NED	Goliath	307 (12)	289 (18)	301 (13)	307 (08)	311 (07)	1515
13. Rafael Soto	ESP	Invasor	306 (14)	304 (12)	292 (16)	304 (13)	307 (09)	1513
14. Kristy Oatley-Nist	AUS	Wall Street 22	307 (12)	297 (15)	311 (09)	306 (11)	289 (19)	1510
15. Daniel Ramseier	SUI	Rali Baba	292 (17)	299 (14)	316 (07)	306 (11)	293 (16)	1506
16. Juan Antonio Jiminez	ESP	Guizo	309 (11)	294 (16)	289 (17)	293 (17)	297 (14)	1482
17. Pia Laus	ITA	Renoir	292 (17)	300 (13)	288 (18)	299 (16)	292 (18)	1471
18. Kallista Field	NZL	Waikare	300 (15)	292 (17)	282 (23)	291 (18)	298 (12)	1463
19. Jon Pedersen	DEN	Esprit de Valdemar	289 (19)	281 (21)	294 (15)	287 (20)	298 (12)	1449
20. Peter Gmoser	AUT	Candidat	286 (20)	282 (20)	287 (19)	286 (22)	289 (19)	1430
21. Christine Stückelberger	SUI	Aquamarin	279 (22)	287 (19)	285 (21)	289 (19)	286 (22)	1425
22. Emile Faurie	GBR	Rascher Hopes	281 (21)	280 (22)	286 (20)	287 (20)	276 (23)	1410
23. Robert Dover	USA	Ranier	264 (24)	271 (24)	278 (24)	268 (24)	293 (16)	1374
24. Elena Sidneva	RUS	Podkhod	273 (23)	275 (23)	284 (22)	279 (23)	258 (24)	1369
25. Tinne Vilhelmson	SWE	Cezar	254 (25)	249 (25)	247 (25)	245 (25)	256 (25)	1251

Richter: E = Mary Seefried (USA), H = Volker Moritz (GER), C = Eric Lette (SWE), M = Johannes Peeters (NED), B = Axel Steiner (USA)

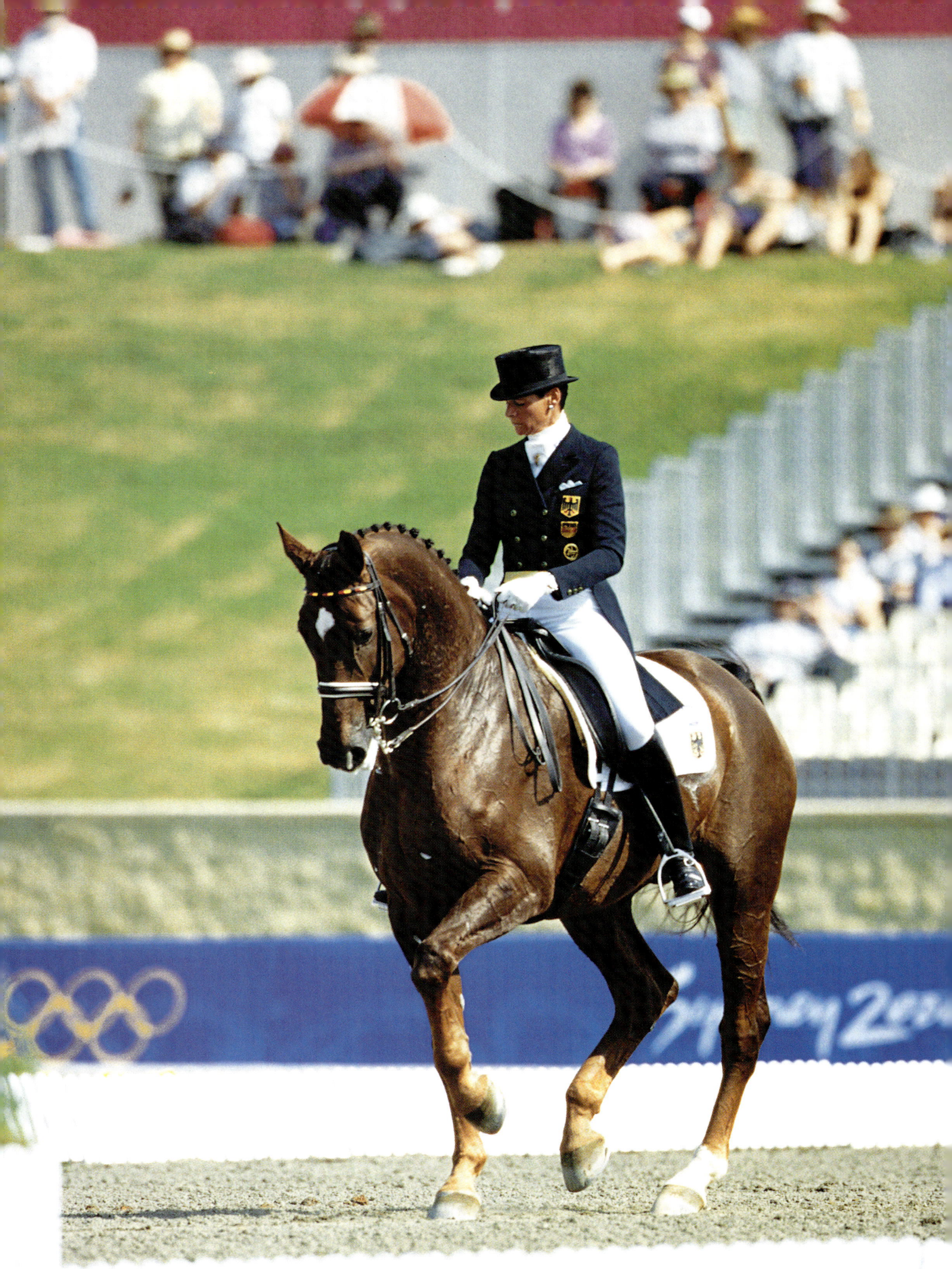

DER GRAND PRIX SPECIAL

Die Dänin Lone Jörgensen und FBW Kennedy zeigten einen fehlerlosen Special mit Höhepunkten in den taktreinen Piaffen und Passagen. Auch wenn der Takt im Schritt bekanntermaßen schwach ist, hätte man FBW Kennedy wegen seiner ansonsten sicheren Vorführung auch weiter vorne platzieren können. Ellen Bontje demonstrierte erneut ihre reiterliche Klasse und stellte Silvano N fehlerfrei vor. Das zweitbeste holländische Ergebnis des Tages war für die seit Jahren international erfolgreiche Schülerin von Josef Neckermann eine besondere Genugtuung, weil ihre Nominierung vor den Olympischen Spielen strittig war.

Der Grand Prix Special begann mit einer gelungenen Vorführung von Beatrix Ferrer-Salat und dem 13-jährigen Bolero-Nachkommen Beauvalais. Der gute Sitz der Reiterin und ihr risikofreudiges Vorwärtsreiten bei bedeutenden Trab- und Galoppverstärkungen wurden nicht gebührend bewertet. Gleiches gilt für Pia Laus und Renoir, der sich noch frischer als im Grand Prix präsentierte und gerade in den Trabverstärkungen nicht die überdurchschnittlich guten Noten bekam, die er verdient hätte.

Im Grand Prix Special mit den besten 25 Teilnehmern des Grand Prix konnten 15 Paare ein Punktergebnis von 70% oder mehr erreichen, was das hohe Niveau demonstriert. Leider waren sich die fünf Richter bei den führenden Paare sehr uneinig und bestätigten damit den Vorwurf, dass z.Zt. die klare Richtungsvorgabe und Benotung nach den festgeschriebenen internationalen Richtlinien durch die besten Richter zu fehlen scheint.

Nach dem Grand Prix Special lagen Ulla Salzgeber und Alexandra Simons-de Ridder mit 149,90 Punkten prozentpunktgleich auf dem 4. Rang insgesamt und auf dem 3. Platz der deutschen Reiterinnen.

Lone Jörgensen und „FBW Kennedy" zeigten einen fehlerlosen Spezial mit Höhepunkten in den taktreinen Piaffen und Passagen

Ulla Salzgeber und „Rusty" in der Piaffe mit gut angewinkeltem Hinterbein

Da aufgrund der Vorgaben des Internationalen Olympischen Komitees (IOC) nur drei Reiter pro Nation in der Kür zugelassen sind, wurde wegen der schlechteren Platzierung im Grand Prix Special Alexandra Simons-de Ridder aus dem Wettbewerb genommen, was einer analogen Anwendung des Reglements Artikel 623,3,3 der Internationalen Reiterlichen Vereinigung (F.E.I.) bei Punktgleichheit zweier Paare auf dem 15. Platz entspricht. Auch wenn die Gründe der Entscheidung nachvollziehbar sind, wurde Alexandra Simons-de Ridder so um die Chance auf den Gewinn einer Einzelbronzemedaille gebracht. Auch der Holländer Arjen Teeuwissen durfte als viertplatzierter Holländer und insgesamt neunter nicht mehr starten.

Sydney 2000

Die olympische Kür wurde zum würdigen Abschied von Gestion Bonfire und Gigolo FRH

Isabell Werth auf „Gigolo FRH"

In der olympischen Grand Prix Kür von Sydney demonstrierten die beiden 17-jährigen Pferde Gestion Bonfire und Gigolo FRH noch einmal ihre Ausnahmestellung und konnten so beide als Gewinner in den verdienten Ruhestand verabschiedet werden.

Die Kür von Anky van Grunsven war sehr harmonisch aufgebaut und gelang in den Lektionen fehlerfrei mit Höhepunkten in den Piaffen und Passagen. Sie wählte einen Musikzusammenschnitt ihrer bisher mit Gestion Bonfire gezeigten Kürmusiken.

Bei der letzten Grußaufstellung tobten die Zuschauer und die Richter gaben dem Ausnahmepferd zum Abschied mit 86,05% eine bei Olympischen Spielen noch nicht erreichte Punktzahl.

Mit 17 Jahren hat er damit erstmals seinen Dauerrivalen Gigolo FRH bei einem Championat insgesamt besiegen können. Neben dem Weltcupfinale, der Holländischen Meisterschaft und den Olympischen Spielen hat Anky van Grunsven mit Gestion Bonfire damit in allen drei Wettbewerben in ihrem Verabschiedungsjahr von Gestion Bonfire siegen können. Ein würdevoller Abschied!

Zuvor hatte Isabell Werth ihren Gigolo FRH noch einmal fehlerfrei in einer Kür zur bekannten Musik „Just a Gigolo" mit einem sehr hohen Schwierigkeitsgrad vorgestellt und erreichte beachtenswerte 82,20 Prozentpunkte. Mit dem Gewinn der Silbermedaille wurde auch das erfolgreichste Dressurpferd der 90er Jahre würdevoll mit einer achtbaren Leistung aus dem internationalen Dressursport verabschiedet. Es war beeindruckend, dass in der ansonsten vom Leistungsstandard eher durchschnittlichen Kür gerade die beiden ältesten Pferde fehlerlose Höchstleistungen boten und den Wettkampf verdient an der Spitze stehend beendeten.

Dr. Uwe Schulten-Baumer sen. und „Gigolo FRH" bei der Belohnung für eine tolle Leistung

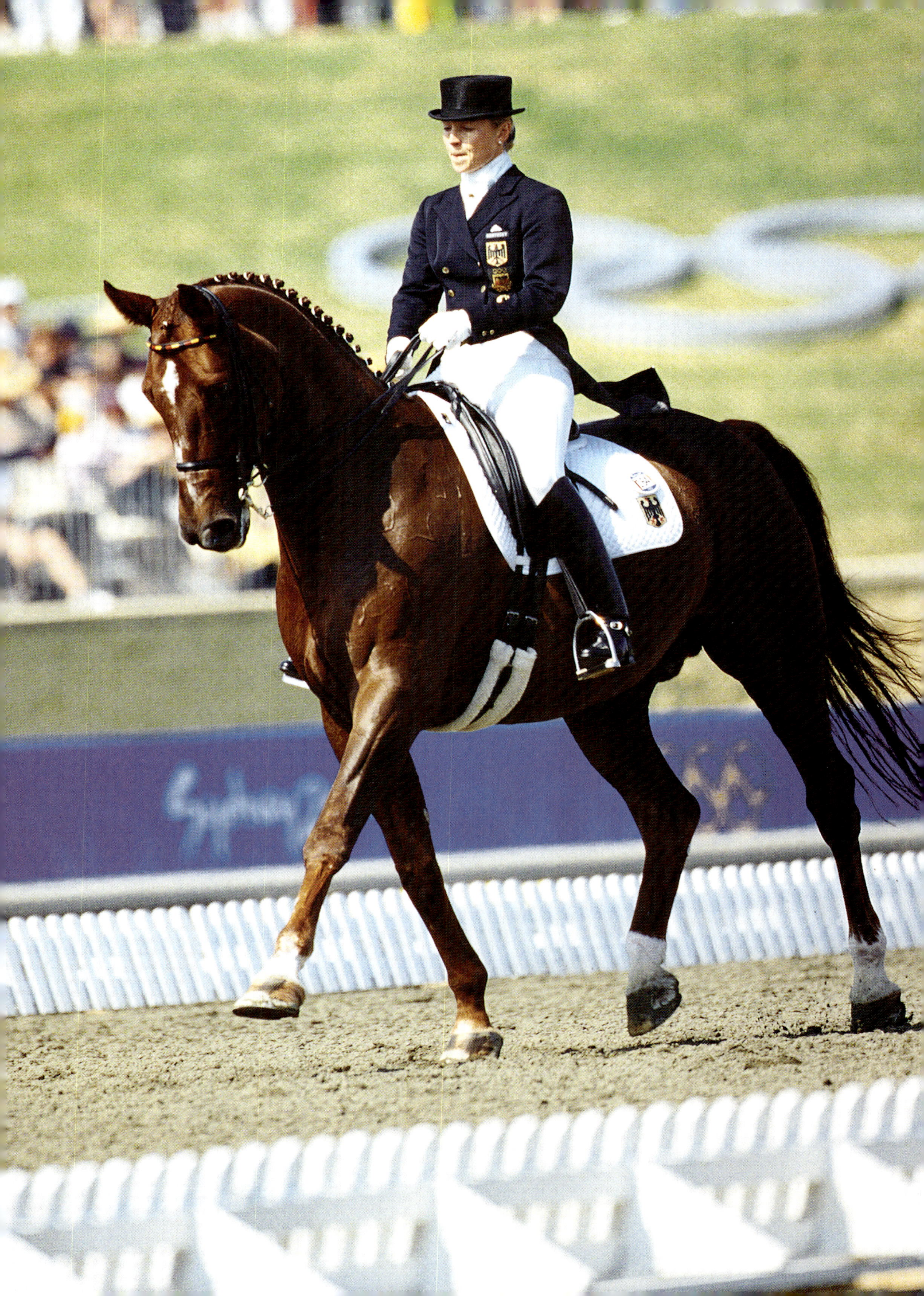

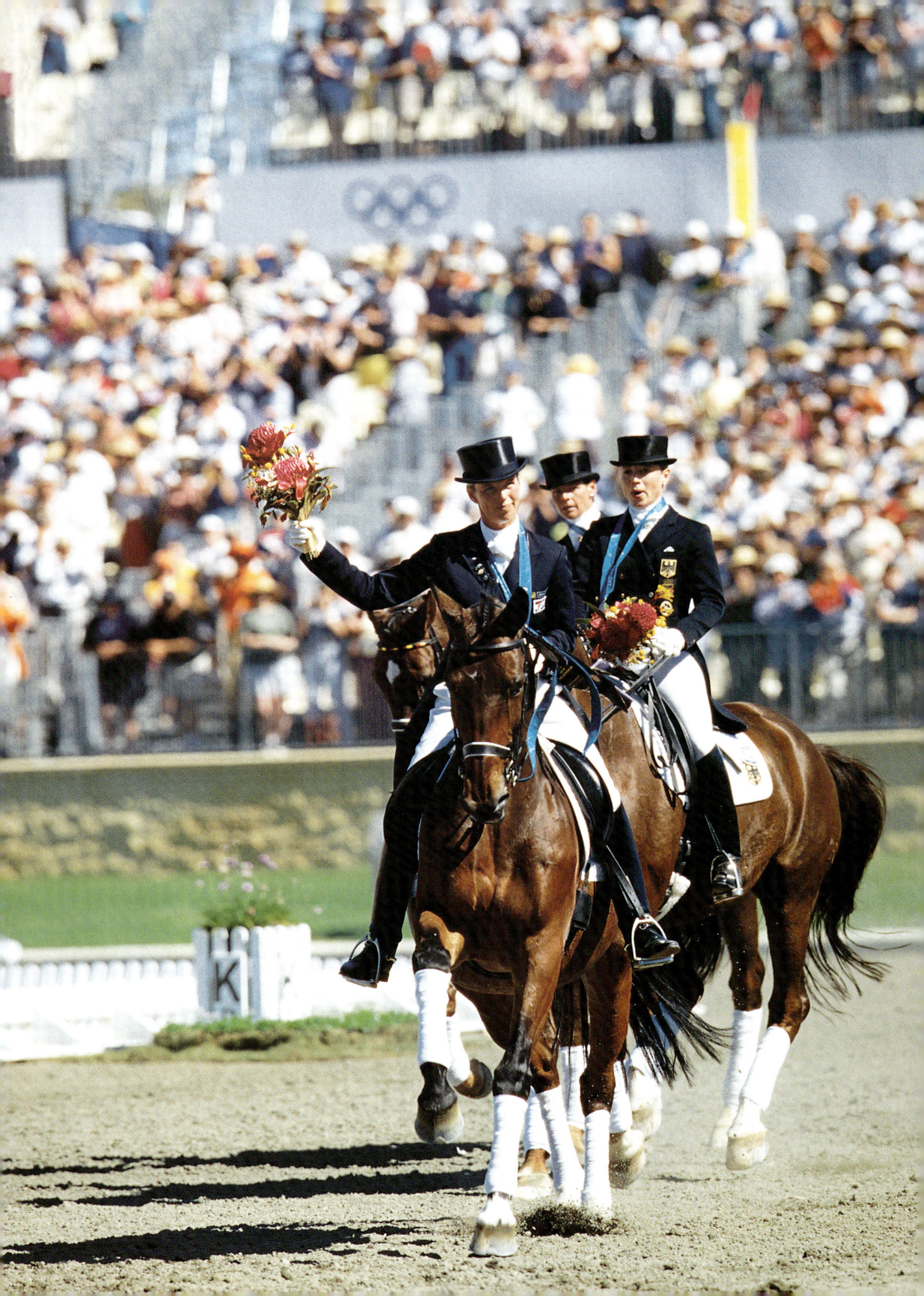
K

Anky van Grunsven auf ihrer letzten Ehrenrunde mit „Gestion Bonfire", der 17jährig aus dem Sport verabschiedet wurde

Erstmals führte Anky van Grunsven mit „Gestion Bonfire" die Ehrenrunde vor Isabell Werth mit „Gigolo FRH" an

Kürwettbewerb

	Reiter	Nation	Pferd	E	H	C	M	B	Total
1.	Anky van Grunsven	NED	Gestion Bonfire	16,85 (01)	17,05 (01)	17,05 (01)	17,22 (01)	17,87 (01)	86,05
2.	Isabell Werth	GER	Gigolo FRH	16,05 (02)	15,90 (03)	16,82 (02)	16,67 (02)	16,75 (02)	82,20
3.	Ulla Salzgeber	GER	Rusty	15,60 (03)	16,42 (02)	15,82 (03)	16,20 (03)	16,52 (03)	80,67
4.	Coby van Baalen	NED	Ferro	14,57 (06)	15,42 (04)	15,32 (04)	14,87 (05)	14,90 (05)	75,10
5.	Nadine Capellmann	GER	Farbenfroh	15,05 (04)	15,17 (06)	14,55 (08)	15,05 (04)	14,77 (07)	74,60
6.	Susan Blinks	USA	Flim Flam	14,77 (05)	15,45 (04)	14,62 (07)	14,75 (06)	14,85 (06)	74,45
7.	Ellen Bontje	NED	Silvano N	14,30 (07)	14,95 (07)	14,82 (05)	14,70 (08)	14,77 (07)	73,55
8.	Kristy Oatley-Nist	AUS	Wall Street 22	13,50 (14)	14,95 (07)	14,67 (06)	14,30 (10)	14,97 (04)	72,40
9.	Beatriz Ferrer-Salat	ESP	Beauvalais	13,82 (10)	14,30 (10)	14,55 (08)	14,72 (07)	14,02 (11)	71,42
10.	Rafael Soto	ESP	Invasor	14,17 (09)	14,67 (09)	13,67 (14)	14,57 (09)	14,22 (09)	71,32
11.	Lone Jörgensen	DEN	FBW Kennedy	14,22 (08)	13,80 (12)	14,52 (10)	13,97 (11)	13,85 (13)	70,37
12.	Pia Laus	ITA	Renoir	13,55 (13)	13,55 (14)	14,25 (11)	13,92 (12)	14,07 (10)	69,35
13.	Daniel Ramseier	SUI	Rali Baba	13,62 (12)	14,02 (11)	13,75 (13)	13,92 (12)	13,67 (14)	69,00
14.	Jan Pedersen	DEN	Esprit de Valdemar	13,22 (15)	13,22 (15)	14,17 (12)	13,47 (14)	13,57 (15)	67,67
13.	Christine Traurig	USA	Etienne	13,70 (11)	13,62 (13)	13,65 (15)	12,72 (15)	13,87 (12)	67,57

Richter: E = Axel Steiner (USA), H = Mary Seefried (AUS), C = Eric Lette (SWE), M = Volker Moritz (GER), B = Johannes Peeters (NED)

Sydney 2000

Dressur Endergebnis — Einzelwertung

	Reiter	Nation	Pferd	Grand Prix*	Grand Prix Special*	Kür*	Total
1.	Anky van Grunsven	NED	Gestion Bonfire	75,00 (02)	78,13 (01)	86,05 (01)	239,18
2.	Isabell Werth	GER	Gigolo FRH	76,32 (01)	75,67 (04)	82,20 (02)	234,19
3.	Ulla Salzgeber	GER	Rusty	73,16 (07)	76,74 (02)	80,67 (03)	230,57
4.	Nadine Capellmann	GER	Farbenfroh	74,68 (04)	76,60 (03)	74,60 (05)	225,88
5.	Coby van Baalen	NED	Ferro	74,92 (03)	71,34 (08)	75,10 (04)	221,36
6.	Ellen Bontje	NED	Silvano N	71,44 (09)	72,60 (07)	73,55 (07)	217,59
7.	Lone Jörgensen	DEN	FBW Kennedy	71,84 (08)	74,69 (06)	70,37 (11)	216,90
8.	Susan Blinks	USA	Flim Flam	69,00 (12)	71,20 (09)	74,45 (06)	214,65
9.	Kristy Oatley-Nist	AUS	Wall Street 22	68,16 (14)	70,23 (14)	72,40 (08)	210,79
10.	Beatriz Ferrer-Salat	ESP	Beauvalais	68,40 (13)	70,51 (11)	71,42 (09)	210,33
11.	Christine Traurig	USA	Etienne	69,84 (10)	70,93 (10)	67,57 (15)	208,34
12.	Rafael Soto	ESP	Invasor	66,52 (20)	70,37 (13)	71,32 (10)	208,21
13.	Daniel Ramseier	SUI	Rali Baba	66,56 (19)	70,04 (15)	69,00 (13)	205,60
14.	Pia Laus	ITA	Renoir	67,68 (16)	68,41 (17)	69,35 (12)	205,44
15.	Jan Pedersen	DEN	Esprit de Valdemar	69,12 (11)	67,39 (19)	67,67 (14)	204,18

* Platzziffern ( ) vom Gesamt-Grand Prix, -Grand Prix Spezial und -Kür

Die Bronzemedaille ging ebenso verdient an die deutsche Meisterin Ulla Salzgeber auf Rusty, die ihre Kür in zwei Phasen beendete. Es gab nach ca. 3 Minuten technische Störungen bei der CD und die Musik fiel aus. Nach langer Beratung der Richter musste Ulla als letzte Starterin ihre Kür an dem Punkt beginnen, an dem sie zuvor abgeläutet worden war. Insgesamt machte Rusty keinen Fehler und ging ähnlich überzeugend wie im Grand Prix Special. Eine Leistung die von der beachtlichen Nervenstärke Ulla Salzgebers zeugt.

Nadine Capellmann hat bei ihrer vierten Championatsteilnahme nun schon zum dritten Mal in der entscheidenden Kür einen Vorsprung verspielt und eine Einzelmedaille verpasst. Farbenfroh zeigte sich sehr gespannt und abgelenkt. Dennoch hat das Pferd genügend Potential und kann in Zukunft einen großen Einzeltitel gewinnen, wenn er gehorsam und in verbesserter Anlehnung vorgestellt werden kann.

Für Coby van Baalen endete die Kür ähnlich enttäuschend wie der Grand Prix Special mit verspannten Tritten und mühsamen Piaffen ihres Hengstes Ferro. Völlig von der Rolle waren Lone Jörgensen und FBW Kennedy, der sich wohl von seiner Umgebung derart ablenken ließ, dass einige Lektionen völlig missglückten.

Insgesamt konnte das hohe Niveau des Grand Prix Special in der Kür nicht fortgesetzt werden. Den Reitern sind auffallend viele Lektionsfehler unterlaufen. Einige Fehler resultierten aus einer zu schwer aufgebauten Kür. Der Schwierigkeitsgrad darf nur positiv in die Bewertung einfließen, wenn keine Fehler passieren. Eine andere Ursache für die hohe Fehlerquote war die Tatsache, dass einige Pferde am dritten Wettkampftag etwas matt und unkonzentriert wirkten, was auf Konditionsmängel hindeuten könnte.

Die Dressurreiterei ist nach dem Abschied von Gestion Bonfire und Gigolo FRH spannender geworden, weil sich jetzt neue Paare etablieren und beweisen müssen. Der deutsche Pferdenachwuchs muss durch gute Resultate belegen, dass Deutschland auch ohne den zuverlässigsten Punktelieferanten einen Mannschaftswettkampf dominieren kann.

Aber auch in Holland ist eine nur schwer zu schließende Lücke entstanden.

Vielleicht wird nun ein neues Interesse bei Zuschauern und Medien geweckt.

Die Reiter, Trainer und Funktionäre sind verpflichtet, dieses Interesse zu steigern und die positiven Entwicklungen des Dressursports im Sinne der klassischen Reiterei fortzuführen.

Der Dressurausschussvorsitzende Anton Fischer fungierte letztmalig als Equipechef einer unter ihm immer siegende Mannschaft

Kurz und Knapp

- Die vor der abschließenden Kür reglementierte zweite Verfassungsprüfung sorgte für einige Irritationen. Zunächst wurde sie von der Internationalen Reiterlichen Vereinigung (FEI) ohne Angabe von Gründen abgesetzt und schließlich doch vor allem nach Berufung auf das bestehende Reglement durch die Amerikaner wieder anberaumt. Ausgerechnet das amerikanische Pferd Flim Flam wurde dann in die sogenannte Holding Box gerufen. Ein Schelm, wer hier Hintergründiges vermutet...

- Die deutsche Ersatzreiterin Heike Kemmer erhielt für ihr faires Verhalten und ihre Hilfsbereitschaft ein großes Lob von den Reitern und Funktionären. Mit Albano gehört sie zu den 10 besten Paaren der Welt, was das Zuschauen nicht leichter gemacht haben dürfte...

- Bei einer von Jop Bartels einberufenen Sitzung haben Trainer und Reiter die Eckdaten festgelegt, um ab dem 1.1.2001 eine Weltrangliste nach erzielten Prozentpunkten einzuführen. Ein weiterer Schritt zur Vereinfachung und Transparenz der Rangliste und der Dressur insgesamt.

- Die zunächst versteckte Freude der deutschen Dressurdamen über den Gewinn der Mannschaftsgoldmedaille entlud sich erst bei der von Equipechef Anton Fischer einberufenen Siegesfeier. Stimmungserhöhend wirkten die mitfeiernde Equipe der Springreiter nebst Anhang und einige Buschreiter. Das von Marion Snoek, der Frau des Springausschussvorsitzenden Hendrik Snoek, und Gitta Nieberg gedichtete Lied:

„Wir sind so stolz..."

wurde noch Tage später vom freundlichen australischen Barkeeper im Mannschaftshotel gesungen.

Sydney 2000

Hans Günter Winkler und Reinhard Wendt

Springen
Fortsetzung der Quarantäne in Sydney

Alle deutschen Pferde landeten am 25. August in Sydney. Seit dem 8. August waren sie ja bereits in Deutschland in Quarantäne. Nun folgten zwei weitere Wochen hinter Zäunen und mit strikten Sicherheitsbestimmungen. Das sportliche Programm ließ auf sich warten, denn erst für den 23. September war das offizielle Trainingsspringen im Stadion terminiert. Also war fast noch ein ganzer Monat Zeit zur Vorbereitung. Dies alles ohne Wettkampf, ohne Vergleich mit der Konkurrenz. Nur die Zaungastrolle beim Training anderer Mannschaften konnte Anhalte zur eigenen Leistungseinordnung geben.

Stets den Ton angebend: Bundestrainer Herbert Meyer

Zunächst war Herbert Meyer mit den Pferdepflegern allein. Sich und den Pferden ordnete er Grundlagentraining an. Nach einigen Tagen ruhigen Bewegens war Rittigkeit angesagt. Manches Pferd, mancher Pfleger und viele Fachleute am Rande staunten über des Bundestrainers Aktivitäten im Sattel und seine Effektivität.

Ab 31. August wurde er unterstützt von Marcus Ehning, der mit großem Einfühlungsvermögen und leichter Hand schnell zu jedem Pferd den richtigen Kontakt erzielte. Ans Springtraining ging es erst, nachdem am 9. September Otto Becker und Lars Nieberg die Mannschaft fast komplett machten. Vorher war schon Kurt Gravemeier angereist, nachdem er mit seinen Junioren und Jungen Reitern die jeweiligen Europameisterschaften bestritten hatte. Ein Globetrotter in Sachen Springsport mit wahrhaft hohem Anspruch an das Verständnis der daheimgebliebenen Familie. Er kümmerte sich in der ersten Zeit sehr um das Training der Vielseitigkeitsreiter. Dies tat er mit hohem Sachverstand und Engagement, mit individueller Resonanz und unterschiedlichem Erfolg.

Gebrüder Beerbaum stießen am 15. September als letzte zum Team, nachdem beide zuvor noch am CSIO in Calgary/Canada teilgenommen hatten. Noch waren 10 Tage Zeit bis zum ersten Wettkampftag. Das Training wurde angezogen, Aufgaben gestellt und gelöst und an Feinheiten in der Rittigkeit und im Sprungablauf gefeilt. Dies alles geschah in großer Ruhe und Ernsthaftigkeit und unter steter Kontrolle der allgegenwärtigen Stewards. Ein Genuss beim Zusehen, wie die Elite der Welt ihre Springpferde auf den olympischen Einsatz vorbereitete. Diese Elite war oft selbst in der Rolle des Zuschauers, denn jedes Mal wenn die Konkurrenz Springtraining machte, wimmelte es von interessierten Zaungästen. Nur nichts verpassen war die Devise.

Am 23. September war es dann so weit. Trainingsspringen im Stadion. Jeder Reiter hatte 90 Sekunden Zeit, den ganzen Parcours oder auch nur Ausschnitte daraus zu überwinden. Es begann wie ein Stummfilm. Keine Ansage, informiert war nur, wer eine Starterliste in den Händen hielt. Nachmittags wurden Pferde, Reiter und Nationalität genannt.

Die gestellten Aufgaben waren nicht zu schwer. Die Form unserer Pferde gut. „Goldfever" war sehr frisch und bedurfte deutlicher Führung. „Dobel's Cento" ging in bestechender, fast beängstigender Form und Markus Beerbaum hatte mit „Lady Weingard" seinen einzigen Auftritt im olympischen Stadion. Auf ihn als Reservisten musste im Verlauf der nächsten Tage nicht zurückgegriffen werden. Im Hintergrund des Geschehens war er aber ein Reservisten-Musterbeispiel: stets zur Stelle, engagiert und mannschaftsdienlich. Kein Hauch von Gram über seine Rolle oder gar argwöhnisches Warten auf eine sich bietende Chance. Im Gegenteil, gute Laune war sein Markenzeichen.

Beobachten und melden. Marcus Ehning verfolgt das Training der Konkurrenz.

ERSTE QUALIFIKATION

Markus Beerbaum mit „Lady Weingard" im Trainingsspringen

Das Programm der olympischen Springprüfungen

Das in Atlanta bewährte Programm der Springprüfungen hatte auch für Sydney wieder Gültigkeit. Eine erste Qualifikation für die Einzelwertung war für den 25. September anberaumt. Dies war eine Springprüfung, die nur nach Strafpunkten ohne Zeitwertung, jedoch mit erlaubter Zeit bewertete wurde. Am 28. September folgte dann der Nationenpreis, dessen beiden Umläufe gleichzeitig als je eine weitere Qualifikation für das Einzelfinale zählten.

Am letzten Tag der Olympischen Spiele war dann das Einzelfinale. Dies war eine Springprüfung mit zwei verschiedenen Parcours, A und B. Für Parcours A waren die bis dahin 45 besten Teilnehmer zugelassen, je Nation allerdings höchstens drei Reiter. Die bis zum Finale erreichten Punkte wurden nicht in das Finale mit hinein genommen. Alle Finalteilnehmer begannen also mit dem Ergebnis Null Strafpunkte. Aus Parcours A qualifizierten sich die besten 20 für den abschließenden Parcours B und ein möglicherweise notwendig werdendes Stechen um die Medaillenplätze.

Erste Qualifikation

Montagvormittag, 25 September. Der Himmel war wolkenverhangen und dunkel. Fernes Grollen ließ ein Gewitter befürchten. Bis auf kurzen, leichten Sprühregen hielt das Wetter aber den ganzen Montag lang stand. Das Stadion war morgens schon fast voll, am Nachmittag dann bis auf den letzten Platz besetzt. Der Parcours war 650 m lang, die erlaubte Zeit mit 98 Sekunden bei Tempo 400 m/min. sehr knapp bemessen.

Der venezuelanische Parcourschef, Leopoldo Palacios, hatte wunderschöne Hindernisse mit heimischen Motiven aufgebracht und das weite Rund mit vielen Blumen aufgelockert. Ganz wettmachen konnten diese optischen Eindrücke den recht unfreundlichen, dunklen Boden jedoch nicht. Leider ließ nicht nur seine optische Qualität zu wünschen übrig.

Die Anforderungen waren angemessen und sortierten das Teilnehmerfeld weit auseinander. Nicht die Abmessungen waren das Kriterium, sondern die durch Linienführung, Aufgabenfolge, optische Eindrücke und eng bemessene erlaubte Zeit gestellten reiterlichen Anforderungen in Verbindung mit dem leider wenig rutschfesten Untergrund.

74 Teilnehmer aus 28 Nationen gingen an den Start. Und es fing gleich mit einem bezeichnenden Ausrutscher an. Der Südafrikaner Ramzy Al Duhami musste als erster an den Start. Achtbar bewältigte er den Kurs bis fast zum Ende. Doch dann, nach dem 4.20 m breiten, vom Ausgang weg zu springenden Wassergraben - dem Hindernis Nr. 12 - war eine scharfe Rechtswendung zur folgenden Mauer zu reiten. Der Schwung war noch groß und die erlaubte Zeit ja sehr knapp, was während der ganzen Prüfung zu nicht ganz ausbalancierten Wendemanövern führte. Ramzy Al Duhami war als erster Reiter auch das erste Opfer. Sturz, Glocke, ausgeschieden.

Bald kam der kanadische Senior Ian Miller mit „Dorincord". Konzentriert, sicher, stilistisch eine Augenweide. Alles blieb liegen. Bis auf den letzten Oxer. Hier fehlten Schwung und richtige Distanz, das Pferd fing an zu laufen. Ein schwerer Fehler, aber mit 5 1/4 Punkten ein gutes Ergebnis.

So ging es weiter, auf und ab, mit deutlichen Gleichgewichtsproblemen in zwei Wendungen am Ende des Parcours: von 10 zu 11 direkt vor dem Ausritt und von 12 zu 13 nach dem Wassergraben. Als 14. Starter kam Lars Nieberg mit „Esprit FRH". Es schien eine sichere Runde zu werden. Auch wenn „Esprit's" Art zu springen einen oft die Luft anhalten läßt. Zweimal stimmte die Abstimmung von Tempo, Rhythmus, Spannung und Absprungdistanz nicht ganz, beide Male war es der Einsprung in eine zweifache Kombination: 7 a und 9 a fielen. Endergebnis 9 1/2 Strafpunkte. Durchwachsen. Lars lapidarer Kommentar nach dieser Runde: „Das Pferd ist toll in Schuss. Ich muss nur etwas besser reiten."

Sydney 2000

Die deutsche Mannschaft

Reiter	Alter	Pferd Pfleger	Alter	Zuchtgebiet	Züchter Besitzer
Otto Becker	41	Dobel's Cento Hele Marttinen	11	Holstein	Heinrich Schoof Gestüt Dobel Horst Karcher
Ludger Beerbaum	37	Goldfever Marie Johnson	9	Hannover	Sigurd Hochmuth Madeleine Winter-Schulze
Markus Beerbaum	29	Lady Weingard Suvi Skippare	13	Oldenburg	Heiner Schürmann Ingrid Bergmann
Marcus Ehning	26	For Pleasure Karina Ehning	14	Hannover	Robert Distel Robert Distel
Lars Nieberg	37	Loro Piana Esprit FRH Robert van Haarst	15	Hannover	Dr. Hans Jürgen Klatt Katarina Geller

Equipechef	Trainer	Tierarzt
Herbert Meyer	Kurt Gravemeier	Dr. Björn Nolting

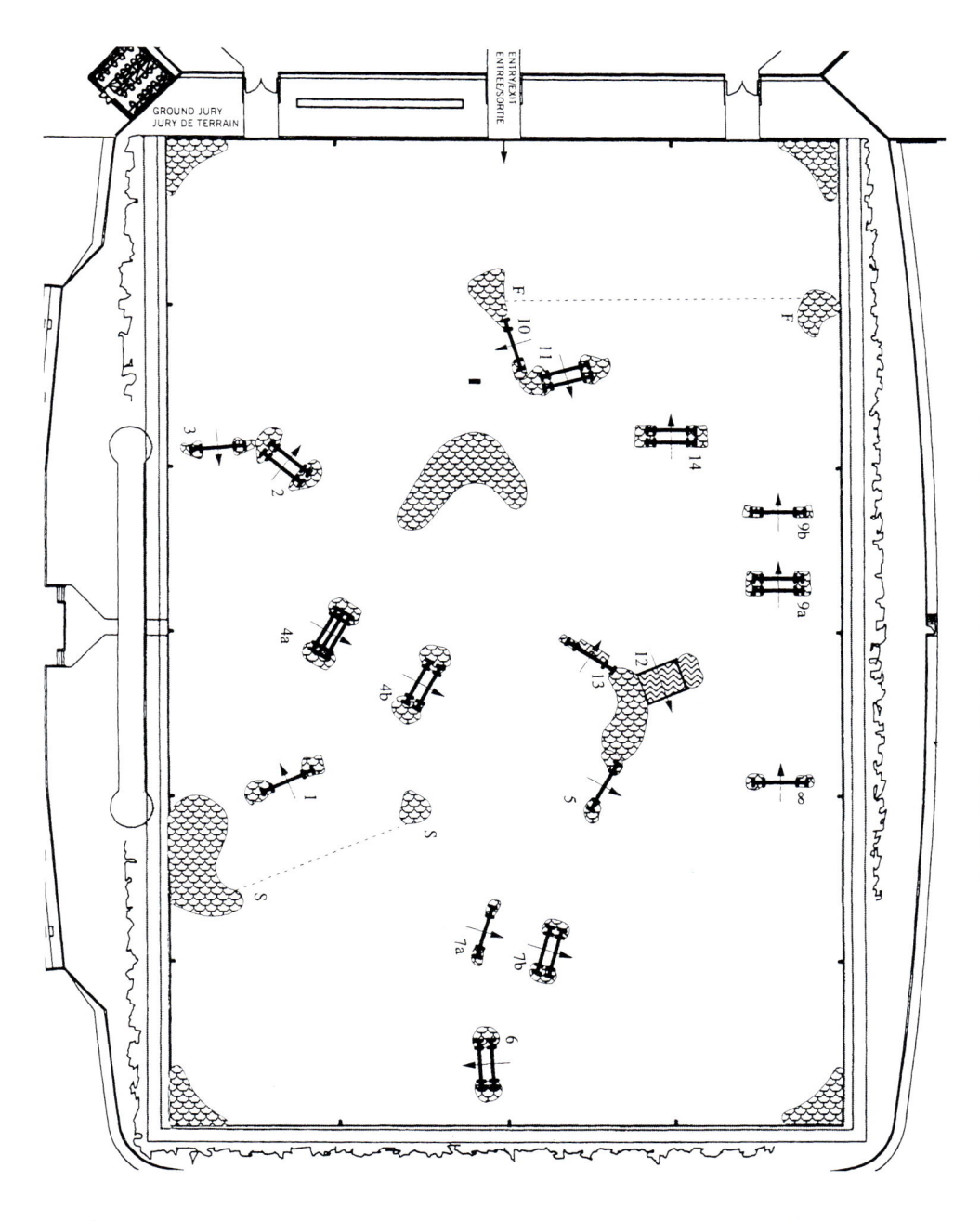

1. Qualifikation

Parcoursdaten

Länge des Parcours	650 m
Geschwindigkeit	400 m/min
Erlaubte Zeit	98 sek

Hindernis	Höhe	Breite	Distanz
1	1,45		
2	1,50	1,55	
3	1,55		
4a	1,52	1,90	10,90
4b	1,49	1,60	
5	1,60		
6	1,50	1,80	
7a	1,54		7,60
7b	1,50	1,70	
8	1,55		
9a	1,52	1,70	7,40
9b	1,54		
10	1,60		
11	1,52	1,80	
12		4,20	
13	1,60		27,40
14	1,51	1,80	

Erste Qualifikation

Ergebnis nach Maß. 3. Platz in der 1. Qualifikation für Ludger Beerbaum mit „Goldfever"

Zwei Reiter später folgte Jeroen Dubbeldam aus Holland mit seinem bewährten Schimmel „Sjiem". Ein makelloser Ritt, wie an der Schnur gezogen, bei stets gleichbleibendem Tempo. Die Schwierigkeiten des Parcours waren bei dieser Vorstellung nicht zu erkennen. 1/2 Strafpunkt für Zeitüberschreitung bedeutete am Ende Platz 1 in der ersten Qualifikation.

30. Starter war Rodrigo Pessoa aus Brasilien mit „Baloubet Du Rouet". Dieser Top-Favorit für eine Einzelmedaille fing wie gewohnt an. Konzentriert, sicher, mit einem Pferd, das übermütig mit den gestellten Aufgaben nur so spielte. Allerdings unterlief dem Paar ein Fehler, der sehr untypisch ist. Der Weg vom Oxer Nr. 11 zum Wassergraben wurde ohne erkennbare Einwirkung des Reiters weitergaloppiert. Die Distanz stimmte nicht, trotzdem kein Eingreifen durch Rodrigo. So entstand ein Fußbad, das eigentlich vermeidbar war.

Drei Starter später war Ludger Beerbaum dran. „Goldfever" war so frisch wie beim Trainingsspringen, aber besser unter Kontrolle. Sehr konzentriert, sicher am Sprung, vorsichtig in den Wendungen und die Temperamentsprobleme mit Bestimmtheit ausgleichend gelang diesem Paar die erste fehlerfrei Runde. Nur 1 1/4 Zeitstrafpunkte schlugen zu Buche. Der Bann war gebrochen.

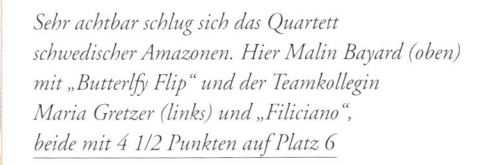

Sehr achtbar schlug sich das Quartett schwedischer Amazonen. Hier Malin Bayard (oben) mit „Butterlfy Flip" und der Teamkollegin Maria Gretzer (links) und „Filiciano", beide mit 4 1/2 Punkten auf Platz 6

Malin Baryard aus Schweden - eine aus dem sehr vorzeigbaren schwedischen Damen-Quartett - demonstrierte besten Stil bei einem sehr flüssigen Ritt. Wirklich sehenswert. Nur nach der Wendung am Ausritt am Oxer Nr. 11 ereilte sie ein Fehler. Mit 4 1/2 Strafpunkten zog sie gleichauf mit ihrer Mannschaftskameradin Maria Gretzer.

103

SYDNEY 2000

Geteilter Sieg für den Neuseeländer Bruce Goodin mit „Lenaro"

Eine Überraschung war der Neuseeländer Bruce Goodin mit „Lenaro". Von Markus Beerbaum betreut blieb er fehlerfrei und gewann dieses Springen gemeinsam mit Jeroen Dubbeldam mit 1/2 Zeitstrafpunkt.

Aufmerksamkeit zog auch der Südafrikaner Khaled Al Eid auf sich, als er den Parcours nach sicherer Runde mit 4 1/2 Strafpunkten beendete. Als 47. Starter ritt Otto Becker auf „Dobel's Cento" in die Arena. Der Hengst war sehr frisch und etwas eng im Hals. Er lief seinem Reiter oftmals gegen die Hand in eine ungünstige, zu dichte Absprungdistanz. Daraus resultierten Fehler. Zunächst am Einsprung der Kombination 7 a/ 7b, dann bei der blauen Wellenplanke Nr. 8 und zu guter Letzt fiel auch noch die hintere Oxerstange nach der Wendung am Ausritt, Nr. 11. 14 Strafpunkte waren keineswegs das Wunschergebnis. Otto Becker, zurückgekehrt auf die Tribüne, erntete auch sogleich Lars Niebergs sachlichen Kommentar: „Etwas mehr vorlassen, etwas lässiger. Mehr an Bundeschampionat denken, nicht zu sehr an Olympia."

Startnummer 52 regt an, etwas zu den amerikanischen Reitern zu sagen. Es ist kaum vorstellbar, dass dies das bestmögliche amerikanische Aufgebot war. Schade, dass eine einst sowohl stilistisch als auch an Erfolgen gemessen so dominierende Mannschaft sich in beiderlei Hinsicht so veränderte zeigte. Jetzt war Nona Garson an der Reihe. Sechs Abwürfe hatte sie schon zu verzeichnen, da wurde sie auch noch Opfer der schwierigen Bodenverhältnisse, stürzte vor dem Ausritt in der Wendung von Hindernis 10 zu Hindernis 11 und musste den Parcours verlassen.

Lars Nieberg mit „Esprit FRH" über der Australienmauer (links unten). Jamie Coman und „Zazu" begeisterten das Publikum (rechts unten).

Der Schweizer Markus Fuchs mit „Tinka's Boy" musste mal wieder mit dem letzten Hindernis hadern. Bis dahin gewohnt kämpferisch und fehlerfrei fiel ganz am Ende eine Stange: 5 1/4 Punkte. Nun noch ein Blick auf den Ritt unseres jüngsten Mannschaftsmitgliedes. Marcus Ehning's „For Pleasure" war sehr gehfreudig, fing aber sicher springend und gut auf den Reiter reagierend an. Eine Unachtsamkeit am 1.60 m hohen Gatter - Nr. 5 - erbrachte einen Abwurf, als hätte der Hengst dieses Hindernis gar nicht respektiert. Bei der Kombination 7a/7b fiel zusätzlich die hintere Oxerstange. Am Ende lautete das Ergebnis 8 3/4 Strafpunkte, nicht schlecht, aber auch nicht so gut, wie erhofft.

Letzter Starter des gesamten Feldes war der Australier Jamie Coman mit „Zazu". Er begeisterte das heimische Publikum mit einer sehenswerten Runde. 4 1/4 Strafpunkte erbrachten ihm den 5. Platz.

Kämpferisch und fehlerfrei bis zum letzten Sprung. Der Schweizer Markus Fuchs mit „Tinka's Boy".

1. Qualifikation – Ergebnisse

	Reiter	Nation	Pferd	Total
1.	Jeroen Dubbeldam	NED	Sjiem	0,50
1.	Bruce Goodin	NZL	Lenaro	0,50
3.	Ludger Beerbaum	GER	Goldfever 3	1,25
4.	Martin Dopazo	ARG	Calwaro	2,25
5.	Jamie Coman	AUS	Zazu	4,25
6.	Maria Gretzer	SWE	Feliciano	4,50
6.	Malin Baryard	SWE	Butterfly Flip	4,50
6.	Khaled al Eid	KSA	Khashm al Aan	4,50
9.	Luiz Felipe de Azevedo	BRA	Ralph	4,75
9.	Thomas Velin	DEN	Carnute	4,75
11.	Rodrigo Pessoa	BRA	Baloubet du Rouet	5,00
11.	Philippe Rozier	FRA	Barbarian	5,00
13.	Ian Millar	CAN	Dorincord	5,25
13.	Andre Johannpeter	BRA	Calei	5,25
13.	Markus Fuchs	SUI	Tinka's Boy	5,25
16.	Carlos Milthaler	CHI	As Schylok	5,50
16.	Rutherford Latham	ESP	Bretzel	5,50
18.	Tadayoshi Hayashi	JPN	Swanky	5,75
19.	Lesley McNaught	SUI	Dulf	6,00
20.	Jan Tops	NED	Roofs	6,25
21.	Laura Kraut	USA	Liberty	8,00
21.	Alexandra Ledermann	FRA	Rochet M	8,00
23.	Thierry Pomel	FRA	Thor des Chaines	8,50
23.	Saleh Andre Sakakini	EGY	Careful	8,50
25.	Taizo Sugitani	JPN	Mania Jolly	8,75
25.	Marcus Ehning	GER	For Pleasure	8,75
27.	Gianni Govoni	ITA	Las Vegas	9,00
27.	Jos Lansink	NED	Carthago Z	9,00
27.	Takeshi Shirai	JPN	Vicomte du Mes	9,00
30.	Alfonso Carlos Romo	MEX	Montemorelos	9,25
31.	Lars Nieberg	GER	Esprit FRH	9,50
32.	Beat Mändli	SUI	Pozitano	9,75
32.	Michael Whitaker	GBR	Prince of Wales	9,75
34.	Geoff Billington	GBR	It's Otto	10,25
35.	Antonio Maurer	MEX	Mortero	12,00
35.	Albert Voorn	NED	Lando	12,00
37.	Lauren Hough	USA	Clasiko	12,50
37.	Geoff Bloomfield	AUS	Money Talks	12,50

1. Qualifikation – Ergebnisse

	Reiter	Nation	Pferd	Total
37.	Rossen Raitchev	BUL	Premier Cru	12,50
40.	Gavin Chester	AUS	Another Flood	13,00
41.	Manuel Torres	COL	Marco	13,50
41.	Lisen Bratt	SWE	Casanova	13,50
43.	Santiago Lambre	MEX	Tlaloc	14,00
43.	Otto Becker	GER	Dobel's Cento	14,00
45.	Samantha McIntosh	BUL	Royal Discovery	14,25
46.	Jonathan Asselin	CAN	Spirit	14,50
47.	Antoinette Leviste	PHI	Ghandy	14,75
47.	Carl Edwards	GBR	Bit More Candy	14,75
49.	Margie Goldstein Engle	USA	Perin	16,00
49.	Ludo Philippaerts	BEL	Otterongo	16,00
49.	Jerry Smit	ITA	Lux Z	16,00
52.	Fernando Sarasola	ESP	Ennio	16,50
53.	Ron Easey	AUS	Rolling Thunde	16,75
54.	Joaquin Larrain	CHI	Jagermeister	17,00
55.	Helena Lundbäck	SWE	Mynta	17,25
56.	Jay Hayes	CAN	Diva	17,50
57.	Willi Melliger	SUI	Calvaro V	18,00
58.	Ali Nilforoshan	IRI	Campione	18,50
59.	Peter Breakwell	NZL	Leonson	20,75
60.	Günter Orschel	BUL	Excellent	22,25
61.	Ricardo Jurado	ESP	Gismo	22,50
62.	Patrice Delaveau	FRA	Caucalis	23,50
63.	Gigi Hewitt	ISV	Genevieve	24,00
64.	Luis Astolfi	ESP	Filias	24,25
65.	Anton-Martin Bauer	AUT	Equo	24,50
66.	Alvaro Miranda Neto	BRA	Aspen	24,75
66.	John Whitaker	GBR	Calvaro	24,75
68.	HRH Princess Haya	JOR	Lucilla	23,50
69.	John Pearce	CAN	Vagabond	26,00
70.	Kamal Bahamdan	KSA	Chanel	31,50
71.	Ryuma Hirota	JPN	Man of Gold	33,75
72.	Fahad Al-Geaid	KSA	National Guard	59,75
73.	Ramzy Al Duhami	KSA	Saif Al Adel	EL
73.	Nona Garson	USA	Rhythmical	EL

Richter: Jan-Willem Koerner (NED), Peter Herchel (SVK), L. Georgopoulos (GRE), Graham Davey (AUS)   RT = retired/aufgegeben, EL = eliminated/ausgeschieden

SYDNEY 2000

Sofort nach Beendigung der 1. Qualifikation rief Herbert Meyer seine Mannschaft zusammen. Er zog Bilanz: es lief nicht wie gewünscht, aber wir haben noch alle Möglichkeiten. Und er wies den weiteren Weg: vor dem Nationenpreis wird noch einmal gemeinsam trainiert. Wir sind ein Team und regeln alles, was zu regeln ist, unter uns. Einflüsse von außen lassen wir gerade jetzt nicht zu.

Das war die Marschroute für die nächsten Tage. Sie war nicht ganz leicht durchzuhalten. Manche Auseinandersetzung war dazu nötig. Ob's denn hilft? Man wird sehen!

Zwischen Hoffen und Bangen
Nationenpreis

Marcus Ehning mit „For Pleasure" - Null Fehler im ersten Umlauf

Hoffen und Bangen kennzeichneten den olympischen Nationenpreis bereits bevor er begann. Am Tag davor regnete es in Strömen. Allgemeines Bangen um die Qualität des Bodens, die Gesundheit der Pferde und den sportlichen Wert des Wettkampfes versetzten sowohl die Aktiven als auch die Verantwortlichen in große Unruhe. Dann hörte der Regen auf, die Sonne setzte sich vorsichtig durch. Hoffnung machte sich breit. Wenn es nun über Nacht trocken bliebe, könnte sich noch alles zum Guten wenden. So kam es aber nicht. Die ganze Nacht schüttete es und am Morgen bestand der Boden des Stadions mehr aus Wasserlachen als aus festem Untergrund. Wie sollte das nur gut gehen?!

Es ging besser als befürchtet. Der Regen verzog sich langsam und der Boden hielt viel besser, als gedacht. Er war recht fest und das Rutschige der ersten Qualifikation war weg.

14 Mannschaften bestritten den ersten Umlauf. Für unser Team hatte Herbert Meyer Startnummer 3 gezogen. Da beide Umläufe zusätzlich als zweite bzw. dritte Qualifikation für das Einzelfinale galten, wurden die Einzelreiter zwischen die Mannschaftsreiter gelost. Insgesamt 72 Paare stellten sich den Aufgaben, die sich Parcourschef Palacios erdacht hatte.

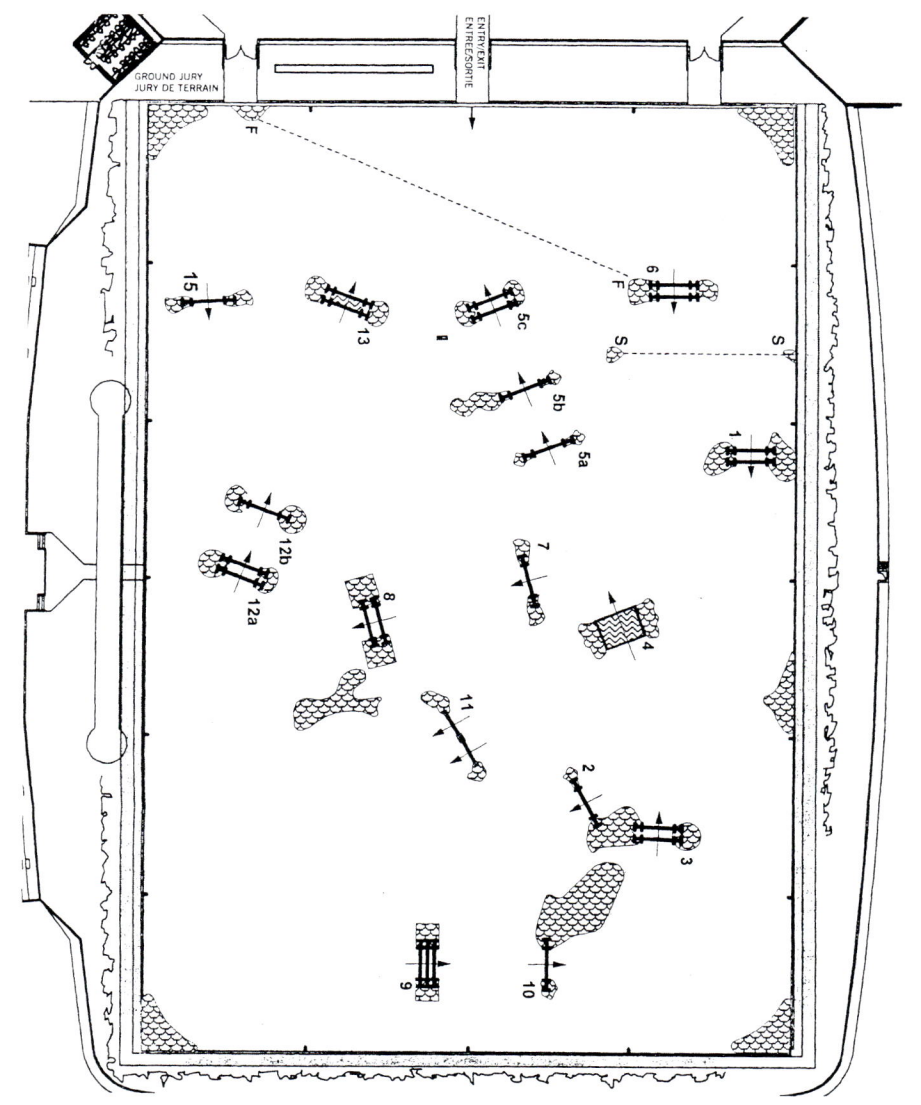

Nationenpreis

Parcoursdaten

Länge des Parcours	650 m
Geschwindigkeit	400 m/min
Erlaubte Zeit	98 sek

Hindernis	Höhe	Breite	Distanz
1	1,43	1,40	
2	1,53		
3	1,48	1,70	
4		4,20	
5a	1,52		7,70
5b	1,52		10,60
5c	1,50	1,65	
6	1,54	1,30	
7	1,58		
8	1,51	1,70	
9	1,55	1,90	
10	1,60		
11	1,60		
12a	1,50	1,70	8,10
12b	1,55		
13	1,53	1,80	
15	1,55		

NATIONENPREIS

Die Französische Europameisterin Alexandra Ledermann mit "Rochet M" - in beiden Runden ohne Fehler

Der Parcours selbst war olympisch. Schwerer als die erste Qualifikation, in den verlangten Höhen und Breiten der Hindernisse aber noch nicht ausgereizt. Bereits als Hindernis Nr. 4 kam der Wassergraben, der mit 4,20 m zwar nicht allzu breit war, sich wegen des Anritteweges und der darauffolgenden dreifachen Kombination - Steil/Steil/Oxer - aber als besonderer Prüfstein erwies.

Genau in dieser schwierigen Diagonalen erwischte es den ersten Reiter. Albert Voorn aus Holland ritt frisches Tempo, aber stets kontrolliert und stilistisch gut anzuschauen. Nur beim Einsprung in die dreifache Kombination nach Überwinden des Wassergrabens fehlte etwas die Kontrolle. Ein Abwurf war aber ein sehr guter Auftakt.

An 5. Stelle erschien bereits Marcus Ehning. "For Pleasure" war guckig und stark aufgeladen. Mit Bestimmtheit versuchte der Reiter, ihn vor dem Start unter Kontrolle zu bringen. Dies gelang und damit auch der erste Null-Fehlerritt. Aufatmen im deutschen Lager.

Acht Ritte später gab es die zweite fehlerfreie Runde. Der schon in der ersten Qualifikation sehr sichere Däne Thomas Velin steuerte "Carnute" auch diesmal konzentriert und sicher bis ins Ziel. Die französische Europameisterin Alexandra Ledermann mit "Rochet M" agierte gewohnt kämpferisch und überzeugte wie gewohnt. Auch sie ritt fehlerfrei.

Anders ging es dem Schweizer Team mit der Vorreiterin Lesley Mc-Naught. Ihr "Dulf" patzte schon an Hindernis Nr. 2, einer 1,53 m hohen blauen Planke. Dann gab es einen Fehler am Wassergraben und einen Ungehorsam an der 1,55 m hohen und 1,90 m breiten Tripple-Barre, dem Hindernis Nr. 9. 15 Strafpunkte waren alles andere als ein Wunschergebnis. Auch der Holländer Jeroen Dubbeldam musste mit "Sjiem" einen Wassergraben-Fehler hinnehmen. Hinzu kam ein Abwurf beim naturfarbenen Oxer Nr. 8. Er war 1,51 m hoch und 1,70 m breit und stand vier Galoppsprünge hinter dem schwer zu taxierenden Sydney-Steilsprung. Hier, an Hindernis Nr. 7, waren die Pferde sehr aufmerksam und mussten dann energisch zum Oxer weiter geritten werden, was zu manchem Fehler führte.

Für Deutschland startete Otto Becker als zweiter Reiter. Er hatte seinen "Dobel's Cento" deutlich umgestellt. Geschlossen, aber doch in weiterem Rahmen als vor drei Tagen noch, die Nase vor und flüssiges Tempo. "Dobel's Cento" dankte es seinem Reiter, reagierte gut auf jede Hilfe und sprang überragend. Wie Marcus Ehning erzielte auch dieses Paar Null Fehler.

Als letzter vor einer kurzen Pause startete der Engländer Geoff Billington mit "It's Otto". Nachdem Michael Whitaker bereits zwei Abwürfe zu verzeichnen hatte, versuchte Geoff Billington natürlich, alles richtig zu machen. Wie schon manches mal gesehen, geschah es jetzt vor dem Wassergraben. Ein etwas zu deutliches Zurückführen des Tempos führte

Unglücklich agierte die Schweizerin Lesley McNaught mit "Dulf"

Sydney 2000

Helena Lundbäck (Schweden) mit „Mynta" - nicht gut abgestimmte Absprungstelle

zum Ungehorsam des Pferdes. Dann folgten weitere Abwürfe. 12 3/4 Strafpunkte bedeuteten eine schlechte Position für die erfahrenen englischen Kämpen.

Nach der Pause schien die Sonne. Das beflügelte offenbar „Tinka's Boy" unter dem Schweizer Markus Fuchs zum fünften fehlerfreien Ritt des Tages. Dann kam schon bald Lars Nieberg mit „Esprit FRH". Ruhig fing er an, vor dem Graben etwas zu ruhig. Wegen der danach folgenden dreifachen Kombination agierte Lars Nieberg übervorsichtig und ließ seinen „Esprit FRH" sieben anstatt auch möglicher sechs Galoppsprünge im Anreiten des Wassergrabens machen. So fehlte leider der nötige Schwung zum fehlerfreien Überwinden. Die Dreifache danach gelang. Jedoch folgte dann eine sehr enge Wendung vom Eintritt weg hin zu dem Oxer Nr. 6, so dass auch hier eine Stange fiel. 8 Strafpunkte ließen nun doch ein wenig bangen, aber natürlich auch hoffen, denn Mannschaftskapitän Ludger Beerbaum sollte ja erst noch kommen.

Die Schwedin Helena Lundbäck kämpfte bravourös und kam fehlerfrei fast bis ans Ende. Doch eine nicht ganz gut abgestimmte Absprungdistanz bei dem mächtigen Oxer 12a führte zum einzigen Fehler. Ein sehr achtbares Ergebnis. Genauso achtbar schlug sich der Brasilianer Alvaro Miranda Neto, der mit seinem „Aspen" wie seine Teamkollegen deutlich machte, dass die Brasilianer um Rodrigo Pessoa herum eine hoch einzuschätzende Mannschaft geformt hatten.

Punkt 12.00 Uhr betrat Ludger Beerbaum mit „Goldfever" das Stadion. Der schicke Hengst scheute und drehte gleich am Eintritt wieder ab. Doch dann brachte Ludger Beerbaum alles unter Kontrolle und begann den Umlauf ebenso sicher wie die erste Qualifikation. Leider war am Wassergraben die Sicherheit dahin. Ein kurzes Zögern, ein Schreck, ein Fehler. Danach folgten deutliche Probleme bei mehreren Hoch-Weit-Sprüngen. „Goldfever" zog nicht mehr richtig. Die letzte Kombination 12a und 12b wurde nur mit Mühe und harten Fehlern überwunden. Am Ende standen 20 Strafpunkte auf der Anzeigetafel. Was war das nur?! Bangen verdrängte Hoffen im deutschen Team und in der Mannschaftsführung.

In dessen ritt Rodrigo Pessoa gewohnt souverän und fehlerfrei, ebenso wie Margie Goldstein Engle aus den USA, der Kanadier Ian Miller und besonders bewundernswert auch John Whitaker, der seinen „Calvaro" unnachahmlich unterstützte. Fehlerfrei waren auch noch die für Bulgarien reitende Samantha McIntosh mit „Royal Discovery" und der Schweizer Willi Melliger, der seine Mannschaft damit ganz nach vorne brachte. Philippe Rozier für Frankreich blieb bis zu Hindernis Nr. 13 ohne Fehler, doch dann fiel noch eine Stange. Erwähnenswert im ersten Umlauf war auch noch der Saudi Khaled Al Eid, der als letzter Starter ebenfalls einen Abwurf zu verzeichnen hatte und damit als Einzelreiter weiter in der Spitzengruppe blieb.

Nach dem bravourösen Start sah es nun doch etwas anders aus für unser Team. Nicht die nach zwei Null-Runden schon erhoffte, alleinige und sichere Führung lautete das Zwischenergebnis, sondern Gleichstand an der Spitze zusammen mit Frankreich und der Schweiz mit je acht Strafpunkten. Dahinter rangierten USA und Brasilien mit je 12 und Holland mit 16 Strafpunkten.

Im zweiten Umlauf durften die besten 10 Mannschaften noch starten. Wegen Punktgleichheit auf dem 10. Platz - Japan und Kanada mit je 24 Punkten - waren es dann tatsächlich 11, die in umgekehrter Reihenfolge des Ergebnisses aus dem ersten Umlauf antraten.

Vorher durften aber alle Einzelreiter ihre Chance wahren und den zweiten Umlauf als

Stationen einer ungewöhnlichen Olympiateilnahme

NATIONENPREIS

*Der Brasilianer Alvaro Miranda Neto mit „Aspen"
trug im ersten Umlauf wesentlich zum guten
Abschneiden seiner Mannschaft bei*

dritte Qualifikation für das Einzelfinale bestreiten. Als dritte Starterin des Nachmittages war die bis dahin mit 48 3/4 an 69. Stelle rangierende jordanische Prinzessin Haya mit „Lucilla" an der Reihe. Zwei Stürze vor Hindernis Nr. 7, dem Sydney-Sprung, bedeuteten das Ende einer ungewöhnlichen Olympiateilnahme.

Bei einigem, sehr durchwachsenem Auf und Ab der Leistungen, sah man auch wirklich Sehenswertes. So die fehlerfreien Ritte des Chilenen Carlos Milthaler mit „As Schylok", des Italieners Gianni Govoni mit „Las Vegas" und des Saudies Khaled Al Eid mit „Khashm Al Aan". Auch mit Abwürfen behaftete Ritte sollten aufgrund der gezeigten Klasse nicht in Vergessenheit geraten. So z. B. Samantha McIntosh aus Bulgarien mit „Royal Discovery" - 4 Punkte -, Thomas Velin aus Dänemark mit „Carnute" - 8 Punkte -, oder auch der Mexikaner Alfonso Carlos Romo mit „Montemorelos" - 12 Punkte -, der bemerkenswert solide Leistungen zeigte.

Spannend wurde es aber erst mit Beginn der Mannschaftsreiter. Was würde aus dem Führungstrio werden, was aus unseren Medaillenhoffnungen, was aus Herbert Meyer's olympischer Abschiedsvorstellung?

Die holländische Mannschaft hatte mit Albert Voorn und Jeroen Dubbeldam zwei 4-Fehler-Runden und blieb zunächst dicht auf. Die Brasilianer rückten mit dem fehlerfreien Ritt von Luiz Felipe de Azevedo vor und fielen mit den unglücklichen 4 Abwürfen des bis dahin so solide agierenden Andre Johannpeter wieder ab. Die amerikanischen Amazonen konnten im Spitzenfeld der Mannschaften nicht mehr mithalten.

*An allen Tagen solide Leistungen:
Alfonso Carlos Romo mit „Montemorelos"*

Von den drei punktgleich führenden Mannschaften war Marcus Ehning als erster an der Reihe. Er versuchte, „For Pleasure" noch präziser unter Kontrolle zu halten als am Vormittag. Da tat er des Guten etwas zu viel und nahm sein Pferd nach dem Wassergraben zu energisch zurück. „For Pleasure" verstand das Weitere nicht als Anreiten der dreifachen Kombination und verweigerte den Einsprung. Marcus reagierte blitzschnell. Kurzes, beängstigend kurzes Wenden und erneutes Anreiten. Alles ging gut. „For Pleasure" musste nun vorwärts galoppieren und mit sehr kurzen Wegen Zeit sparen: nur keine zusätzlichen Zeitfehler kassieren, war Marcus Ehning's Devise. „For Pleasure" macht blendend mit. Aber vor dem 1,60 m hohen Steilsprung Nr. 11 gab es deutliche Abstimmungsprobleme, infolge dessen eine zu dichte Absprungdistanz und einen Abwurf. 7 Strafpunkte. Das war nicht der gewünschte Auftakt. Das Bangen gewann Oberhand.

Durch die sichere, saubere Runde der Französin Alexandra Ledermann wurden unsere Aussichten nicht besser. Die Schweizerin Lesley McNaught schien gegenüber dem Vormittag deutlich verbessert zu sein. Kontrolliert und konzentriert bewältigte sie die erste Hälfte des Parcours. Unglaublich, was ihr dann bei dem Sydney-Sprung Nr. 7 passierte. „Dulf" sprang nicht über das Hindernis, sondern über die Blumen. 3 Punkte zusätzlich ein Abwurf bei 12a und Zeitfehler ergaben insgesamt dann 8 1/2 Punkte. Das war nicht der Tag dieser erfahrenen Reiterin.

Die zweiten Reiter jeder Mannschaft waren dran. Fürs Führungs-Trio musste nun Otto Becker den Anfang machen. Gleiche Einstellung von Pferd und Reiter wie am Vormittag, gleiche Konzentration und Harmonie führten zum gleichen Ergebnis: Null Fehler auch zum zweiten Mal, das schaffte bisher nur die Europameisterin Alexandra Ledermann.

Der Franzose Patrice Delaveau hatte einen rabenschwarzen Tag. Am Vormittag schon Streichergebnis wollte sein „Caucalis" am Nachmittag gar nicht mehr. Nach einem Ungehorsam in der Dreifachen und zwei weiteren vor der Tripple-Barre ertönte das so deprimierende Glockenzeichen: Ausschluss. Auch Markus Fuchs gelang nicht das, was er sich vorge-

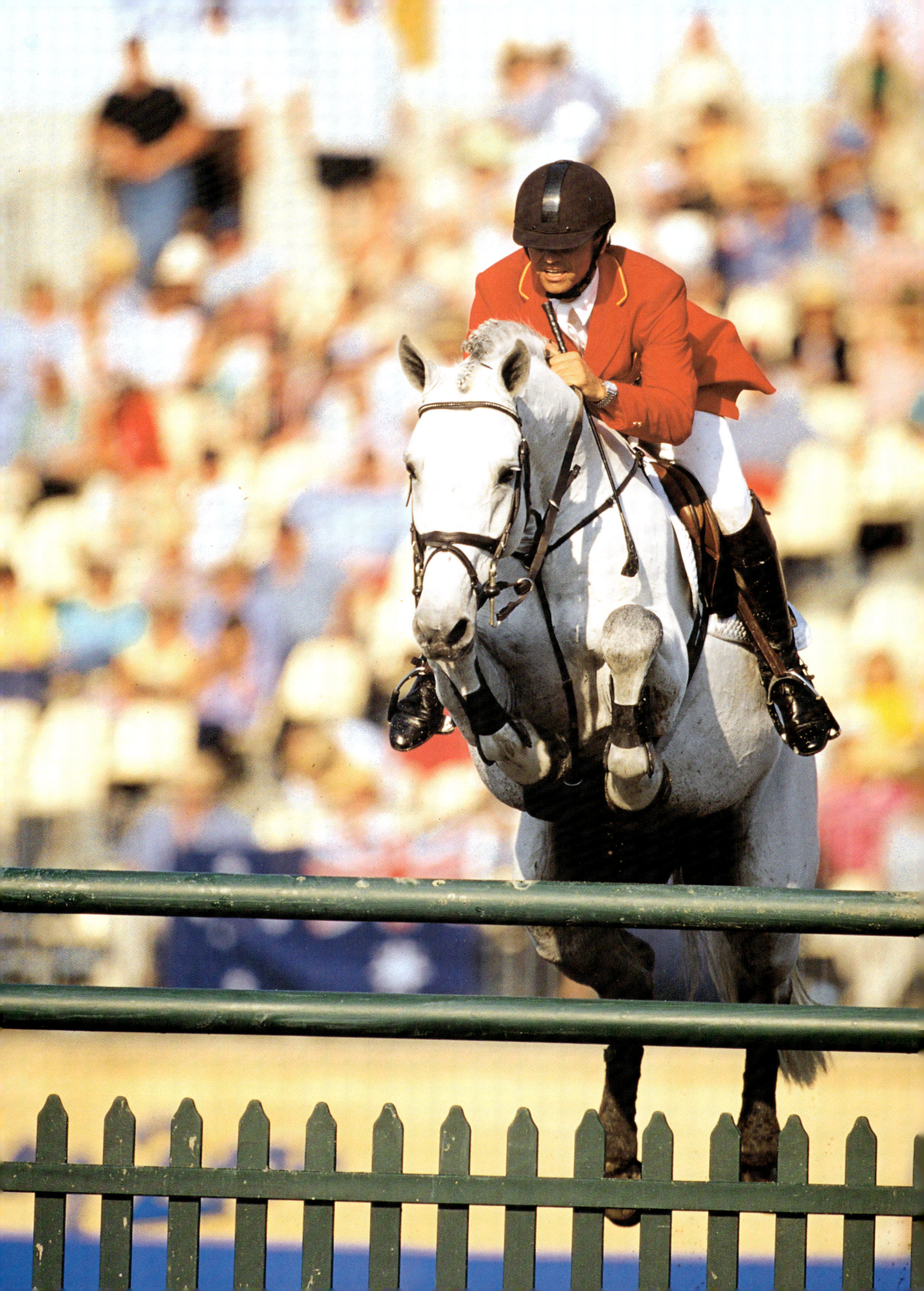

Kämpferische und reiterliche Meisterleistung: Null Fehler für Lars Nieberg mit „Esprit FRH" im 2. Umlauf

nommen hatte. Je ein Abwurf am zweiten Hindernis der dreifachen Kombination und am Steilsprung Nr. 11 führten zu 8 Punkten.

Nach zwei Reitern pro Mannschaft lag alles dicht beisammen. Da noch nicht zu kalkulieren war, wer das jeweilige Streichergebnis liefern würde, war die Situation unübersichtlich und alle Mannschaften von Platz 1 - 6 durften sich noch Hoffnung auf eine Medaille machen.

Für die Holländer und die Amerikanerinnen war die Hoffnung aber bald dahin. Jan Tops auf „Roofs" gelang bei diesem Nationenpreis nicht viel, nach 13 1/4 Punkten am Vormittag folgten 12 Punkte im zweiten Umlauf. Auch Jos Lansink konnte mit zwei Abwürfen das Blatt für Holland nicht mehr wenden. Noch deutlicher wurde der Rückstand für die USA mit 20 und 8 Strafpunkten der letzten beiden Reiterinnen.

Auch Brasilien musste sehr um den Anschluss bangen, da Alvaro Miranda Neto mit Fehlern am Wassergraben, am zweiten Hindernis der dreifachen Kombination und am letzten Hindernis 12 Punkte sammelte.

Derweil bereitete Lars Nieberg seinen „Esprit FRH" auf den Einsatz vor. Was man da zu sehen bekam, war nicht überzeugend. „Esprit FRH" sprang zwar ohne Fehler über die Übungshindernisse, aber große Aufmerksamkeit oder Energieentfaltung waren nicht erkennbar. Da ist es doch gut, wenn man einen so erfahrenen, nervenstarken und bis zum Letzten kämpfenden Reiter wie Lars Nieberg im Sattel hat. Was man nicht zu hoffen wagte, gelang überzeugend: ein Null-Fehler-Ritt. Es durfte wieder gehofft werden.

Thierry Pomel unterlief ein Abwurf am Sydney-Sprung. Der Schweizer Beat Mändli machte es noch besser und blieb mit seinem so wunderbar galoppierenden und springenden „Pozitano" fehlerfrei.

Beat Mändli mit „Pozitano" - fehlerfrei im 2. Umlauf und in Hochspannung bei den Ritten seiner Schweizer Team-Kollegen

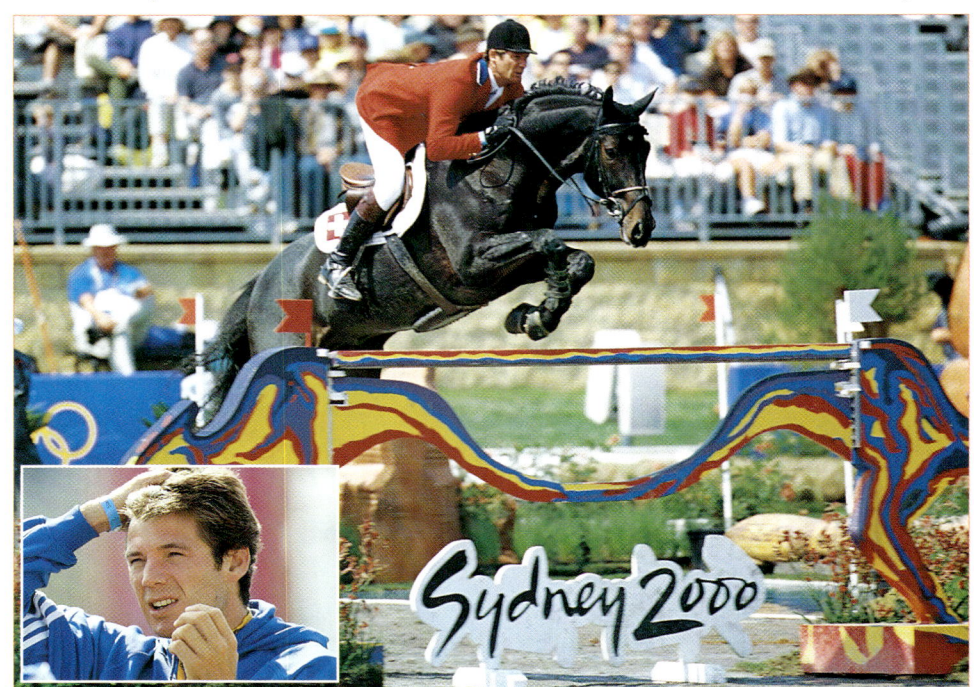

Grundstein zum Olympiasieg: Doppel-Null für Otto Becker mit „Dobel's Cento"

Sydney 2000

*Souverän zweimal fehlerfrei:
Rodrigo Pessoa mit „Baloubet du Rouet"*

Jetzt wurde gerechnet. Holland und USA abgeschlagen. Für alle an der Spitze kam es ganz auf den letzten Reiter an. Brasilien könnte mit 12 Punkten im zweiten Umlauf abschneiden und hätte dann 24. Die Schweiz könnte mit 8 Punkten enden und hätte dann 16. Frankreich könnte 4 Strafpunkte im zweiten Umlauf erzielen und hätte dann 12 und unsere Reiter könnten noch auf Null Fehler kommen und hätten dann insgesamt 8 Punkte. Immer vorausgesetzt, der letzte Reiter bliebe fehlerfrei.

Rodrigo Pessoa gelang das souverän. „Baloubet du Rouet" spielte nur so mit den Anforderungen. Das Endergebnis für Brasilien blieb also tatsächlich bei 24 Punkten.

Wie würde es Ludger Beerbaum ergehen? Würde es ihm gelingen, seinen Hengst „Goldfever" neu zu motivieren? Wenn einem, dann ihm! Direkt nach dem verkorksten ersten Umlauf hatte er noch ein paar Sprünge zur Wiederherstellung des Selbstbewusstseins von „Goldfever" gemacht. Dann war Stallruhe. Dann kam eine lange Vorbereitungszeit mit sehr viel Schritt und einigen Sprüngen in großer Ruhe und Konzentration. Dann wieder Schritt. Alle waren dabei, Equipechef, Trainer, die Mannschaftskameraden, Reservereiter, Tierarzt und der Schmied. Wie immer: eine Mannschaft.

Dann musste Ludger Beerbaum einreiten. Wieder das Abdrehen seines Hengstes am Einritt, was aber schnell unter Kontrolle kam. Mit aller nur denkbaren Konzentration und Willenskraft ging es los. Null Fehler würden die Goldmedaille bedeuten. Leider gelang das nicht. Abwurf an Hindernis Nr. 3, dem Oxer nach der Wendung in Richtung Wassergraben

*Ludger Beerbaum von vorne und von hinten.
Im Hintergrund vielsagendes Mienenspiel*

NATIONENPREIS

*Französischer Pechvogel
Philippe Rozier mit „Barbarian"*

Nun lastete alles auf Philippe Rozier. Ein Nullfehler-Ritt oder auch ein paar Zeitfehler bedeuteten Gold für Frankreich. So viel Verantwortung, so viel Druck. Wie kann man dem standhalten? Philippe Rozier gelang es nicht. Schon bei Hindernis 3 fiel eine Stange. Luftsprünge im deutschen Team, Riesenjubel, der angesichts der noch kämpfenden Konkurrenz kaum zu unterdrücken war. Alles lag sich in den Armen. Philippe Rozier war der Pechvogel dieser Minuten. Gold schon fast in den Händen, verließ er mit drei Abwürfen den Parcours. In seiner Haut wollte man nicht stecken und er wollte nichts hören, nichts sehen und am liebsten im Erdboden verschwinden.

- Gleichstand mit Frankreich. Ein weiterer Abwurf bei 5b, nun zählte Marcus Ehning's Ergebnis und unser Endresultat stand mit 15 Punkten fest. Bangen und Hoffen gerieten ziemlich durcheinander. 15 Punkte bedeuteten auf jeden Fall: vor der Schweiz und Brasilien, aber wahrscheinlich hinter Frankreich. Derweil kämpfte Ludger Beerbaum weiter, mit wenig Glück und weiteren Fehlern bei dem Sydney-Gatter und am Einsprung der letzten zweifachen Kombination. Ein enttäuschter Reiter verließ das Stadion. Es war nicht gelungen, in der kurzen Zeit zwischen den Umläufen dem verschreckten Hengst genügend Selbstvertrauen zurückzugeben. So musste mit sehr viel Druck geritten werden, was zwangsläufig auf Kosten der Übersicht und Konzentration und auch der Vorsicht des Pferdes ging. Verständliche Enttäuschung, aber auch schon Freude, denn Silber war ja sicher.

*Null und schnell im Stechen für Brasilien:
Luiz Felipe de Azevedo mit „Ralph"*

Sydney 2000

Der schnellste fehlerfreie Ritt im Stechen von Thierry Pomel mit „Thor des Chaines" nutzte den Franzosen nichts mehr

Es wurde aber weiter um Medaillen gekämpft. Willi Melliger durfte sich einen Abwurf und Zeitfehler erlauben, um mit dem Schweizer Team vor Brasilien und Frankreich zu bleiben. Er ließ nichts anbrennen. Gute Übereinstimmung zwischen ihm und seinem riesigen „Calvaro", mächtiges und aufmerksames Springen und trotz der Größe sehr ausgeprägte Geschicklichkeit in den komplizierten Passagen des Parcours. Diesem Paar gelang einer der wenigen Doppel- Nullrunden des olympischen Nationenpreises. Silber für die Schweiz, ein Punkt hinter Deutschland.

Wer hatte nun die Bronzemedaille gewonnen? Noch keiner! Frankreich und Brasilien lagen mit je 24 Punkten gleichauf. Ein Stechen wurde erforderlich. Für die Franzosen gab es das Handicap, dass sie nach dem Ausscheiden von Patrice Delaveau nur noch drei Reiter zur Verfügung hatten. Jedes Ergebnis würde also zählen. Brasilien hatte drei Null-Fehler-Ritte, das Stechergebnis lautete also Null. Da half den Franzosen auch der sehenswerte, rasante Ritt von Thierry Pomel mit „Thor des Chaines", der mit der deutlich besten Stechzeit fehlerfrei blieb, nichts. Schade für die Franzosen. Die Fehler der anderen zählten. Aus greifbar nahem Gold wurde der undankbare 4. Platz.

*Willi Melliger mit „Calvaro":
in beiden Umläufen ohne Fehler*

NATIONENPREIS

Einzelwertung – Stand nach Nationenpreis

	Reiter	Nation	Pferd	1.Qualifikation	2.Qualifikation Nationenpreis 1.Umlauf	3.Qualifikation Nationenpreis 2.Umlauf	Total
1.	Rodrigo Pessoa	BRA	Baloubet du Rouet	5,00	0,00	0,00	5,00
2.	Alexandra Ledermann	FRA	Rochet M	8,00	0,00	0,00	8,00
3.	Khaled al Eid	KSA	Khashm al Aan	4,50	4,00	0,00	8,50
4.	Ian Millar	CAN	Dorincord	5,25	0,00	4,00	9,25
5.	Jeroen Dubbeldam	NED	Sjiem	0,50	8,00	4,00	12,50
6.	Thomas Velin	DEN	Carnute	4,75	0,00	8,00	12,75
6.	Luiz Felipe de Azevedo	BRA	Ralph	4,75	8,00	0,00	12,75
8.	Gianni Govoni	ITA	La Vegas	9,00	4,00	0,00	13,00
9.	Markus Fuchs	SUI	Tinka's Boy	5,25	0,00	8,00	13,25
10.	Otto Becker	GER	Dobel's Cento	14,00	0,00	0,00	14,00
11.	Marcus Ehning	GER	For Pleasure	8,75	0,00	7,00	15,75
12.	Jamie Coman	AUS	Zazu	4,25	4,00	8,00	16,25
13.	Thierry Pomel	FRA	Thor des Chaines	8,50	4,00	4,00	16,50
14.	Lars Nieberg	GER	Esprit FRH	9,50	8,00	0,00	17,50
15.	Beat Mändli	SUI	Pozitano	9,75	8,00	0,00	17,75
16.	Willi Melliger	SUI	Calvaro 5	18,00	0,00	0,00	18,00
17.	Samantha McIntosh	BUL	Royal Discovery	14,25	0,00	4,00	18,25
18.	Albert Voorn	NED	Lando	12,00	4,00	4,00	20,00
18.	Laura Kraut	USA	Liberty	8,00	4,00	8,00	20,00
20.	Bruce Goodin	NZL	Lenaro	0,50	8,00	12,00	20,50
21.	Jos Lansink	NED	Carthago Z	9,00	4,00	8,00	21,00
21.	Philipp Roszier	FRA	Barbarian	5,00	4,00	12,00	21,00
23.	Carlos Milthaler	CHI	As Schylok	5,50	16,00	0,00	21,50
24.	Tadayoshi Hayashi	JPN	Swanky	5,75	8,00	8,00	21,75
25.	Margie Goldstein Engle	USA	Perin	16,00	0,00	8,00	24,00
26.	Saleh Andre Sakakini	EGY	Careful	8,50	8,00	8,00	24,50
27.	Maria Gretzer	SWE	Feliciano	4,50	20,25	0,00	24,75
28.	Malin Baryard	SWE	Butterfly Flip	4,50	8,75	12,00	25,25
29.	Michael Whitaker	GBR	Prince of Wales	9,75	8,00	8,00	25,75
30.	Santiago Lambre	MEX	Tlaloc	14,00	4,00	8,00	26,00
31.	Martin Dopazo	ARG	Calwaro	2,25	12,25	12,00	26,50
32.	Lauren Hough	USA	Clasiko	12,50	8,00	8,00	28,50
33.	John Whitaker	GBR	Calvaro	24,75	0,00	4,00	28,75
34.	Alfonso Carlos Romo	MEX	Montemorelos	9,25	8,00	12,00	29,25
34.	Andre Johannpeter	BRA	Calei	5,25	8,00	16,00	29,25
34.	Helena Lundbäck	SWE	Mynta	17,25	4,00	8,00	29,25
37.	Manuel Torres	COL	Marco	13,50	12,00	4,00	29,50
37.	Lesley McNaught	SUI	Dulf	6,00	15,00	8,50	29,50
37.	Lisen Bratt	SWE	Casanova	13,50	4,00	12,00	29,50
40.	Geoff Billington	GBR	It's Otto	10,25	12,75	8,00	31,00
41.	Jan Tops	NED	Roofs	6,25	13,25	12,00	31,50
42.	Ludo Philippaerts	BEL	Otterongo	16,00	8,00	8,00	32,00
43.	Rutherford Latham	ESP	Bretzel	5,50	14,00	12,75	32,25
44.	Jonathan Asslin	CAN	Spirit	14,50	12,00	8,00	34,50
45.	Taizo Sugitani	JPN	Mania Jolly	8,75	10,00	16,00	34,75
46.	Rossen Raitchev	BUL	Premier Cru	12,50	16,00	8,00	36,50
46.	Geoff Bloomfield	AUS	Money Talks	12,50	8,00	16,00	36,50
48.	Takeshi Shirai	JPN	Vicomte du Mes	9,00	8,00	20,00	37,00
49.	Ludger Beerbaum	GER	Goldfever 3	1,25	20,00	16,25	37,50
50.	Anton-Martin Bauer	AUT	Equo	24,50	8,00	8,00	40,50
51.	Alvaro Miranda Neto	BRA	Aspen	24,75	4,00	12,00	40,75
52.	Ron Easey	AUS	Rolling Thunder	16,75	16,00	12,00	44,75
53.	Carl Edwards	GBR	Bit More Candy	14,75	12,50	20,00	47,25
54.	Jerry Smit	ITA	Lux Z	16,00	16,00	16,00	48,00
55.	Peter Brakewell	NZL	Leonson	20,75	12,00	16,00	48,75
56.	Ali Nilforoshan	IRI	Campione	18,50	12,00	20,00	50,50
56.	Ricardo Jurado	ESP	Gismo	22,50	8,00	20,00	50,50
58.	Günter Orschel	BUL	Excellent	22,25	16,00	12,50	50,75
59.	Antonio Maurer	MEX	Mortero	12,00	16,00	24,00	52,00
60.	Gavon Chester	AUS	Another Flood	13,00	8,00	32,00	53,00
61.	Antoinette Leviste	PHI	Ghandy	14,75	20,75	20,00	55,50
62.	John Pearce	CAN	Vagabond	26,00	12,00	20,00	58,00

Sydney 2000

Einzelwertung – Stand nach Nationenpreis

	Reiter	Nation	Pferd	1.Qualifikation	2.Qualifikation Nationenpreis 1.Umlauf	3.Qualifikation Nationenpreis 2.Umlauf	Total
63.	Jay Hayes	CAN	Diva	17,50	29,25	19,00	65,75
64.	Luis Astolfi	ESP	Filias	24,25	26,75	18,75	69,75
65.	Kamal Bahamdan	KSA	Chanel	31,50	29,25	17,50	78,25
66.	Ryuma Hirota	JPN	Man of Gold	33,75	8,00	40,50	82,25
67.	Joaquin Larrain	CHI	Jagermeister	17,00	12,00	RT	89,50
68.	Patrice Delaveau	FRA	Caucalis	23,50	12,00	EL	96,00
69.	Gigi Hewitt	ISV	Genevieve	24,00	16,00	RT	100,50
70.	HRH Princess Haya	JOR	Lucilla	25,50	23,25	EL	109,25
71.	Nona Garson	USA	Rhythmical	EL	16,00	20,00	115,75
	Ramzy Al Duhami	KSA	Saif al Adel	EL	WD	–	WD
	Fahad Al-Geaid	KSA	National Guard	59,75	WD	–	WD
	Fernando Sarasola	ESP	Ennio	16,50	20,00	WD	WD

Richter: Jan-Willem Koerner (NED), Graham Davey (AUS), Peter Herchel (SVK), L. Georgopoulos (GRE)
RT = retired / aufgegeben, EL = eliminated / ausgeschieden, WD = withdrawn / zurückgezogen

Südamerikanischer Jubel bei den Brasilianern, überschwengliches Feiern natürlich auch bei uns und bei den so knapp auf Platz 2 verwiesenen Schweizern. Ein Wechselbad von Nervenanspannung, Hoffen und Bangen und vielfältigsten Gefühlen hatte mit dem letzten Ritt des zweiten Umlaufs ein tolles Ende gefunden. Herbert Meyer's Truppe ist nun seit den Weltreiterspielen 1994 in Den Haag bei Championaten und Olympischen Spielen ungeschlagen. Und das trotz des Streichergebnisses ausgerechnet von Ludger Beerbaum. Fast unglaublich.

Professionell war Ludgers Haltung im Moment dieses Triumphes bei eigenem Missgeschick: „Lieber zweimal Streichergebnis und Gold gewinnen, als einmal Zählergebnis für Bronze" war sein persönliches und mit Dank an die Mannschaftskollegen verbundenes Fazit.

Bei der Medaillenvergabe verschaffte sich der deutsche Anhang deutliches Gehör und konnte sogar die brasilianische Freude über die Bronzemedaille übertönen. „Herbert, Herbert" - Sprechchöre waren der Dank und die Hochachtung des Publikums für das Abschiedswerk eines einmaligen Bundestrainers.

Olympische Medaillen-Zeremonie mit brasilianischem und deutschem Jubel: (v.li.): Ingrid Bergmann, Julia Becker und Madeleine Winter-Schulze

NATIONENPREIS • HERZSCHLAG-FINALE

Nationenpreis – Endergebnis

Nation/Reiter	Total/Pferd	1. Umlauf	2. Umlauf
1. Deutschland	15,00	8,00	7,00
Marcus Ehning	For Pleasure	0,00	7,00
Otto Becker	Dobel's Cento	0,00	0,00
Lars Nieberg	Esprit FRH	8,00	0,00
Ludger Beerbaum	Goldfever 3	20,00	16,25
2. Schweiz	16,00	8,00	8,00
Leslie McNaught	Dulf	15,00	8,50
Markus Fuchs	Tinka's Boy	0,00	8,00
Beat Mändli	Pozitano	8,00	0,00
Willi Melliger	Calvaro 5	0,00	0,00
3. Brasilien	24,00	12,00	12,00
Luiz Felipe de Azevedo	Ralph	8,00	0,00
Andre Johannpeter	Calei	8,00	16,00
Alvaro Miranda Neto	Aspen	4,00	12,00
Rodrigo Pessoa	Baloubet du Rouet	0,00	0,00
4. Frankreich	24,00	8,00	16,00
Alexandra Ledermann	Rochet M	0,00	0,00
Patrice Delaveau	Caucalis	12,00	EL
Thierry Pomel	Thor des Chaines	4,00	4,00
Philippe Rozier	Barbarian	4,00	12,00
5. Niederlande	32,00	16,00	16,00
Albert Voorn	Lando	4,00	4,00
Jeroen Dubbeldam	Sjiem	8,00	4,00
Jan Tops	Roofs	13,25	12,00
Jos Lansink	Carthago Z	4,00	8,00
6. USA	36,00	12,00	24,00
Laura Kraut	Liberty	4,00	8,00
Lauren Hough	Clasiko	8,00	8,00
Nona Garson	Rhythmical	16,00	20,00
Margie Goldstein Engle	Perin	0,00	8,00
7. Schweden	36,75	16,75	20,00
Malin Baryard	Butterfly Flip	8,75	12,00
Lisen Bratt	Casanova	4,00	12,00
Helena Lundbäck	Mynta	4,00	8,00
Maria Gretzer	Feliciano	20,25	0,00
8. Großbritannien	40,50	20,50	20,00
Michael Whitaker	Prince of Wales	8,00	8,00
Geoff Billington	It's Otto	12,75	8,00
Carl Edwards	Bit More Candy	12,50	20,00
John Whitaker	Calvaro	0,00	4,00
9. Kanada	55,00	24,00	31,00
Jay Hayes	Diva	29,25	19,00
Jonathan Asselin	Spirit	12,00	8,00
John Pearce	Vagabond	12,00	20,00
Ian Millar	Dorincord	0,00	4,00
10. Australien	56,00	20,00	36,00
Jamie Coman	Zazu	4,00	8,00
Ron Easey	Rolling Thunder	16,00	12,00
Geoff Bloomfield	Money Talks	8,00	16,00
Gavin Chester	Another Flood	8,00	32,00
11. Japan	68,00	24,00	44,00
Tadayoshi Hayashi	Swanky	8,00	8,00
Ryuma Hirota	Man of Gold	8,00	40,50
Takeshi Shirai	Vicomte du Mes	8,00	20,00
Taizo Sugitani	Mania Jolly	10,00	16,00
12. Mexiko		28,00	—
13. Bulgarien		32,00	—
14. Spanien		42,00	—

Richter: Jan-Willem Koerner (NED), Peter Herchel (SVK), L. Georgopoulos (GRE), Graham Davey (AUS)
EL = eliminated / ausgeschieden

Herzschlag-Finale im Sturm

Für das Finale am letzten Tag der Olympischen Spiele hatten sich die 45 besten Paare aus den drei vorhergehenden Parcours qualifiziert. In umgekehrter Reihenfolge des bisher erzielten Ergebnisses kamen sie an den Start. Allerdings wurden die Punkte der vorhergehenden Prüfungen nicht mitgenommen, sondern jeder Reiter begann das Finale mit Null Punkten.

Zunächst konnte aber gar nicht gestartet werden. Starker Sturm warf fast alles um, was der venezuelanische Parcourschef Leopoldo Palacios und seine Helfer mit viel Liebe zum Detail errichtet hatten. Wieder hatten sie wunderschöne neue Motive aus Sydney und ganz Australien in den Parcours eingebaut, wie z. B. die Wahrzeichen Harbour Bridge und Oper oder der große Turm im Zentrum Sydneys.

Der Parcoursdienst hatte viel zu tun, um die Sturmschäden zu beseitigen und sicherte mit Sandsäcken alles, was zu sichern war. Nach nervenaufreibendem Warten durfte der Österreicher Anton-Martin Bauer beginnen. Konzentrierter, besser auf die Hilfen des Reiters reagierend als in den bisherigen Prüfungen, fing der braune Riese „Equo" an. Der vom Parcourschef vorgegebene, recht eigenwillige Weg zum Wassergraben, bei dem der Anritt auf einer großen Zirkellinie um den Graben herumführte, erforderte genau abgestimmtes Reiten dieser großen Wendung, um im richtigen Tempo, mit dem notwendigen Schwung und präziser Absprungdistanz den Graben zu

Der Parcoursdienst hatte alle Hände voll zu tun, um Sturmschäden zu beseitigen

Sydney 2000

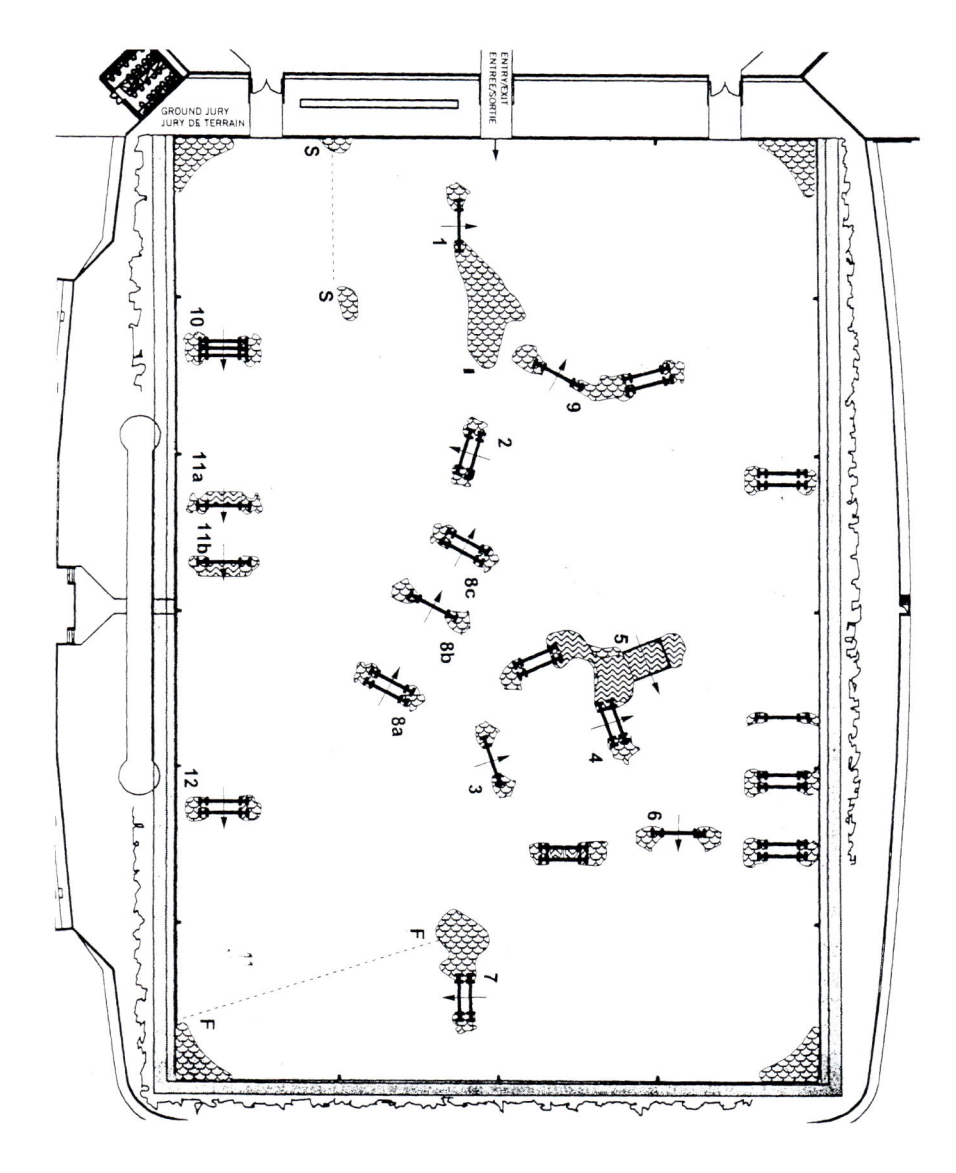

Finale Parcours A

Parcoursdaten

Länge des Parcours	610 m
Geschwindigkeit	400 m/min
Erlaubte Zeit	92 sek

Hindernis	Höhe	Breite	Distanz
1	1,48		
2	1,49	1,60	
3	1,60		
4	1,48	165	
5		4,30	
6	1,60		
7	1,50	1,80	
8a	1,50	1,70	11,10
8b	1,55		7,60
8c	1,52	1,70	
9	1,59		
10	1,55	2,00	
11a	1,53		7,40
11b	1,55		
12	1,52	1,85	

erwischen; danach folgte sehr schnell ein 1,60 m hoher Steilsprung, was die Aufgabe noch kniffliger machte. Alles ging bei Anton-Martin Bauer gut. Aber am Einsprung der dreifachen Kombination fiel eine Stange, dann an der 1,50 m hohen und 2,00 m breiten Tripple Barre und am Aussprung der hierauf folgenden sehr komplizierten Kombination zweier überbauten Gräben. 12 Strafpunkte waren das Ergebnis. Danach lag nicht nur das, was „Equo" umgeworfen hatte, am Boden. Der Sturm tat ein Übriges. Pause, Wiederaufbau, Unsicherheit, wie es weitergehen würde.

Die nächsten Reiter durften starten. Mit einigen Unterbrechungen, manchmal sogar während des Rittes, ging es weiter. Alle leichten Hindernisteile wurden vom Parcoursdienst bis kurz bevor das Hindernis angeritten wurde festgehalten. So rettete man sich über die Zeit.

Der Belgier Ludo Philippaerts mit „Otterongo" zeigte den ersten wirklich harmonischen Ritt mit einem Abwurf. Gleiches gelang auch Andre Johannpeter aus Brasilien mit „Calei", der nur einen Fehler am Wassergraben zu verzeichnen hatte. Die Amerikanerin Margie Goldstein Engle mit „Perin" lieferte einen wilden Ritt, besonders nach Überwinden des Wassergrabens. Aber es unterlief ihr kein Fehler, bis auf die letzte Stange des Parcours bei dem 1,52 m hohen und 1,85 m breiten Oxer.

Genau das Gegenteil war der Ritt des Holländers Albert Voorn mit „Lando". Vor dem Start zwar deutlich aufgemuntert und energisch vorwärts geritten, folgte ein gleichmäßig flüssiger Parcours in bester Übereinstimmung von Pferd und Reiter. Lediglich ein Abwurf in der Mitte der dreifachen Kombination war zu verzeichnen.

Vor dem Start von Willi Melliger gab es eine erneute Pause. Lange musste der Schweizer warten, bis der umgewehte große Turm wieder errichtet war. Dann folgte ein präziser Ritt. Wie Albert Voorn ereilte auch dieses Paar ein Fehler mitten in der Dreifachen. Danach folgte sogleich der nächste Schweizer, Beat Mändli mit „Pozitano". Das Pferd übersprang alles beachtlich und war sehr aufmerksam. Der Reiter wählte einen nicht zu weiten, sehr kontrollierten Weg mit wenig Schwung zum Wassergraben, die Weite reichte aus und durch ein kleinen Bogen auf dem Weg zum folgenden 1,60 m hohen Gatter schaffte er sich sehr geschickt eine günstige Absprungdistanz. Das sah alles wirklich perfekt aus. Doch nach der gewaltigen Tripple Barre erschrak sich „Pozitano" vor den Doppelgräben, war einen Moment nicht genug im Vorwärts und entzog sich der Kontrolle seines Reiters. Nach erneutem Anreiten fiel eine Stange bei dem zweiten überbauten Graben - 11 b. 7 Strafpunkte plus 2 für Überschreiten der erlaubten Zeit ergab 9 Punkte.

Nun kam Lars Nieberg. „Esprit FRH" fing sicher an. Doch wieder hatte der Reiter etwas wenig Schwung zum Wassergraben. Fehler. Dann fiel noch eine Stange am Einsprung zur Dreifachen. 8 Strafpunkte. Würde das wohl reichen, um in Medaillennähe zu bleiben?

Wenig später erschien Marcus Ehning mit „For Pleasure". Sehr sicher zog dieses Paar seine Bahn. Stangenberührung gab es am Oxer Nr. 7, ohne Folgen. Dann erwischte es die beiden aber doch. Fehler am 1,55 m hohen Steilsprung in der Mitte der dreifachen Kombination. Danach ging es sehr sicher weiter bis ins Ziel. Marcus Ehning verließ die Bahn mit einem sehr guten Ergebnis und Otto Becker ritt hinein. Der Ritt begann beeindruckend. Viel Schwung gab es zum Wassergraben, danach ritt Otto eine deutlich gebogene Linie zu Hindernis Nr. 6, um etwas mehr Platz zum Absprung zu haben. Gut gelungen. Leider kam er etwas zu dicht an den Einsprung der Dreifachen, so dass doch eine Stange fiel. Danach

HERZSCHLAG-FINALE

Thomas Velin aus Dänemark mit „Carnute" gelang der erste Null-Fehlerritt im Parcours A

gelang alles Weitere überzeugend. 4 Strafpunkte bedeuteten Gleichstand mit Marcus Ehning und einigen anderen Reitern, aber immer noch fehlte ein Null-Fehler-Ritt.

Dem Dänen Thomas Velin blieb es vorbehalten, den Bann zu brechen. Sein Ritt demonstrierte steten Fluss bei präziser Abstimmung zwischen Reiter und Pferd und erzeugte einen Beifallssturm des voll besetzten Stadions. Drei weiteren Reitern gelang dieses Kunststück noch. Dem Holländer Jeroen Dubbeldam mit „Sjiem", der die fast unüberwindliche Passage aus Tripple Barre und den folgenden zwei überbauten Wassergräben sehr eigenwillig löste. Starkes Zurücknehmen nach der Tripple Barre, etwas aus der Richtung geratend und ganz schräg in die Kombination. Das war wirklich außergewöhnlich, aber erfolgreich. Khaled Al Eid zeigte einen gekonnten Ritt. Auch er löste die gerade beschriebene Hindernisfolge ungewöhnlich, indem er das Tempo nach der Tripple Barre erst sehr spät, dann aber sehr deutlich zurücknahm. Sein Pferd „Khashm al Aan" reagierte sofort und kämpfte weiter. Bravo. Souverän agierte dann Rodrigo Pessoa. Beim gesamten Ritt wurde nur ein einziges Mal eine Stange berührt. Dies war am Steilsprung inmitten der dreifachen Kombination. Alles Weitere wurde sehr sicher und sehr deutlich übersprungen. Vier fehlerfreie Runden und 9 Ritte mit einem Abwurf waren die besten Ergebnisse aus Parcours A. Dabei waren auch Otto Becker und Marcus Ehning. Die 20 Besten aus Parcours A qualifizierten sich für Parcours B. Da auf dem 20. Platz aber 12 Reiter gleichauf mit je 12 Fehlern rangierten, mussten 31 Paare zugelassen werden.

Der Parcours wurde umgebaut. Der Wind hatte erfreulicherweise nachgelassen. Nicht aber die Anforderungen, die der Parcourschef stellte. Zwar war der Parcours B kürzer als Parcours A, zwar war auch die Zahl der Hindernisse geringer. Die gestellten Aufgaben waren aber gewaltig. An Präzision im Reiten, Mitmachen der Pferde, Schwungentfaltung und Regulierbarkeit wurde alles abverlangt, was man sich denken konnte. Dabei fragten gerade die Vielzahl der mächtigen Hoch-Weit-Sprünge auch am Ende dieses kräftezehrenden olympischen Wettkampfes großes Springvermögen ab.

Angesichts dieses Parcours verzichteten die Amerikanerin Laura Kraut und der Schweizer Markus Fuchs auf die weitere Teilnahme. Ihre Pferde zeigten schon im Parcours A nicht mehr die Frische, die zur Bewältigung der Aufgaben erforderlich gewesen wäre. Auch das gehört zu Olympia, ist der Kern des olympischen Gedankens und hat besondere Bedeutung im Pferdesport: Nicht der Sieg allein ist das Entscheidende, davor rangiert die Gesundheit des Pferdes. Respekt vor derart olympischen Entscheidungen!

Ein harmonischer Ritt gelang dem Belgier Ludo Philippaerts mit „Otterongo"

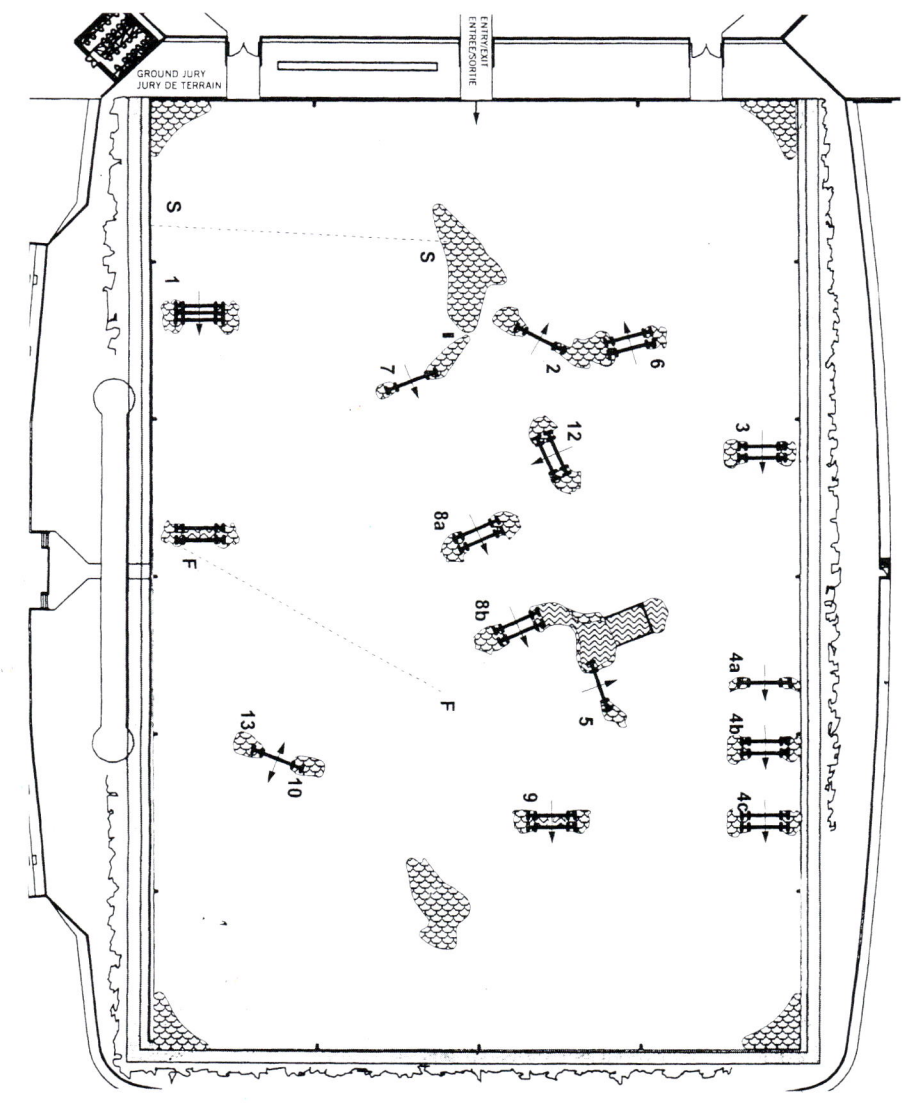

SYDNEY 2000

Finale Parcours B

Parcoursdaten

Länge des Parcours	550 m
Geschwindigkeit	400 m/min
Erlaubte Zeit	83 sek

Hindernis	Höhe	Breite	Distanz
1	1,50	1,70	
2	1,55		
3	1,51	1,75	
4a	1,55		29,50
4b	1,50	1,70	7,70
4c	1,50	1,60	7,40
5	1,60		
6	1,58	1,70	
7	1,60		
8a	1,50	1,75	20,50
8b	1,55	1,25	11,15
9	1,53	1,85	
10	1,60		
Hindernisse für Stechparcours			
12	1,55	1,50	
13	1,60		

Im Parcours B wurde in umgekehrter Reihenfolge des Ergebnisses aus Parcours A gestartet. Beim 7. Teilnehmer, Manuel Torres auf „Marko" aus Kolumbien, sah es nach der ersten fehlerfreien Bewältigung aller gestellten Aufgaben aus. Nicht ganz. Etwas zu viel Zeit hatte sich der Reiter gelassen, so dass ihm 1 1/2 Strafpunkte angerechnet werden mussten.

Vergebliche Streckung von „Rochet M" unter Alexandra Ledermann

Dennoch eine sehr beachtliche Leistung, die zu dem Endergebnis 13 1/4 Punkte aus Parcours A und B führte. Dem Schweizer Beat Mändli gelang dann die wirklich erste fehlerfreie Runde. Wieder sprang „Pozitano" gewaltig und geschmeidig und blieb diesmal stets an des Reiters Hilfen. Endergebnis: 9 Punkte. Wäre doch das Missgeschick am Ende von Parcours A nicht passiert!

Drei Reiter später folgte Lars Nieberg mit „Esprit FRH". Der Reiter kämpfte wieder bravourös und beflügelte sein Pferde bewundernswert. „Esprit FRH" begriff, machte mit und sprang sehr sicher. Der zweite von insgesamt drei Null-Fehler-Ritten war der Lohn. Respekt vor dieser reiterlichen Leistung, die Lars Nieberg mit dem Endergebnis 8 Punkte in Führung brachte. Ludo Philippaerts aus Belgien und der Brasilianer Andre Johannpeter hatten je einen Abwurf in der dreifachen Kombination und zogen mit 8 Punkten aus Parcours A und B mit Lars Nieberg gleichauf.

Für den alten, bisher so bravourös gehenden „Rochet M" der Europameisterin Alexandra Ledermann wurde es dann doch zu schwer. Schon an Nr. 1, der 1,50 m hohen und 1,70 m breiten Tripple Barre fiel die hintere Stange. Bei der dreifachen Kombination 4a,b,c - Steil/Oxer/Oxer - passte der Einsprung nicht gut. Zum ersten Oxer wurde es sehr weit, „Rochet M" trat hinein und fand danach nicht mehr genügend Schwung für den Aussprung. Die Reiterin gab auf.

Lars Nieberg mit „Loro Piana Esprit FRH" blieb in Parcours B fehlerfrei. Am Ende 4. Platz - gleichauf mit Otto Becker und Marcus Ehning.

Herzschlag-Finale

SYDNEY 2000

Otto Becker mit „Dobel's Cento"

Wenig später folgte Albert Voorn. Bevor es losging, gab es wieder eine sturmbedingte Verzögerung. Danach zeigte der Holländer erneut eine sehr sichere Runde. Zwar berührte „Lando" in der so schwierigen dreifachen Kombination beide Oxer, aber alles blieb liegen. Fehlerfrei mit dem Endergebnis 4 Punkte aus A und B bedeutete eine neue Führung.

Marcus Ehning hatte es in der Hand gleichzuziehen. Sehr sicher ging es los, fehlerfrei durch die dreifache Kombination; doch dann eine zu große Absprungdistanz bei dem 1,58 m hohen und 1,70 m breiten Oxer Nr. 6, die hintere Stange fiel. Endergebnis 8 Punkte aus Parcours A und B, Gleichstand mit Lars Nieberg an zweiter Stelle hinter Albert Voorn. Sofort danach kam Otto Becker. Auch hier ein sicherer Beginn. Doch zur Dreifachen steuerte der Reiter seinen Schimmelhengst etwas zu dicht an den Einsprung, die Flugkurve über 4a geriet zu kurz und damit die Distanz zu den folgenden Oxern zu weit. Trotz großer Mühe von „Dobel's Cento" gab es einen Fehler am Aussprung. Das war's und bedeutete Gleichstand mit Lars Nieberg und Marcus Ehning an 2. Stelle.

Bald folgten die vier Paare, die vormittags fehlerfrei geblieben waren. Zunächst Thomas Velin. Auch er ritt zu dicht an die Dreifache heran, was zu einem Fehler bei 4c führte. Dann noch zwei Abwürfe eingangs und ausgangs der Hindernisfolge 7/8a/8b/9, also an dem 1,60 m hohen Steilsprung Nr. 7 und dem 1,53 m hohen und 1,85 m breiten Oxer Nr. 9. Medaillenplatz ade. Jeroen Dubbeldam fand auch nicht den Idealabsprung eingangs der dreifachen Kombination, was zu einem Fehler bei 4 b führte. Alles weitere ließ sein Schimmel unberührt. Vier Punkte, Gleichstand mit Albert Voorn als Spitzenreiter. Otto Becker, Marcus Ehning und Lars Nieberg rutschten auf Rang drei.

Vorletzter Starter war die Überraschung des olympischen Turnieres: Khaled Al Eid aus Saudi-Arabien. Auch er fand in die dreifache Kombination nicht den idealen Einsprung. So wurde es zum Überwinden von 4 c sehr weit, die letzte Oxterstange fiel. Mehr passierte nicht. Gleichstand mit den beiden Holländern auf Platz 1. Für unsere Drei hieß das Abrutschen auf Rang 4 und Abschied nehmen vom Traum einer Einzelmedaille.

Ein Reiter noch. Der Weltmeister und Weltcup-Gewinner Rodrigo Pessoa. Souverän waren er und sein „Baloubet du Rouet" bisher. Souveränität erwarteten 28.000 Zuschauer im Stadion und unzählige an den Bildschirmen auch jetzt. Null Fehler hieße Gold, wenige Zeitfehler auch noch. Ein Abwurf bedeutete ein Vierer-Stechen um die Medaillen. Wer konnte ahnen, dass es ganz anders kam?

Was bisher nur der Europameisterin Alexandra Ledermann widerfuhr, ereilte jetzt auch den Weltmeister: Fehler an Sprung 1. Gleichstand mit drei Konkurrenten. Ein kleinster Zeitfehler bedeutete jetzt schon den Verlust olympischen Edelmetalls. Aber wie viele nervenaufreibende Ritte dieser Art hatte Rodrigo Pessoa schon glanzvoll zu Ende gebracht!

Marcus Ehning mit „For Pleasure"

HERZSCHLAG-FINALE

Sydney 2000

Unbegreifliches Missgeschick für den Favoriten Rodrigo Pessoa

4 Fehler in Parcours A und Null in Parcours B brachte die Teilnahme am Stechen um die Medaillen für Albert Voorn mit „Lando"/Holland (Abb. unten). Umgekehrte Ergebnisfolge, aber gleiches Endresultat für Jeroen Dubbeldam mit „Sjiem" aus Holland (Abb. rechte Seite oben) und Khaled Al Eid mit „Khashm Al Aan" (Abb. rechte Seite unten)

Ungünstiger Einsprung in die dreifache Kombination. Zu den Oxern wurde es sehr weit. „Baloubet du Rouet" glich das mit seinem Springvermögen und seiner Vorsicht aus. Doch er musste sich gewaltig anstrengen und steckte die Hinterbeine in 4c. Weiter ging's, aber ab jetzt mit deutlicher Verkrampfung. „Baloubet du Rouet" hatte einen Schrecken bekommen. Als er über den 1,60 m hohen Steilsprung Nr. 7 kam und die drei großen Oxer in Folge vor sich sah, war es um seine Kollegialität geschehen. Stop vor 8a, aus war der Medaillentraum. Unfassbar für alle, die das miterlebten. Dieses wunderbare Pferd muss der Schrecken in der dreifachen Kombination so beeindruckt haben, dass es sich nicht mehr motivieren ließ. Ausschluss für den Top-Favoriten. Auch das ist Sport: dramatisch, unbarmherzig, hart.

Als man noch gar nicht fassen konnte, was geschehen war, war der Parcours schon für das Stechen hergerichtet. Zwei Holländer und ein Saudi-Araber mussten die Verteilung von Gold, Silber und Bronze unter sich ausmachen.

Albert Voorn begann. Er musste schnell sein, um seine Chance wahrzunehmen. Alles gelang. Bis auf das letzte Hindernis - Athen 2004 - wurde leicht berührt und fiel. 4 Strafpunkte in 44,72 Sekunden.

Jeroen Dubbeldam agierte vorsichtiger und ließ sich mehr Zeit. An 4a und b, dem Rest der Dreifachen, musste „Sjiem" sich sehr strecken. Er tat es und blieb bis ins Ziel fehlerfrei in 50,65 Sekunden.

Die Aufgabe von Khaled Al Eid hieß nun fehlerfrei und schneller als Jeroen Dubbeldam. So eingestellt begann er seinen Ritt. Doch schon bei Hindernis 2 ein Fehler. Jereon Dubbeldam war Olympiasieger. Für Khaled Al Eid hieß es jetzt umschalten und schneller sein als Albert Voorn, um Silber noch zu retten. Fast wäre es gelungen. Mit 4 Punkten blieb die Uhr bei 44,86 Sekunden stehen. Dritter Platz und Bronzemedaille.

|125

Sydney 2000

Keiner konnte einen solchen Verlauf auch nur erahnen. Dieses Finale war eine einzige, riesige Überraschung, mit strahlenden, glücklichen und verdienten Gewinnern und tragischen Verlierern. Entsprechend waren die Rollen jetzt natürlich verteilt. Grenzenloser Jubel bei den Holländern, fast ungläubige Freude bei dem saudischen Bronzemedaillen-Gewinner und ein sicher schwer zu ergründendes Innenleben bei Rodrigo Pessoa. Seine Haltung nach außen war indes bewundernswert. In einer eigenen Pressekonferenz stellte er sich den Journalisten und stellte fest: „Wer das Glück hat, große Siege feiern zu können, muss auch in der Lage sein, mit schmerzlichen Niederlagen fertig zu werden."

Im deutschen Team war die Stimmung naturgemäß gemischt. Der vierte Platz bei Olympia ist wahrlich undankbar. Aber alle drei auf diesem Rang ist doch eine einmalige Leistung und der Nachweis der Ausnahmestellung unserer Reiter innerhalb der Besten der Welt. Gratulation zu dieser mannschaftlichen Geschlossenheit auf höchstem Niveau.

Fehlerfrei im Stechen und damit Olympiasieger: Der Holländer Jeroen Dubbeldam mit „Sjiem"

Finale — Endergebnisse Parcours A+B / Stechen — Endergebnis

	Reiter	Nation	Pferd	Parcours A	Parcours B	Total	Punkte	Zeit
1.	Jeroen Dubbeldam	NED	Sjiem	0,00	4,00	4,00	0,00	50,65
2.	Albert Voorn	NED	Lando	4,00	0,00	4,00	4,00	44,72
3.	Khaled Al Eid	KSA	Khashm Al Aan	0,00	4,00	4,00	4,00	44,86
4.	Lars Nieberg	GER	Esprit FRH	8,00	0,00	8,00		
4.	Ludo Philippaerts	BEL	Otterongo	4,00	4,00	8,00		
4.	Andre Johannpeter	BRA	Calei	4,00	4,00	8,00		
4.	Marcus Ehning	GER	For Pleasure	4,00	4,00	8,00		
4.	Otto Becker	GER	Dobel's Cento	4,00	4,00	8,00		
9.	Beat Mändli	SUI	Pozitano	9,00	0,00	9,00		
10.	Margie Goldstein Engle	USA	Perin	4,00	8,00	12,00		
10.	Willi Melliger	SUI	Calvaro 5	4,00	8,00	12,00		
10.	Thomas Velin	DEN	Carnute	0,00	12,00	12,00		
13.	Ian Millar	CAN	Dorincord	4,00	8,25	12,25		
14.	Manuel Torres	COL	Marco	12,00	1,25	13,25		
15.	Jonathan Asselin	CAN	Spirit	12,00	4,00	16,00		
15.	Lauren Hough	USA	Clasiko	8,00	8,00	16,00		
15.	Maria Gretzer	SWE	Feliciano	8,00	8,00	16,00		
18.	Martin Dopazo	ARG	Calwaro	12,00	5,50	17,50		
18.	Gianni Govoni	ITA	Las Vegas	4,00	13,50	17,50		
20.	Geoff Bloomfield	AUS	Money Talks	12,00	8,00	20,00		
20.	Rossen Raitchev	BUL	Premier Cru	12,00	8,00	20,00		
20.	Malin Baryard	SWE	Butterfly Flip	12,00	8,00	20,00		
20.	Jos Lansink	NED	Carthago Z	12,00	8,00	20,00		
24.	Geoff Billington	GBR	It's Otto	12,00	12,00	24,00		
25.	Taizo Sugitani	JPN	Mania Jolly	12,00	12,50	24,50		
26.	Anton-Martin Bauer	AUT	Equo	12,00	16,00	28,00		
27.	Rodrigo Pessoa	BRA	Baloubet du Rouet	0,00	36,00	EL		
28.	Thierry Pomel	FRA	Thor des Chaines	8,00	36,00	RT		
	Alexandra Ledermann	FRA	Rochet M	8,00	36,00	RT		
	Laura Kraut	USA	Liberty	12,00	—	WD		
	Markus Fuchs	SUI	Tinka's Boy	12,00	—	WD		

Richter: Jan-Willem Koerner (NED), Peter Herchel (SVK), L. Georgopoulos (GRE), Graham Davey (AUS)
RT = retired / aufgegeben, EL = eliminated / ausgeschieden, WD = withdrawn / zurückgezogen

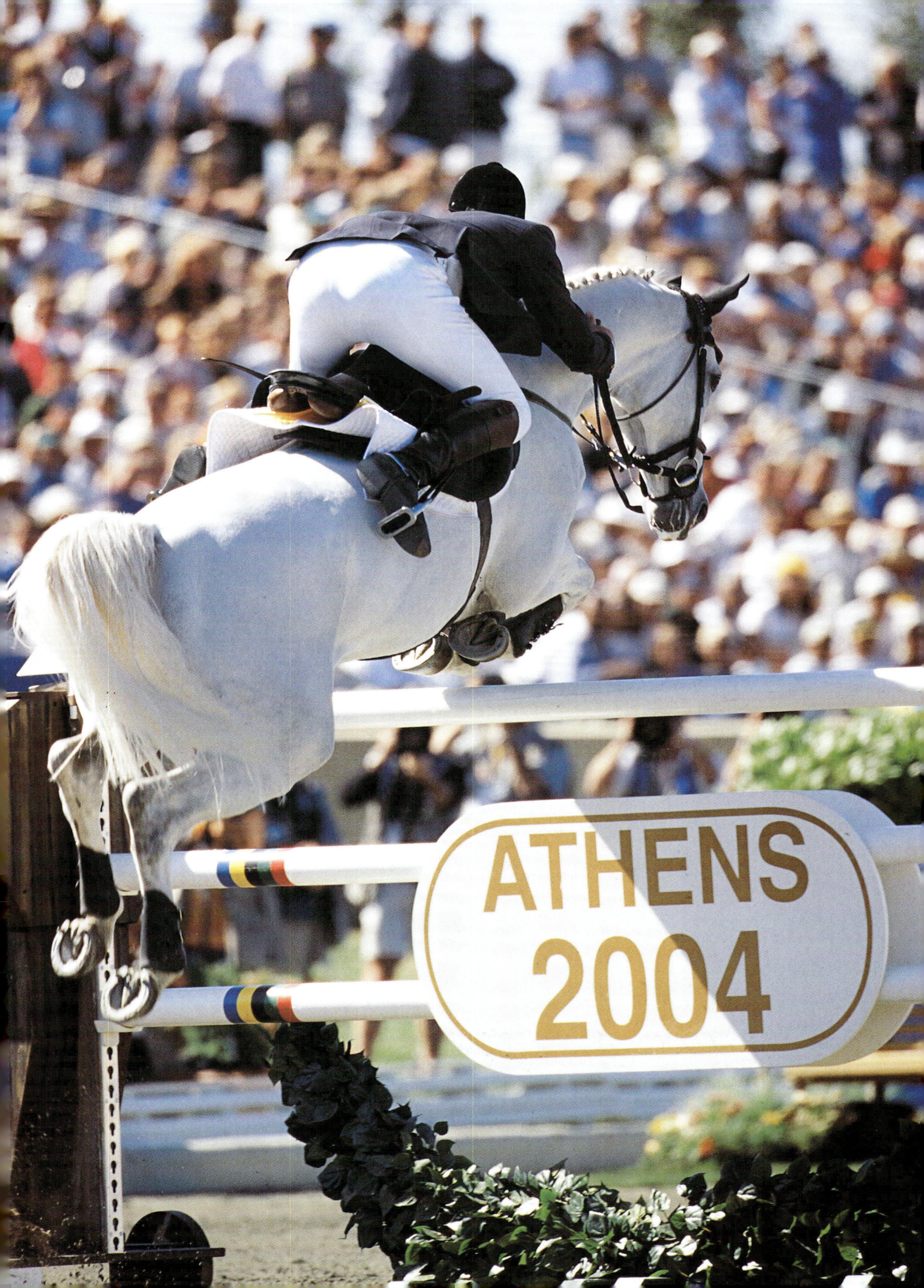
ATHENS
2004

Sydney 2000

Nun ritten die Medaillengewinner ein: Jeroen Dubbeldam mit „Sjiem", Albert Voorn mit „Lando" und Khaled Al Eid mit „Khashm Al Aan". Zu Recht wurde die Medaillenzeremonie zu einem holländischen Fest. Hochachtung allen Dreien für die beständigsten Leistungen über den langen olympischen Wettkampf mit sechs schweren Parcours. Fehler und Zeit lügen nicht. Hier stehen verdiente und würdige Sieger.

Freudiger Aufmarsch zur letzten Medaillenvergabe im Reiterstadion

EREIGNISSE AM RANDE

Reinhard Wendt

Ereignisse am Rande

Olympische Spiele sind immer etwas Besonderes. Sydney war etwas ganz besonderes, und das in vielfältigster Hinsicht.

Das Großunternehmen Olympische Reiterwettkämpfe 2000 begann bereits in Deutschland. Am 8. August zogen die Pferde in die Quarantänestationen ein. Das war also der Beginn. Am 24. August flogen sie nach Sydney. Weitere zwei Wochen Quarantäne dort. Am 15. September war die Eröffnungsfeier. Am 1. Oktober war die Abschlussfeier und am 7. Oktober landeten die Pferde wieder in Frankfurt.

Wegen der australischen Einfuhrbestimmungen mussten nicht nur die Pferde und alles Gerät von der Außenwelt abgesondert werden, sondern auch hinsichtlich des Futters waren erhebliche Klimmzüge erforderlich. So wurde Futter aus Australien, England und Holland nach Deutschland eingeführt, um die Olympiapferde frühzeitig an das Futter zu gewöhnen, welches in Australien verfügbar war. Futtereinfuhr nach dort war nicht möglich.

Mit Hunden wurde alles Gepäck auf Drogen und Bomben untersucht

Das löste sich aber sehr schnell auf. Ein paar Hunde kontrollierten alles per Nasenbefund auf Drogen und Bomben, dann machten sich mehrere Teams ans Werk, öffneten und durchsuchten alles, was zu öffnen und zu durchsuchen war, stellten alles Essbare sicher und ließen nicht ganz sauber erscheinendes Schuhwerk durch ein eigens hierfür eingeteiltes Kommando reinigen. Alles verlief gründlich, zügig und freundlich. Nach etwa 2 Stunden war auch diese Prozedur vorbei und alles Gepäck am Bestimmungsort.

Am 24.08. war der Abflug der Pferde unter der Aufsicht von Mannschaftstierarzt Dr. Björn Nolting

Die Kernzeit dauerte also zwei Monate. Ein langer Zeitraum, der sinnvoll ausgefüllt werden musste. In Deutschland waren die Quarantänestationen gleichzeitig Trainingslager, und zwar in Kronberg für die Dressur, in Kreuth für die Vielseitigkeit und in Warendorf für die Springreiter.

Bemerkenswert war die Ankunft der Pferde in Sydney. Es war der späte Abend des 25. August. Etwa 2 1/2 Stunden nach der Landung waren die bereitgestellten Transporter schon im Equestrian Centre. Erstaunlich frisch kamen die Pferde von den LKW's und verschwanden sofort in den Stallungen. Dann wurde das Zubehör entladen: Sattelkisten, Sattelschränke, Gerätekisten, Ausrüstung und Medikamente der Tierärzte, Ausrüstung des Schmieds und persönliches Gepäck all derer, die mit den Pferden geflogen waren. Wo man hinsah Chaos.

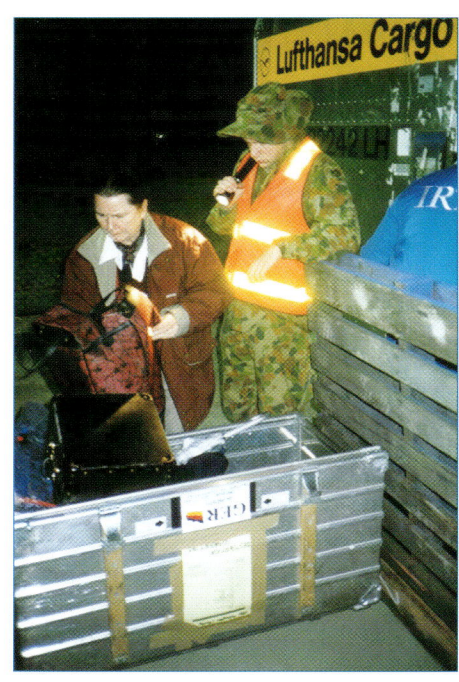

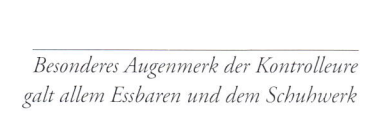

Abschied der Dressurmannschaft vom Trainingslager Schafhof in Kronberg. (V.li.): Equipechef Anton Fischer, Nadine Capellmann, Alexandra Simons-de Ridder, Isabell Werth, Dr. Uwe Schulten-Baumer, Ulla Salzgeber, Bundestrainer Klaus Balkenhol.

Besonderes Augenmerk der Kontrolleure galt allem Essbaren und dem Schuhwerk

Sydney 2000

Freundlichkeit und Hilfsbereitschaft waren besondere Kennzeichen der australischen Gastgeber. Sie taten alles, um die Quarantänebedingungen so unproblematisch und praktisch wie möglich zu gestalten. In ein großes, gut durchdachtes Reitsportzentrum - dem Equestrian Centre - war recht zentral der Stallbereich gebaut. Großzügige, luftige Boxen mit ausreichend Platz für alle und alles.

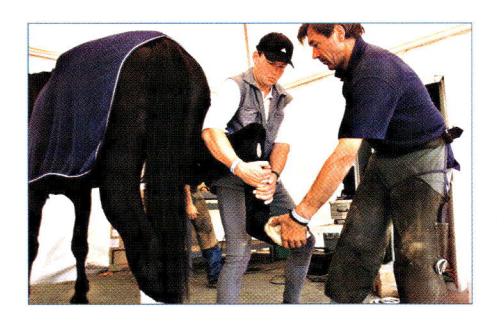

Schmied Dieter Köhnert in Arbeit. Hier für Esprit FRH und Lars Nieberg.

Während der Quarantäne war der Stallbereich ein besonders sicherer Sicherheitstrakt. In blauen Anzügen durften die Pfleger, Trainer, Tierärzte und der Schmied hinein, in Reitzeug die Reiter. Und alle anderen, die unbedingt in den Stall mussten ohne unmittelbaren Kontakt mit den Pferden zu haben, wurden in weiße Kittel gesteckt und durch einen gesonderten Eingang geleitet. Mit Hand- und Fußwaschung kam man wieder raus. Das hört sich kompliziert an, hatte sich aber sehr schnell eingespielt und klappte problemlos.

Schon wieder eine SMS! – Ulla Salzgeber –

Großzügige Boxen, hier die von „Rusty"

Pfleger in den blauen Quarantäneanzügen: (v.li.): Robert van Haarst, Rainer Korsch, Sabine Domhöfer, Reinhard Wendt, Claudia Buchkremer, Pavlina Kovatova.

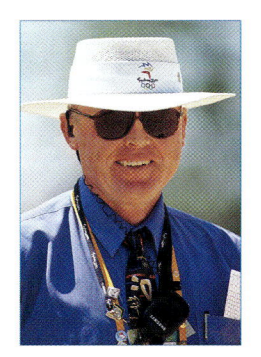

Franz Venhaus aus Neubeckum, vor 25 Jahren nach Australien ausgewandert, war ein umsichtiger und souveräner Chef der Reiterwettkämpfe.

Alle waren sehr früh vor Ort und konnten die gebotenen Möglichkeiten bestens nutzen. Dabei gab es natürlich trotz der guten Organisation immer viel zu klären und zu regeln. Der erste Auftritt der Offiziellen aus der FEI-Zentrale in Lausanne wurde am 12. September registriert, drei Wochen nach Eintreffen der ersten Pferde und drei Tage vor der Eröffnungsfeier. Dies erschien so manchem befremdlich spät. Noch später kam dank FEI-Beschluss eine Teilnehmerin samt ihrem Pferd. Zur Auffüllung der Quote im Springen erschien Prinzessin Haya aus Jordanien mit ihrem Pferd „Lucilla" am 18. September, drei Tage nach der Eröffnungsfeier. Galten bis dahin nicht unumstößliche Gesetze für Ankunft und Quarantäne?

Das Equestrian Centre selbst war äußerst großzügig und praktisch angelegt. Um den zentralen Stallbereich herum lagerten das Restaurationszelt, die Futterversorgung, ein Sattlergeschäft und die Grooms-Village, die Unterkunft der Pferdepfleger. Weiter herum gruppierten sich 17 Trainingsplätze und eine große Trainingshalle. Hieran schloss sich in der einen Richtung das 28.000 Zuschauer fassende Reiterstadion mit einem vorgelagerten - Organisationsbereich, Pressezentrum und VIP-Bereich an. In der anderen Richtung erstreckte sich das Gelände für die Vielseitigkeitsreiter mit einem wunderbaren Berg zu Trainingszwecken, der Rennbahn und der gesamten Streckenführung der Wegestrecken und der Querfeldeinstrecke. Alles war leicht und schnell erreichbar und von mehreren Standorten sehr gut einsehbar.

„Wir hoffen auf Ihre Zustimmung, dass alle Anstrengungen unternommen werden sollten, um die Quoten der verschiedenen Wettbewerbe auszufüllen", heißt es im diesbezüglichen FEI- Schreiben. Ein Satz, dessen Denkwürdigkeit durch den Verlauf der Wettkämpfe - insbesondere in der Vielseitigkeit - sehr drastisch unterstrichen wurde.

EREIGNISSE AM RANDE

Grooms-Village

Haus der Familie Michelle und Benedikt Müller

Die Pferdepfleger wohnten in einem Barackendorf - der Grooms-Village - neben dem Stall in Zweibettzimmern. Der größte Teil der Mannschaft wohnte 20 Autominuten entfernt im Hotel Sunnybrook. Ein Teil der Vielseitigkeitsmannschaft und deren Tross war großzügig im Privathaus der Familie Michelle und Benedikt Müller 5 km vor den Toren des Equestrian Centre's einquartiert.

Auf diese Weise war alles gut untergebracht und man kam immer schnell zu den Pferden. Im olympischen Dorf war es dagegen enger. Für 15.000 Menschen geplant und errichtet, mussten wegen sehr großzügiger Zulassung durch das IOC weit über 16.000 Menschen untergebracht werden. Neben der Enge entstanden hierdurch zusätzliche Probleme beim Transport von Athleten und Offiziellen zu den außerhalb liegenden Wettkampfstätten.

Trotzdem wollten unsere Reiterinnen und Reiter natürlich das Besondere des olympischen Dorfes - das Fluidum von Internationalität, der Jugend der Welt und der Völkerverständigung - erleben. So fuhren sie sehr oft dorthin und genossen die olympische Atmosphäre.

Für all das musste man natürlich beweglich sein und sich stets untereinander abstimmen. Dafür garantierte DaimlerChrysler. Der Chef von DaimlerChrysler Australien, Bernt W. Schlickum, machte es zu seiner ureigensten Aufgabe, unsere Teams nach besten Kräften zu unterstützen. So fuhren wir in 8 Mercedes-PKW's und 5 Chrysler-Kleinbussen durch Sydney und Umgebung und hatten mit 20 Handys und 15 Funkgeräten stets guten Kontakt untereinander. Das half sowohl bei der olympisch-dienstlichen Organisation als auch bei allen Freizeitaktivitäten in dieser langen Zeit.

Unsere Mannschaft mit dem DaimlerChrysler-Fuhrpark

Bei vielen Fahrten lernten unsere Reiterinnen und Reiter Land und Leute kennen. Die Auftaktveranstaltung hierzu war die erste von insgesamt drei durch DaimlerChrysler organisierten Bootsfahrten im wunderschönen Hafengebiet von Sydney. Hier gerieten unsere drei Disziplinen erstmals richtig durcheinander und ab dann ergriffen sie in verschiedenen Gruppen die Initiative, um möglichst viel vor Beginn der Olympischen Spiele zu erleben. Neben dem olympischen Dorf, dem Deutschen Haus und dem Traumschiff MS Deutschland waren die City von Sydney, der Hafen, das Vergnügungszentrum Darling Harbour, der Zoo, das Aquarium, eine Galopprennbahn, die Oper wie auch die außerhalb gelegenen Sehenswürdigkeiten wie die Blue Mountains oder Palm Beach beliebte Ausflugsziele.

Im Equestrian-Centre machten uns 25 Fahrräder beweglich

Begrüßung auf dem DaimlerChrylser-Katamaran durch Bernt W. Schlickum

Zu weit für unsere Autos war das riesige Weingut Rosemount unserer ehemaligen, jetzt australischen Dressurreiterin Kristy Oatley-Nist. So musste ein Privatflugzeug des Weingutes zweimal fliegen, um allen Interessierten unseres Teams eine sehr beeindruckende Führung samt Weinprobe zu ermöglichen.

Die olympische Flamme hielt unter großer Anteilnahme der Bevölkerung und der Medien Einzug nach Sydney. Auf dem Weg dorthin kam sie auch an unserem Hotel vorbei. Unser Hotelier - John Ireland - organisierte ein Barbecue. So erlebten wir vorolympisches Flair direkt vor der eigenen Haustür.

Den Dank der deutschen Mannschaft überbrachte Reiterpräsident Dieter Graf Landsberg-Velen

Sydney 2000

Das Hotel - speziell die Bar - erlebte stürmische Zeiten. Von hier ging alles aus, und hier traf sich zu nächtlicher Stunde alles wieder. Ganz am Anfang stieß die Bewirtung einmal an ihre Grenzen. Dann hatte man sich darauf eingestellt und nie mehr musste Hunger oder Durst erlitten werden. Zu diskutieren gab es immer etwas, laut oder leise, offen oder im kleinen Kreise, meist quer durch alle Disziplinen und mehr oder weniger angeregt durch die Vorräte der immer gleichen und nie ermüdenden Bardame.

Später gab es natürlich echten Grund zu feiern. Das fing nach dem 4. Mannschaftsplatz unserer Vielseitigkeitsreiter an. Im kleinen Gartenrestaurant des Equestrian-Centre ging es hoch her. Alle fühlten sich zur Vielseitigkeit gehörig und feierten tüchtig mit. Die zu später Stunde erscheinende Polizei machte wenig Eindruck. Weiter ging es mit feiern. Aber als die im Rasen unsichtbar eingelassenen Rasensprenger mitten in unserer Sitzgruppe ihren Dienst begannen und alles unter Wasser setzten, war es mit dem Feiern dann doch vorbei.

Zu den sportlich interessanten Randereignissen gehörte die gegenseitige Hilfe im Training. Kurt Gravemeier und Klaus Balkenhol engagierten sich bewundernswert für unsere Vielseitigkeitsreiter. Bei den Springreitern half sich immer alles gegenseitig unter Aufsicht von Herbert Meyer und Kurt Gravemeier.

Alexandra Simons-de Ridder wurde unterstützt durch ihren Ehemann Ton de Ridder, Isabell Werth natürlich durch Dr. Uwe Schulten-Baumer und Ulla Salzgeber durch Heike Kemmer. Alles wurde koordiniert durch Bundestrainer Klaus Balkenhol, der sich seinerseits sehr um Nadine Capellmann bemühte.

In der Dressur war auch international deutsche Hilfe sehr gefragt: Für Holland durch Jürgen Koschel und Johann Hinnemann, den Dänen half Rudolf Zeilinger, die Spanier wurden trainiert von Jean Bemelmans, Karin Rehbein trainierte die Australierin Kristy Oatley-Nist, Ulla Salzgeber unterstützte die Schweizerin Patricia Bottani und Klaus Balkenhol half hin und wieder den amerikanischen Dressurreitern.

Der Abschluss der Olympischen Spiele war ein letztes, ganz großes und beeindruckendes Erlebnis. Ein Teil unserer Mannschaft war live im Olympiastadion dabei, ein anderer Teil verfolgte die Abschlussfeier in einem kleinen Restaurant auf einer großen Leinwand. Dann ging es zum letzten Mal aufs Schiff, um das Feuerwerk in Sydneys Hafen möglichst unmittelbar zu erleben. Das war ein fantastischer Schlusspunkt unter wohl noch lange nachwirkende Olympische Spiele.

Bei den Springreitern half sich alles gegenseitig unter Aufsicht von Herbert Meyer .... bei besonders engerer Kooperation der Gebrüder Beerbaum ... fotografisch festgehalten von Hof-Fotograf Werner Ernst

Dank allen, die durch Hilfe zu den Erfolgen beigetragen haben. Stellvertretend für ganz viele Hans Günter Winkler.

Zwei Goldmedaillen, einmal Silber, einmal Bronze und fünf 4. Plätze sind ein großartiges Ergebnis für unsere Reiter. Gratulation und Dank an alle Aktiven für diese überragenden sportlichen Leistungen, Dank aber auch allen, die durch ihre Hilfe hierzu beigetragen haben.

Gratulation unseren Reitern, hier ausgedrückt durch Gerrit und Max Nieberg

ZUCHT • DEUTSCHE PFERDE IN SYDNEY

Dr. Hanfried Haring und Dr. Klaus Miesner

Deutsche Pferde in Sydney
Erfolg ist kein Zufall

„They win in all shapes" hieß es lange Zeit auf den Turnierplätzen. Dieser bewährte Spruch muss in seiner Gültigkeit doch ein wenig eingeschränkt werden, wenn man analysiert, welche Pferde in den drei Disziplinen des olympischen Reitsports in Sydney an den Start gingen. Selbstverständlich trifft diese Aussage oberflächlich auch heute noch zu. Selbstverständlich bringen Pferde jeder Größe, jedes Kalibers und jeder Farbe die geforderte Leistung. Bereits bei der Betrachtung des Körperbaus der Leistungspferde wird jedoch deutlich, dass die gewünschten Leistungen nur bei passender Konstruktion eines Pferdes, d.h. bei richtiger Ausprägung der einzelnen Körperpartien einschl. einer korrekten Stellung der Gliedmaßen erbracht werden können. Noch deutlicher wird die Einschränkung bei der Betrachtung des Pedigrees der Pferde. Und hier sind einige klare Aussagen zu treffen und zwar in Abhängigkeit von den zu erbringenden Leistungen in den einzelnen Disziplinen des olympischen Reitsports.

In der Vielseitigkeit heutiger Prägung, in der Ausdauer und Schnelligkeit an der Spitze der erforderlichen Merkmale stehen, wird der Vollblüter benötigt, sei es in reiner Form oder mit einem geringen Anteil anderer Blutführung, z.B. dem Irish Draught oder unseren europäischen Warmblütern. Eine gezielte Zucht ist schon aufgrund des geringen Marktanteils der Vielseitigkeitspferde im Spitzensport überhaupt nicht möglich.

Ganz anders sieht das in den Disziplinen Springen und Dressur aus. Hier sind die Leistungsträger nahezu ausnahmslos auf die Blutlinien zurückzuführen, die aus Zuchten mit einem sorgsam auf die Bedürfnisse dieses Sports zugeschnittenen Zuchtprogramm stammen. Zufallsprodukte, die in der Vergangenheit stets noch eine gewisse Rolle spielten, gibt es so gut wie nicht mehr. Im Springen sind die Leistungspferde vor allem auf die deutsche und französische Zucht zurückzuführen, in der Dressur nahezu ausschließlich auf die deutsche. Mit dieser Aussage soll die große Leistung und Bedeutung der Zucht in Holland, Belgien, Schweden und Dänemark keineswegs geschmälert werden. Analysiert man jedoch die Pedigrees, so stimmt die getroffene Aussage wieder.

Von den 120 in den Disziplinen Springen und Dressur gestarteten Pferde stammen direkt aus den folgenden Zuchtgebieten:

- 50 aus Deutschland, davon 18 aus Hannover, 14 aus Holstein, 9 aus Oldenburg, 6 aus Westfalen, je 2 aus dem Rheinland, 1 aus Baden-Württemberg
- 17 aus Holland
- 10 aus Frankreich
- 8 aus Schweden
- 6 Vollblüter
- 6 aus Dänemark
- 4 aus Belgien (BWP)
- 3 aus Brasilien
- 3 Pferde spanisch/portugiesischer Blutführung
- 3 Trakehner aus Russland
- 2 aus Argentinien
- je 1 aus Irland und Neuseeland.

Die deutschen Züchter konnten sich somit bereits vor Beginn der Spiele ihrer Medaillen sicher sein.

Vielseitigkeit

Wie stets spielte auch in Sydney der Vollblüter die herausragende Rolle. Solange diese Disziplin eine Kombination zwischen Ausdauerleistung und Schnelligkeit ist, wird dieses auch so bleiben, besonders dann, wenn die Anforderungen in der Dressur und im Springen nicht deutlich angehoben werden.

Von 85 gestarteten Pferden waren 42 reine Vollblüter, also die Hälfte aller Starter. Mit 5 Pferden waren die Anglo-Araber schwächer vertreten als in den Vorjahren. 15 Pferde stammten aus Irland. Das Irish Sport Horse hat in den letzten Jahren die Rangliste der World Breeding Fédération for Sporthorses in dieser Disziplin angeführt. Es folgt dann eine weitere Gruppe hoch im Blut stehender Warmblüter, viele davon 7/8 Vollblüter. Insgesamt sind das 19 Pferde, davon 6 Selle Francais, 4 Engländer, je 2 Trakehner und Hannoveraner sowie je 1 Starter aus Holstein, Belgien, Schweden, Australien und Neuseeland.

Eine planmäßige Zucht von Vielseitigkeitspferden, wie es sie im Springen und in der Dressur gibt, ist jedoch in keinem Lande festzustellen. Dieses ergibt sich aus der starken Verwendung des Vollblüters im Wettkampf und in der Zucht. Die früher häufige Kombination Pony x Vollblüter kam nur noch in einem einzigen Fall vor (Michaelmas, Heidi Antikatzidis, GRE). In den Medaillenteams gingen neun reine und drei 7/8-Vollblüter. Die drei erstplazierten Pferde im Einzelwettbewerb waren ebenfalls Vollblüter. Die Typvarianz der Blüter ist recht groß. Sie reicht vom etwas groben Modell bis zum für die Warmblutzucht geeigneten Veredler. Allen gemeinsam ist jedoch, dass sie über große Partien in der Schulter- und Kruppenformation verfügen, die sie zu Galoppiermaschinen werden lassen. Besonders auffallend waren die vielen enorm ausgeprägten Widerriste, die nach klassischer Auffassung bereits als fehlerhaft zu bezeichnen wären. Zwangsläufig haben diese Pferde einen „Axthieb", der jedoch nicht auf einen ungenügenden Halsansatz zurückzuführen ist, sondern auf die (zu) gewaltige Ausprägung des Widerristes.

Vielseitigkeit — Medaillengewinner

Mannschaftswertung

Gold (AUS)	Darien Powers	v. Christophle	Austr. Warmblut (7/8xx)
	House Doctor		Vollblüter, USA
	Jeepster		Vollblüter, Australien
	Kibah Sandstone	v. Bamborough S	Vollblüter, Australien
Silber (GBR)	Over To You	v. Over the River	Vollblüter, Irland
	Shear H_2O	v. Stan the Man	Irish Sport Horse (7/8xx)
	Supreme Rock	v. Edmund Burke	Irish Sport Horse (7/8xx)
	Jaybee	v. Norfolk Air	Vollblüter, Neuseeland
Bronze (USA)	Giltedge	v. Glenn Bar	Vollblüter, USA
	3 Magic Beans		Vollblüter, USA
	Anderoo		Vollblüter, USA
	Prince Panache	v. Nickel King	Vollblüter, USA

Einzelwertung

Gold	(USA)	Custom Made	v. Bassompierre	Vollblüter, Irland
Silber	(AUS)	Swizzle In	v. You de Longvout	Vollblüter, Australien
Bronze	(NZL)	Eyespy II	v. Straight Strike xx	Vollblüter, Neuseeland

Zucht • Deutsche Pferde in Sydney

Butscher, 11 J., Holst., v. Bold Indian (xx)

Leonas Dancer, 9 J., Hann., v. Solo Dancer (xx)

Little Mc Muffin FRH, 11 J., Hann., v. Lemon (xx)

Boettcher's Longchamps, 13 J., Trak., v. Sir Shostakovich (xx)

Aczidos, 14 J., Oldb., v. Akzent II

Any How, 14 J., Hann., v. Atatürk

Aquamarin, 15 J., Westf., v. Pakt

Gestion Bonfire, 17 J., Oldb., v. Welt As

schen Reitpferdes ausgerichtet. Nahezu alle gestarteten und alle erfolgreichen Pferde stammen aus genau definierten Zuchtprogrammen mit gut eingespielten Selektionsstufen, durch die Exterieur und Grundgangarten mit Leistungsprüfung verbunden sind. Von 48 Startern stammten 22 direkt aus deutscher Zucht, davon je 6 aus Hannover und Holstein, 4 aus Westfalen, 3 aus Oldenburg, 2 aus Baden-Württemberg und 1 aus dem Rheinland. Mit recht großem Abstand folgen dann Holland mit 8 Pferden, Dänemark mit 5, Schweden mit 4 und Russland mit 2. Zusätzlich stammen 2 Trakehner aus Russland und besonders hervorzuheben sind die 3 spanischen Pferde, von denen eines die Rasse Lusitano und 2 die der Pura Raza (Andalusier) vertreten. Ein "New Zealand Sporthorse" hat ein rein deutsches Pedigree.

In den Medaillenteams starteten somit 8 Pferde aus Deutschland, 3 aus Holland und eines aus der ehemaligen UdSSR. Dieses Verhältnis spiegelt die Dominanz deutscher Pferde im internationalen Dressursport wider, wobei zu bemerken ist, dass neben der Qualität unserer Zuchtprodukte hierfür auch das gezielte Aufbausystem im Sport verantwortlich ist. Ein herausragendes Beispiel hierfür ist Farbenfroh (v. Freudentänzer, Westf.), der nach erfolgreicher Teilnahme an den Qualifikationsprüfungen Bundeschampion der Dressurpferde 1996 in Warendorf wurde. Bei diesem Ausnahmepferd kommen alle Voraussetzungen für den Erfolg im Dressursport in einmaliger Weise zusammen, nämlich makelloses Exterieur, auffallende Erscheinung, herausragende Grundgangarten und solide Grundausbildung. Dieses trifft in gleicher Weise auf Chacomo (v. Calypso I, Holst) zu, der seinen Weg ebenso wie Kennedy (v. Tiro / Karat, Baden-Württemberg) über die Teilnahme am Bundeschampionat gegangen ist.

Dressur

Wie in Atlanta dominierten die großrahmigen und kalibrigen Pferde bis hin zu Typen wie dem holländisch gezogenen Goliath, der seinem Namen alle Ehre macht und an die Zeiten des Umzüchtungsprozesses erinnert. Bei der immer größer werdenden Dichte von Qualitätspferden im Spitzensport haben nur solche Pferde in der Zukunft eine Chance, die über drei herausragende Grundgangarten verfügen und aufgrund ihres ausgeglichenen Interieurs die mit Ausbildung und Wettkampf verbundenen psychischen Belastungen gut verarbeiten können. Auf eben diese Eigenschaften ist der Dressurindex im Zuchtprogramm des Deut-

Dressur — Medaillengewinner

Mannschaftswertung

Gold (GER)	Gigolo FRH	v. Graditz, Busoni xx	Hann.
	Chacomo	v. Calypso I, Marmor	Holst.
	Rusty	v. Rebus, Aktsent	Trak./Lettland
	Farbenfroh	v. Freudentänzer, Aarstein	Westf.
Silber (NED)	Gestion Bonfire	v. Welt As, Praefectus xx	Oldb.
	Silvano N	v. Silvester, Latino	Holst.
	Goliath	v. Zebulon, Nieuwpoort	KWPN
	Ferro	v. Urft, Farn	KWPN
Bronze (USA)	Ranier	v. Rolando, Figaro	Oldb.
	Flim Flam	v. Wilhelm Tell I, Cavalier	Hann.
	Foltaire	v. Voltaire	KWPN
	Etienne	v. Ehrentusch, Aktuell	Westf.

Einzelwertung

Gold	(NED)	Gestion Bonfire	v. Welt As, Praefectus xx	Oldb.
Silber	(GER)	Gigolo FRH	v. Graditz, Busoni xx	Hann.
Bronze	(GER)	Rusty	v. Rebus, Aktsent	Trak./Lettland

ZUCHT • DEUTSCHE PFERDE IN SYDNEY

Candidat, 13 J., Holst., v. Chamisso

Chacomo, 11 J., Holst., v. Calypso I

Crisp, 12 J., Hann., v. Consul

Esprit de Valdemar, 14 J., Hann., v. Espri

Etienne, 12 J., Westf., v. Ehrentusch

Farbenfroh, 10 J., Westf., v. Freudentänzer

FBW Kennedy, 11 J., Ba-Wü., v. Tiro

Flim Flam, 13 J., Hann., v. Wilhelm Tell I

Gigolo FRH, 17 J., Hann., v. Graditz

Lanciano 13, 15 J., Rheinl., v. Lenard

Ranier, 9 J., Oldb., v. Rolando

Renoir, 13 J., Westf., v. Rex Fritz

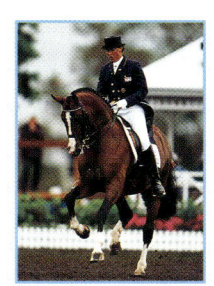

Silvano N, 15 J., Holst., v. Silvester

Sir S, 10 J., Holst., v. Silvester

Wall Street 22, 10 J., Hann., v. Weltmeyer

Weldon Suprise, 11 J., Hann., v. Wenzel I

Springen

Auch im Springen dominieren die Pferde aus Zuchten mit gezielten Zuchtprogrammen. Immer höher werdende technische Anforderungen im Parcours geben unseren Pferden mit optimaler Beintechnik und Rittigkeit eine Chance, wobei herausragendes Springvermögen heutzutage selbstverständliche Voraussetzung ist. Zufallsprodukte, in früheren Zeiten die Regel, sind kaum noch anzutreffen. Von den 74 gestarteten Pferden in dieser Disziplin kamen 31 aus Deutschland, davon aus Hannover (13), Holstein (9), Oldenburg (6), Westfalen (2), und dem Rheinland (1). Mit recht großem Abstand folgen Frankreich (10), Holland (9), Vollblüter (6), Belgien und Schweden (je 4), Brasilien (3), Argentinien (2) und je ein Pferd aus Dänemark, Irland und Russland (Trakehner Abstammung).

Die deutsche Mannschaft ritt erstmalig seit geraumer Zeit wieder ausschließlich mit Pferden aus deutscher Zucht zum Erfolg, nämlich mit den drei gekörten Hengsten For Pleasure (Furioso II), Hannover, Goldfever (Grosso Z), Hannover und Cento (Capitol I) Holstein, die das Zuchtziel des Deutschen Reitpferdes auch exterieurmäßig hervorragend demonstrierten, ergänzt durch den Wallach Esprit FRH (Eiger I) Hannover. Auch die französische Mannschaft trat traditionsgemäß mit 4 Pferden der heimischen Zucht auf. Die australische Springmannschaft ritt ebenfalls sehr einheitlich auf Vollblütern aus australischer Zucht und auch die schwedischen Reiterinnen starteten Pferde aus eigener Zucht.

ZUCHT • DEUTSCHE PFERDE IN SYDNEY

Springen – Medaillengewinner

Mannschaftswertung

Gold (GER)	For Pleasure	v. Furioso II, Grannus-Granit	Hann.
	Dobel's Cento	v. Capitol I, Caletto II	Holst.
	Loro Piana Esprit FRH	v. Eiger I, Fürst Ferdinand	Hann.
	Goldfever 3	v. Grosso Z, Galvano	Hann.
Silber (SUI)	Dulf	v. Don Juan, Archimedes	Hann.
	Tinka's Boy	v. Zuidpool, Nurzeus	KWPN
	Pozitano	v. Polydor, Waidmannsdank xx	Rhld.
	Calvaro 5	v. Cantus, Merano	Holst.
Bronze (BRA)	Ralph	v. Raphael, Spitzbube	Hann.
	Calei	v. Calando, Lord	Holst. (Bras.)
	Neto Aspen	v. Lorado	Holst.(Bras.)
	Baloubet du Rouet	v. Galoubet A	Starter, SF

Einzelwertung

Gold	(NED)	Sjiem (ex Haram)	v. Aram, Wahtamin xx	KWPN
Silber	(NED)	Lando	v. Lancier, Raimondo	DWP
Bronze	(KSA)	Khashm Al Aan	v. Primo de Bryére	(ex Katapult)

Hinweis:
Campione M, 13 J., Holst., v. Capitol I (o.Abb.)
Chanel M2, 12 J., Holst., v. Cor de la Bryere (o.Abb.)
National Guard (Canius Lupus), 8 J., Holst., v. Capitol I (oAbb.)
Saif Al Adel (Ramiro's Orion), 10 J., Holst., v. Ramiro (o.Abb.)

Calvaro 5, 14 J., Holst., v. Cantus

Careful 23, 9 J., Westf., v. Cordalme Z

Carthago Z, 13 J., Holst., v. Capitol I

Dorincord, 9 J., Hann., v. Drosselklang II

Filias, 9 J., Oldb., v. Filius

Diva, 10 J., Hann., v. Don Juan

Dulf, 12 J., Hann. v. Don Juan

For Pleasure, 14 J., Hann., v. Furioso II

Dobel's Cento, 11 J., Holst., v. Capitol I

Loro Piana Esprit FRH, 15 J., Hann., v. Eiger I

Gismo, 9 J., Oldb., v. Grannus-Granit

ZUCHT • DEUTSCHE PFERDE IN SYDNEY

Goldfever 3, 9 J., Hann., v. Grosso Z

Lux Z, 12 J., Hann., v. Lord Calando

Prince of Wales, 9 J., Hann., v. Wales

Las Vegas 116, 11 J., Oldb., v. Landfrieden

Montemorelos La Silla, 10 J., Hann, v. Calypso II

Ralph 12, 12 J., Hann., v. Raphael

Lenaro, 10 J., Holst., v. Leuthen I

Perin, 10 J., Westf., v. Pageno

Remus Equo, 12 J., Oldb., v. Grannus-Granit

Leonson, 9 J., Oldb., v. Lord Liberty

Pozitano, 11 J., Rheinl., v. Polydor

Roofs, 10 J., Holst., v. Caletto I

Lucilla II, 13 J., Holst., v. Landgraf I

Premier Cru, 11 J., Oldb., v. Radjah Z

Spirit of Xerox II, 12 J., Hann., v. Tannenhain (xx)

137

Zucht • Deutsche Pferde in Sydney

Gestartete deutsche Pferde bei den Olympischen Spielen in Sydney

Pferd	Geb.-Jahr	Ge.-schl.	Zucht-verb.	Vater	Vater der Mutter	Züchter	Start für	Reiter
Disziplin Vielseitigkeit								
Butscher	1989	W	Holst.	Bold Indian (xx)	Lord (Holst)	Lothar Völz, Wöhrden	Deutschland	Rüder, Kai
Leonas Dancer	1991	W	Hann.	Solo Dancer (xx)	Basalt (xx)	Bernhard Revens, Heeslingen	Deutschland	Dibowski, Andreas
Little Mc Muffin FRH	1989	W	Hann.	Lemon (xx)	Avus (Hann)	Hanke Meyer, Midlum	Deutschland	Hagener, Nele
TSF Boettcher's Longchamps	1987	W	Trak.	Sir Shostakovich (xx)	Patron (Trak)	Maria Hoogen, Kevelaer	Deutschland	Köhncke, Marina
Disziplin Dressur								
Aczidos	1986	W	Oldb.	Akzent II (Hann)	Futuro (Oldb)	Friedrich Ahlers, Goldenstedt	Mexico	Rivera, Antonio
Any How	1986	W	Hann.	Atatürk (Hann)	Akrobat (Hann)	Alfred Künzler, Reessum	Dänemark	van Olst, Anne
Aquamarin	1985	H	Westf.	Pakt (Westf)	Benedikt (Westf)	Gudrun Waltermann, Sendenhorst	Schweiz	Stückelberger, Christine
Gestion Bonfire	1983	W	Oldb.	Welt As (Oldb)	Praefectus (xx)	Karl Bernd Westerholt, Lemwerder	Niederlande	van Grunsven, Anky
Candidat	1987	W	Holst.	Chamisso (Holst)	Ritter (Holst)	Gustav Czerwonka, Quickborn	Österreich	Gmoser, Peter
Chacomo	1989	W	Holst.	Calypso I (Holst)	Marmor (Holst)	Meike Reckefuß-Voß, Hohenlockstedt	Deutschland	Simons-de Ridder, Alexandra
Crisp	1988	W	Hann.	Consul (Trak)	Aktuell (Hann)	Wilhelm Klausing, Diepholz	Australien	Macmillan, Erica
Esprit de Valdemar	1986	W	Hann.	Esprit (Hann)	Woermann	Lueder Tienken, Loxstedt	Dänemark	Pedersen, Jon D.
Etienne	1988	W	Westf.	Ehrentusch	Aktuell	August Exeler, Rheine	USA	Traurig, Christine
Farbenfroh	1990	W	Westf.	Freudentänzer (Westf)	Aarstein (Westf.)	Egon Stiens, Herzebrock	Deutschland	Capellmann, Nadine
FBW Kennedy	1989	W	Ba-Wü.	Tiro (Oldb)	Karat (Trak)	Karl Gaissmaier, Ehingen	Dänemark	Jürgensen, Lone
Flim Flam	1987	W	Hann.	Wilhelm Tell I (Hann)	Cavalier (Hann)	Walter Blume, Wunstorf	USA	Blinks, Susan
Gigolo FRH	1983	W	Hann.	Graditz (Hann)	Busoni (xx)	Horst Klussmann, Parsau	Deutschland	Werth, Isabell
Lanciano 13	1985	W	Rheinl.	Lenard (Hann)	Schiwago (Hann)	Stall Gebr. Rüben/Hans Rüben, Würselen	Brasilien	Rocha, Jorge Ferreira
Ranier	1991	W	Oldb.	Rolando (Oldb)	Figaro (Oldb)	Edith Fleitmann, Grossenkneten	USA	Dover, Robert
Renoir	1987	W	Westf.	Rex Fritz (Westf)	Maestose (xx)	Kaspar-Dietrich Feldhaus, Wetter	Italien	Laus, Pia
Silvano N	1985	H	Holst.	Silvester (Holst)	Latino (Holst)	Willi Jürgensen, Nübel	Niederlande	Bontje, Ellen
Sir S	1990	W	Holst.	Silvester (Holst)	Landgraf I (Holst)	Prof.Dr. Hartwig Schmidt, Borsfleth	Schweiz	Cantamessa, Francoise
Wall Street 22	1990	W	Hann.	Weltmeyer (Hann)	Atatuerk (Hann)	Heinrich Osmers, Oyten	Australien	Oatley-Nist, Kristy
Weldon Suprise	1989	W	Hann.	Wenzel I (Hann)	Goldstein (Hann)	Wilfried Meyer, Drentwede	Portugal	Pinto, Daniel
Disziplin Springen								
Calvaro 5	1986	W	Holst.	Cantus (Host)	Merano (Holst)	Ilse Hell, Klein Offenseth	Schweiz	Melliger, Willi
Campione M	1987	W	Holst.	Capitol I (Holst)	Wahnfried (Holst)	Karl-Heinz Schaffer, Westerrönfeld	Iran	Nilforushan, Ali
Careful 23	1991	W	Westf.	Cordalme Z (Oldb)	Aarstein (Westf)	Winfried Walliser, Aitern	Ägypten	Sakakini, Saleh André
Carthago Z	1987	H	Holst.	Capitol I (Holst)	Calando I (Holst)	Erhard Krampitz, Epenwöhrden	Niederlande	Lansink, Jos
Chanel M 2	1988	S	Holst.	Cor de la Bryere (Anglo-Norm)	Fantus (Holst)	Alfred Kopplin, Friedr.-Wilhelm-Lübke-Koog	Saudi Arabien	Bahamdan, Kamal
Diva	1990	S	Hann.	Don Juan (Hann)	Frescobaldi (xx)	Christian Brünger, Lüchow	Canada	Hayes, Jay
Dobel's Cento	1989	H	Holst.	Capitol I (Holst)	Caletto II (Holst)	Heinrich Schoof, Büsum	Deutschland	Becker, Otto
Dorincord	1991	W	Hann.	Drosselklang II (Hann)	Daimyo (xx)	Dagmar Meyer, Edemissen	Canada	Millar, Ian
Dulf	1988	W	Hann.	Don Juan (Hann)	Archimedes (Hann)	Werner Lange, Dannenberg	Schweiz	Mc Naught, Lesley
Loro Piana Esprit FRH	1985	W	Hann.	Eiger I (Hann)	Fürst Ferdinand(Hann)	Dr.Hans Jürgen Klatt, Wietze	Deutschland	Nieberg, Lars
Filias	1991	S	Oldb.	Filius (Hann)	Sandro (Holst)	Paul Schockemöhle, Steinfeld	Spanien	Astolfi, Luis
For Pleasure	1986	H	Hann.	Furioso II (Oldb)	Grannus-Grannit(Hann)	Robert Diestel, Adelheidsdorf	Deutschland	Ehning, Marcus
Gismo	1991	W	Oldb.	Grannus-Granit (Hann)	Volturno (Oldb)	Willi Meddelbeck, Wildeshausen	Spanien	Jurado, Ricardo
Goldfever 3	1991	H	Hann.	Grosso Z (Hann)	Galvano (Hann)	Sigurd Hochmuth, Meerbeck	Deutschland	Beerbaum, Ludger
Las Vegas 116	1989	S	Oldb.	Landfrieden (Holst)	Salut (Hann)	Jutta Behrens, Lembruch	Italien	Govoni, Gianni
Lenaro	1990	W	Holst.	Leuthen I (Holst)	Capitol I (Holst)	Carl Adolf Jessen, Goldelund	Neuseeland	Goodin, Bruce
Leonson	1991	W	Oldb.	Lord Liberty (Holst)	Gardestern I (Hann)	Hinrich Wilhelm Schröder, Steinau	Neuseeland	Breakwell, Peter
Lucilla II	1987	S	Holst.	Landgraf I (Holst)	Fra Diavolo (Holst)	Uwe Mack, Ellerbek	Jordanien	HRH Princess Haya Bint Al Hussein
Lux Z	1988	H	Hann.	Lord Calando (Holst)	Ahorn Z (Hann)	Leon Melchior, Lanaken (Belgien)	Italien	Smit, Jerry
Montemorelos La Silla	1990	W	Hann.	Calypso II (Holst)	Graphit (Hann)	Günther Behme, Vechelde	Mexico	Romo Garza, Alfonso
National Guard (Canius Lupus)	1992	W	Holst.	Capitol I (Holst)	Caletto II (Holst)	Gerd Hansen, Wiemerstedt	Saudi Arabien	Al Geaid, Fahad
Perin	1990	W	Westf.	Pageno (Westf)	Gotthard (Hann)	Friedhelm Heising, Hamm	USA	Goldstein-Engle, Margie
Pozitano	1989	W	Rheinl.	Polydor (Westf)	Waidmannsdank (xx)	Wilhelm Husmann, Hamminkeln	Schweiz	Mändli, Beat
Premier Cru	1989	W	Oldb.	Radjah Z (Oldb)	Grannus-Grannit (Hann)	Heinrich Linßen, Nettetal	Bulgarien	Raitchev, Rossen
Prince of Wales	1991	W	Hann.	Wales (Hann)	Godehard (Hann)	Klaus Below, Hambergen	Großbritannien	Whitaker, Michael
Ralph 12	1988	W	Hann.	Raphael (Westf)	Spitzbube (Hann)	Hans-Hermann Maack, Hamburg	Brasilien	De Azevedo, Luiz Felipe
Remus Equo	1988	H	Oldb.	Grannus-Granit (Hann)	Damokles (Westf)	Gerd Wiltfang, Thedinghausen	Österreich	Bauer, Anton Martin
Roofs	1990	S	Holst.	Caletto I (Holst)	Fra Diavolo (Holst)	Peter Nagel-Tornau, Attendorn	Niederlande	Tops, Jan
Saif Al Adel (Ramiro's Orion)	1990	H	Holst.	Ramiro (Holst)	Raimondo (Holst)	Hans Willy Christiansen, Bovenau	Saudi Arabien	Al Duhami, Ramzi
Spirit of Xerox II	1988	W	Hann.	Tannenhain (xx)	Gong (Hann)	Joachim Heuer, Lemgow	Canada	Asselin, Jonathan

Farbenfroh ist der erste Bundeschampion, der auch eine Olympiamedaille gewonnen hat! Hidden Creeks Perin war 1995 für das Bundeschampionat des Deutschen Springpferdes qualifiziert und ist S-Sieger unter P. Nagel-Tornau. Pageno, der Vater des Wallachs Hidden Creeks Perin, ist ein Vollbruder zu Bugatti Pedro, der 1988 in Seoul unter Wolfgang Brinkmann am Start war.

Stockholm 1912

Military — Einzel
1. A. Nordlander (SWE) Lady Artist
2. Oblt. Harry v. Rochow (GER) Idealist
3. Cariou (FRA) Cocotte
5. Lt. Richard von Schaesberg (GER) Grundsee
8. Oblt. Eduard von Lütcken (GER) Blue Boy
15. Rittm. Carl von Moers (GER) Mary Queen

Mannschaft
1. Schweden
2. Deutschland (Harry von Rochow - Idealist, Lt. Richard von Schaesberg - Grundsee, Oblt. Eduard von Lütcken - Blue Boy)
3. USA

Dressur — Einzel
1. C. Graf Bonde (SWE) Emperor
2. G. A. Boltenstern (SWE) Neptun
3. H. v. Blixen-Finecke (SWE) Maggie
4. Rittm. Frh. Karl von Oesterley (GER) Condor
7. Oblt. Felix Bürkner (GER) King
11. Oblt. Andreas von Flotow (GER) Senta
12. Rittm. Carl von Moers (GER) New Bank xx

Mannschaft
keine Mannschaftswertung

Springen — Einzel
1. Cariou (FRA) Mignon
2. Oblt. Rabod W. v. Kröcher (GER) Dohna
3. E. de Blommaert (BEL) Clonmore
5. Oblt. Sigismund Freyer (GER) Ultimus
6. Lt. Willi von Hohenau (GER) Pretty Girl
9. Lt. Ernst Deloch (GER) Hubertus
18. Lt. Ernst Grote (GER) Polyphem
    Lt. Friedrich K. v. Preußen (GER) Gibson Boy

Mannschaft
1. Schweden
2. Frankreich
3. Deutschland (Oblt. Sigismund Freyer - Ultimus, Lt. Willi von Hohenau - Pretty Girl, Lt. Friedrich K. v. Preußen - Gibson Boy)

Antwerpen 1920

Military — Einzel
1. D. E. Graf Mörner (SWE) Germania
2. A. Lundström (SWE) Yrsa
3. Caffaratti (ITA) Traditore

Mannschaft
1. Schweden
2. Italien
3. Belgien

Dressur — Einzel
1. J. Lundblad (SWE) Uno
2. K. B. Sandström (SWE) Sabel
3. Graf v. Rosen (SWE) Running Sister

Mannschaft
keine Mannschaftswertung

Springen — Einzel
1. F. Lequio (ITA) Trebecco
2. Valerio (ITA) Cento
3. C. G. Lewenhaupt (SWE) Mon Coeur

Mannschaft
1. Schweden
2. Belgien
3. Italien

Paris 1924

Military — Einzel
1. A. van der Voort van Zijp (HOL) Silver Piece
2. Kirkebjerg (DEN) Meteor
3. Sloan Doak (USA) Pathfinder

Mannschaft
1. Niederlande
2. Schweden
3. Italien

Dressur — Einzel
1. E. de Linder (SWE) Piccolomini
2. K. B. Sandström (SWE) Sabel
3. François Lesage (FRA) Plumarol

Mannschaft
keine Mannschaftswertung

Springen — Einzel
1. A. Germuseus (SUI) Lucette
2. F. Lequio (ITA) Trebecco
3. Krolikiewicz (POL) Picador

Mannschaft
1. Schweden
2. Schweiz
3. Portugal

Amsterdam 1928

Military — Einzel
1. C. Pahud de Mortanges (HOL) Macroix
2. G. P. de Kruijff (HOL) Va-t-en
3. Maj. Bruno Neumann (GER) Ilja
10. Lt. Rudolf Lippert (GER) Flucht
ausges. Cpt. Walter Feyerabend (GER) Alpenrose

Mannschaft
1. Niederlande
2. Norwegen
3. Polen
ausges. Deutschland

Dressur — Einzel
1. Carl F. Frhr. von Langen (GER) Draufgänger
2. Marion (FRA) Linon
3. Ragnar Olson (SWE) Günstling
6. Rittm. Hermann Linkenbach (GER) Gimpel
11. Maj. Eugen von Lotzbeck (GER) Caracalla

Mannschaft
1. Deutschland (Carl Friedrich Frhr. von Langen - Draufgänger, Rittm. Hermann Linkenbach - Gimpel, Maj. Eugen von Lotzbeck - Caracalla)
2. Schweden
3. Niederlande

Springen — Einzel
1. F. Ventura (TCH) Eliot
2. J. Bertran (FRA) Papillon
3. Ch. Kuhn (SUI) Pepita
11. Cpt. Eduard Krueger (GER) Donauwelle
14. Lt. Richard Sahla (GER) Coreggio
28. Carl Friedrich Frhr. von Langen (GER) Falkner

Mannschaft
1. Spanien
2. Polen
3. Schweden
7. Deutschland (Cpt. Eduard Krueger - Donauwelle, Lt. Richard Sahla - Coreggio, Carl Friedrich Frhr. von Langen - Falkner)

Los Angeles 1932

Military — Einzel
1. C. Pahud de Mortanges (HOL) Marcroix
2. Earl Thomson (USA) Jenny Camp
3. C. v. Rosen (SWE) Sunnyside Maid

Mannschaft
1. USA
2. Niederlande
3. nicht vergeben

Dressur — Einzel
1. François Lesage (FRA) Taine
2. Marion (FRA) Linon
3. Hiram Tuttle (USA) Olympic

Mannschaft
1. Frankreich
2. Schweden
3. USA

Springen — Einzel
1. Takeichi Baron Nishi (JPN) Uranus
2. Harry D. Chamberlin (USA) Show Girl
3. C. v. Rosen (SWE) Empire

Mannschaft
1. nicht vergeben
2. nicht vergeben
3. nicht vergeben

Statistik • Die Olympische Ehrentafel der Reiterei 1912—2000

Berlin 1936

Military — Einzel
1. Cpt. Ludwig Stubbendorff (GER) Nurmi
2. Earl Thomson (USA) Jenny Camp
3. H. Mathiesen Lunding (DEN) Jason
6. Rittm. Rudolf Lippert (GER) Fasan
24. Oblt. Konrad von Wangenheim (GER) Kurfürst

Mannschaft
1. Deutschland (Cpt. Ludwig Stubbendorff - Nurmi, Rittm. Rudolf Lippert - Fasan, Oblt. Konrad von Wangenheim - Kurfürst)
2. Polen
3. Großbritannien

Dressur — Einzel
1. Oblt. Heinz Pollay (GER) Kronos
2. Maj. Friedrich Gerhard (GER) Absinth
3. Alois Podhajsky (AUT) Nero
10. Rittm. v. Oppeln-Bronikowski (GER) Gimpel

Mannschaft
1. Deutschland (Oblt. Heinz Pollay - Kronos, Maj. Friedrich Gerhard - Absinth, Rittm. H. v. Oppeln-Bronikowski - Gimpel)
2. Frankreich
3. Schweden

Springen — Einzel
1. Oblt. Kurt Hasse (GER) Tora
2. Henri Rang (ROM) Delfis
3. Joseph v. Platthy (HUN) Sellö
16. Cpt. Marten v. Barnekow (GER) Nordland
   Rittm. Heinz Brandt (GER) Alchimist

Mannschaft
1. Deutschland (Oblt. Kurt Hasse - Tora, Cpt. Marten von Barnekow - Nordland, Rittm. Heinz Brandt - Alchimist)
2. Niederlande
3. Portugal

London 1948

Military — Einzel
1. B. M. Chevallier (FRA) Aiglonne
2. S. F. Henry (USA) Swing Low
3. J. R. Selfelt (SWE) Claque

Mannschaft
1. USA
2. Schweden
3. Mexiko

Dressur — Einzel
1. Hans Moser (SUI) Hummer
2. A. R. Jousseaume (FRA) Harpagon
3. Gustav A. Boltenstern (SWE) Trumpf

Mannschaft
1. Frankreich
2. USA
3. Portugal

Springen — Einzel
1. Mariles Cortes (MEX) Arrete
2. Ruben Uriza (MEX) Hartvey
3. C. d'Orgeix (FRA) Sucre de Pomme

Mannschaft
1. Mexiko
2. Spanien
3. Großbritannien

Helsinki 1952

Military — Einzel
1. Hans v. Blixen-Finecke (SWE) Jubal
2. Guy Lefrant (FRA) Verdun
3. Dr. Willi Büsing (GER) Hubertus
5. Klaus Wagner (GER) Dachs
11. Otto Rothe (GER) Trux von Kamax

Mannschaft
1. Schweden
2. Deutschland (Dr. Willi Büsing - Hubertus, Klaus Wagner - Dachs, Otto Rothe - Trux von Kamax)
3. USA

Dressur — Einzel
1. Henri St. Cyr (SWE) Master Rufus
2. Lis Hartel (DEN) Jubilee
3. A. R. Jousseaume (FRA) Harpagon
7. Heinz Pollay (GER) Adular
10. Freiin Ida von Nagel (GER) Afrika
12. Fritz Thiedemann (GER) Chronist

Mannschaft
1. Schweden
2. Schweiz
3. Deutschland (Heinz Pollay - Adular, Freiin Ida v. Nagel - Afrika, Fritz Thiedemann - Chronist)

Springen — Einzel
1. P. Jonquères d'Oriola (FRA) Ali Baba
2. O. Christi (CHI) Bambi
3. Fritz Thiedemann (GER) Meteor
16. Georg Hölting (GER) Fink
34. Hans Hermann Evers (GER) Baden

Mannschaft
1. Großbritannien
2. Chile
3. USA
5. Deutschland (Fritz Thiedemann - Meteor, Georg Hölting - Fink, Hans Hermann Evers - Baden)

Stockholm 1956

Military — Einzel
1. Petrus Kastenman (SWE) Illuster
2. Aug. Lütke Westhues (GER) Trux von Kamax
3. F. W. C. Weldon (GBR) Kilbarry
15. Otto Rothe (GER) Sissi
21. Klaus Wagner (GER) Prinzeß

Mannschaft
1. Großbritannien
2. Deutschland (August Lütke Westhues - Trux von Kamax, Otto Rothe - Sissi, Klaus Wagner - Prinzeß)
3. Kanada

Dressur — Einzel
1. Henri St. Cyr (SWE) Juli
2. Lis Hartel (DEN) Jubilee
3. Liselott Linsenhoff (GER) Adular
9. Hannelore Weygand (GER) Perkunos
14. Anneliese Küppers (GER) Afrika

Mannschaft
1. Schweden
2. Deutschland (Liselott Linsenhoff - Adular, Hannelore Weygand - Perkunos, Anneliese Küppers - Afrika)
3. Schweiz

Springen — Einzel
1. Hans Günter Winkler (GER) Halla
2. Raimondo d'Inzeo (ITA) Merano
3. Piero d'Inzeo (ITA) Uruguay
4. Fritz Thiedemann (GER) Meteor
11. Alfons Lütke Westhues (GER) Ala

Mannschaft
1. Deutschland (Hans Günter Winkler - Halla, Fritz Thiedemann - Meteor, Alfons Lütke Westhues - Ala)
2. Italien
3. Großbritannien

Rom 1960

Military — Einzel
1. Lawrence R. Morgan (AUS) Salad Days
2. Neale Lavis (AUS) Mirrabooka
3. Anton Bühler (SUI) Gays Park
14. Gerhard Schulz (GER) Wanderlili
18. Reiner Klimke (GER) Winzerin
ausges. Klaus Wagner (GER) Famulus
ausges. Ottokar Pohlmann (GER) Polarfuchs

Mannschaft
1. Australien
2. Schweiz
3. Frankreich
ausges. Deutschland

Dressur — Einzel
1. Sergey Filatow (URS) Absent
2. Gustav Fischer (SUI) Wald
3. Josef Neckermann (GER) Asbach
7. Rosemarie Springer (GER) Doublette

Mannschaft
keine Mannschaftswertung

Springen — Einzel
1. Raimondo d'Inzeo (ITA) Posilippo
2. Piero d'Inzeo (ITA) The Rock
3. David Broome (GBR) Sunsalve
5. Hans Günter Winkler (GER) Halla
6. Fritz Thiedemann (GER) Meteor
26. Alwin Schockemöhle (GER) Ferdl

Mannschaft
1. Deutschland (Alwin Schockemöhle - Ferdl, Fritz Thiedemann - Meteor, Hans Günter Winkler - Halla)
2. USA
3. Italien

Statistik • Die Olympische Ehrentafel der Reiterei 1912–2000

Tokio 1964

Military – Einzel
1. Mauro Checcoli (ITA) Sunbean
2. Carlos Alberto Moratorio (ARG) Chalan
3. Fritz Ligges (GER) Donkosak
6. Horst Karsten (GER) Condora
20. Gerhard Schulz (GER) Balza
25. Karl-Heinz Fuhrmann (GER) Mohamet

Mannschaft
1. Italien
2. USA
3. Deutschland (Fritz Ligges - Donkosak, Horst Karsten - Condora, Gerhard Schulz - Balza)

Dressur – Einzel
1. Henri Chammartin (SUI) Woermann
2. Harry Boldt (GER) Remus
3. Sergey Filatow (URS) Absent
5. Josef Neckermann (GER) Antoinette
6. Dr. Reiner Klimke (GER) Dux

Mannschaft
1. Deutschland (Harry Boldt - Remus, Josef Neckermann - Antoinette, Dr. Reiner Klimke - Dux)
2. Schweiz
3. UdSSR

Springen – Einzel
1. P. Jonquères d'Oriola (FRA) Lutteur II
2. Hermann Schridde (GER) Dozent II
3. Peter Robeson (GBR) Firecrest
8. Kurt Jarasinski (GER) Torro
16. Hans Günter Winkler (GER) Fidelitas

Mannschaft
1. Deutschland (Hermann Schridde - Dozent II, Kurt Jarasinski - Torro, Hans Günter Winkler - Fidelitas)
2. Frankreich
3. Italien

Mexiko 1968

Military – Einzel
1. Jean-Jacques Guyon (FRA) Pitou
2. Derek Allhusen (GBR) Lochinvar
3. Michael Page (USA) Foster
11. Horst Karsten (FRG) Adagio
22. Jochen Mehrdorf (FRG) Lapislazuli
24. Klaus Wagner (FRG) Abdulla
25. Karl-Heinz Fuhrmann (GDR) Saturn

Mannschaft
1. Großbritannien
2. USA
3. Australien
5. Bundesrepublik Deutschland (Horst Karsten - Adagio, Jochen Mehrdorf - Lapislazuli, Klaus Wagner - Abdulla)
7. Deutsche Demokratische Republik (Karl-Heinz Fuhrmann - Saturn, Uwe Plank - Kranich, Helmut Hartmann - Ingwer)

Dressur – Einzel
1. Ivan Kizimov (URS) Ikhor
2. Josef Neckermann (FRG) Mariano
3. Dr. Reiner Klimke (FRG) Dux
5. Horst Köhler (GDR) Neuschnee
8. Liselott Linsenhoff (FRG) Piaff

Mannschaft
1. Bundesrepublik Deutschland (Josef Neckermann - Mariano, Dr. Reiner Klimke - Dux, Liselott Linsenhoff - Piaff)
2. UdSSR
3. Schweiz
4. Deutsche Demokratische Republik (Horst Köhler - Neuschnee, Gerhard Brockmüller - Tristan, Wolfgang Müller - Marios)

Springen – Einzel
1. William Steinkraus (USA) Snowbound
2. Marion Coakes (GBR) Stroller
3. David Broome (GBR) Mr. Softee
5. Hans Günter Winkler (FRG) Enigk
7. Alwin Schockemöhle (FRG) Donald Rex
26. Hartwig Steenken (FRG) Simona

Mannschaft
1. Kanada
2. Frankreich
3. Bundesrepublik Deutschland (Alwin Schockemöhle - Donald Rex, Hans Günter Winkler - Enigk, Hermann Schridde - Dozent II)

München 1972

Military – Einzel
1. Richard Meade (GBR) Laurieston
2. Alessandro Argenton (ITA) Woodland
3. Jan Jönsson (SWE) Sarajewo
9. Harry Klugmann (FRG) Christopher Robert
11. Rudolf Beerbohm (GDR) Ingolf
13. Ludwig Gössing (FRG) Chicago
16. Karl Schultz (FRG) Pisco
ausges. Horst Karsten (FRG) Sioux

Mannschaft
1. Großbritannien
2. USA
3. Bundesrepublik Deutschland (Harry Klugmann - Christopher Robert, Karl Schultz - Pisco, Ludwig Gössing - Chicago, Horst Karsten - Sioux)
5. Deutsche Demokratische Republik (Rudolf Beerbohm - Ingolf, Jens Niels - Big Ben, Joachim Brohmann - Uranio)

Dressur – Einzel
1. Liselott Linsenhoff (FRG) Piaff
2. Elena Petushkova (URS) Pepel
3. Josef Neckermann (FRG) Venetia
7. Karin Schlüter (FRG) Liostro

Mannschaft
1. UdSSR
2. Bundesrepublik Deutschland (Liselott Linsenhoff - Piaff, Josef Neckermann - Venetia, Karin Schlüter - Liostro)
3. Schweden
5. Deutsche Demokratische Republik (Gerhard Brockmüller - Marios, Wolfgang Müller - Semafor, Horst Köhler - Immanuel)

Springen – Einzel
1. Graciano Mancinelli (ITA) Ambassador
2. Ann Moore (GBR) Psalm
3. Neal Shapiro (USA) Sloopy
4. Hartwig Steenken (FRG) Simona
8. Fritz Ligges (FRG) Robin
16. Gerd Wiltfang (FRG) Askan

Mannschaft
1. Bundesrepublik Deutschland (Fritz Ligges - Robin, Gerd Wiltfang - Askan, Hartwig Steenken - Simona, Hans Günter Winkler - Torphy)
2. USA
3. Italien

Montreal 1976

Military – Einzel
1. Edmund Coffin (USA) Bally-Cor
2. Michael Plumb (USA) Better and Better
3. Karl Schultz (FRG) Madrigal
13. Herbert Blöcker (FRG) Albrant
19. Helmut Rethemeier (FRG) Pauline
ausges. Otto Ammermann (FRG) Volturno

Mannschaft
1. USA
2. Bundesrepublik Deutschland (Karl Schultz - Madrigal, Herbert Blöcker - Albrant, Helmut Rethemeier - Pauline, Otto Ammermann - Volturno)
3. Australien

Dressur – Einzel
1. Christine Stückelberger (SUI) Granat
2. Harry Boldt (FRG) Woyceck
3. Dr. Reiner Klimke (FRG) Mehmed
4. Gabriela Grillo (FRG) Ultimo

Mannschaft
1. Bundesrepublik Deutschland (Harry Boldt - Woyceck, Dr. Reiner Klimke - Mehmed, Gabriela Grillo - Ultimo)
2. Schweiz
3. USA

Springen – Einzel
1. Alwin Schockemöhle (FRG) Warwick Rex
2. Michel Vaillancourt (CAN) Branch Country
3. François Mathy (BEL) Gai Luron
10. Hans Günter Winkler (FRG) Torphy
36. Paul Schockemöhle (FRG) Talisman

Mannschaft
1. Frankreich
2. Bundesrepublik Deutschland (Alwin Schockemöhle - Warwick Rex, Hans Günter Winkler - Torphy, Sönke Sönksen - Kwept, Paul Schockemöhle - Agent)
3. Belgien

Statistik • Die Olympische Ehrentafel der Reiterei 1912–2000

Moskau 1980

Military – Einzel
1. Frederico Euro Roman (ITA) Rossinan
2. Alexander Blinow (URS) Galzun
3. Yuri Salnikow (URS) Pintset

Mannschaft
1. UdSSR
2. Italien
3. Mexiko

Dressur – Einzel
1. Elisabeth Theurer (AUT) Mon Cheri
2. Yuri Kowschow (URS) Igrok
3. Viktor Ugrimow (URS) Shkval

Mannschaft
1. UdSSR
2. Bulgarien
3. Rumänien

Springen – Einzel
1. Jan Kowalczyk (POL) Artemor
2. Nikolai Korolkow (URS) Espadron
3. Joaquin Perez Heras (MEX) Alymony

Mannschaft
1. UdSSR
2. Polen
3. Mexiko

Los Angeles 1984

Military – Einzel
1. Mark Todd (NZL) Charisma
2. Karen Stives (USA) Ben Arthur
3. Virginia Holgate (GBR) Priceless
12. Dietmar Hogrefe (FRG) Foliant
14. Bettina Overesch (FRG) Peacetime
15. Claus Erhorn (FRG) Fair Lady
39. Burkhard Testorpf (FRG) Freedom

Mannschaft
1. USA
2. Großbritannien
3. Bundesrepublik Deutschland (Burkhard Testorpf - Freedom, Bettina Overesch - Peacetime, Dietmar Hogrefe - Foliant, Claus Erhorn - Fair Lady)

Dressur – Einzel
1. Dr. Reiner Klimke (FRG) Ahlerich
2. Anne Grethe Jensen (DEN) Marzog
3. Otto Hofer (SUI) Limandus
5. Herbert Krug (FRG) Muscadeur
6. Uwe Sauer (FRG) Montevideo

Mannschaft
1. Bundesrepublik Deutschland (Dr. Reiner Klimke - Ahlerich, Herbert Krug - Muscadeur, Uwe Sauer - Montevideo)
2. Schweiz
3. Schweden

Springen – Einzel
1. Joe Fargis (USA) Touch of Class
2. Conrad Homfeld (USA) Abdullah
3. Heidi Robbiani (SUI) Jessica
7. Paul Schockemöhle (FRG) Deister
11. Peter Luther (FRG) Livius
11. Franke Sloothaak (FRG) Farmer

Mannschaft
1. USA
2. Großbritannien
3. Bundesrepublik Deutschland (Paul Schockemöhle - Deister, Peter Luther - Livius, Franke Sloothaak - Farmer, Fritz Ligges - Ramzes)

Seoul 1988

Military – Einzel
1. Mark Todd (NZL) Charisma
2. Ian Stark (GBR) Sir Wattie
3. Virginia Leng (GBR) Master Craftsman
4. Claus Erhorn (FRG) Justyn Thyme
6. Matthias Baumann (FRG) Shamrock
9. Thies Kaspareit (FRG) Sherry

Mannschaft
1. Bundesrepublik Deutschland (Claus Erhorn - Justyn Thyme, Matthias Baumann - Shamrock, Thies Kaspareit - Sherry, Ralf Ehrenbrink - Uncle Todd)
2. Großbritannien
3. Neuseeland

Dressur – Einzel
1. Nicole Uphoff (FRG) Rembrandt
2. Margit Otto-Crepin (FRG) Corlandus
3. Chr. Stückelberger (SUI) Gauguin de Lully
6. Monica Theodorescu (FRG) Ganimedes
8. Ann-Kathrin Linsenhoff (FRG) Courage

Mannschaft
1. Bundesrepublik Deutschland (Dr. Reiner Klimke - Ahlerich, Ann-Kathrin Linsenhoff - Courage, Monica Theodorescu - Ganimedes, Nicole Uphoff - Rembrandt)
2. Schweiz
3. Kanada

Springen – Einzel
1. Pierre Durand (FRA) Jappeloup
2. Greg Best (USA) Gem Twist
3. Karsten Huck (FRG) Nepomuk
7. Franke Sloothaak (FRG) Walzerkönig
18. Dirk Hafemeister (FRG) Orchidee

Mannschaft
1. Bundesrepublik Deutschland (Ludger Beerbaum - The Freak, Wolfgang Brinkmann - Pedro, Dirk Hafemeister - Orchidee, Franke Sloothaak - Walzerkönig)
2. USA
3. Frankreich

Barcelona 1992

Military – Einzel
1. Matthew Ryan (AUS) Kibah Tic Toc
2. Herbert Blöcker (GER) Feine Dame
3. Blyth Tait (NZL) Messiah
11. Ralf Ehrenbrink (GER) Kildare
13. Cord Mysegaes (GER) Ricardo
34. Matthias Baumann (GER) Alabaster

Mannschaft
1. Australien
2. Neuseeland
3. Bundesrepublik Deutschland (Herbert Blöcker - Feine Dame, Ralf Ehrenbrink - Kildare, Cord Mysegaes - Ricardo, Matthias Baumann - Alabaster)

Dressur – Einzel
1. Nicole Uphoff (GER) Rembrandt-Borbet
2. Isabell Werth (GER) Gigolo FRH
3. Klaus Balkenhol (GER) Goldstern

Mannschaft
1. Bundesrepublik Deutschland (Nicole Uphoff - Rembrandt-Borbet, Isabell Werth - Gigolo FRH, Klaus Balkenhol - Goldstern, Monica Theodorescu - Grunox TecRent)
2. Holland
3. USA

Springen – Einzel
1. Ludger Beerbaum (GER) Almox Classic Touch
2. Piet Raymakers (HOL) Ratina Z
3. Norman Dello Joio (USA) Irish
Teilnahme 1. Umlauf Finale:
Sören von Rönne (GER) Taggi

Mannschaft
1. Holland
2. Österreich
3. Frankreich
11. Bundesrepublik Deutschland (Franke Sloothaak - Prestige, Ludger Beerbaum - Almox Classic Touch, Otto Becker - Lucky Luke, Sören von Rönne - Taggi)

STATISTIK • DIE OLYMPISCHE EHRENTAFEL DER REITEREI 1912—2000

Atlanta 1996

Military — Einzel
1. Blyth Tait (NZL) Ready Teddy
2. Sally Clark (NZL) Squirrel Hill
3. Kerry Millikin (USA) Out and About
7. Hendrik von Paepcke (GER) Amadeus
16. Herbert Blöcker (GER) MobilCom Kiwi Dream

Mannschaft
1. Australien
2. USA
3. Neuseeland
9. Bundesrepublik Deutschland (Bodo Battenberg - Sam the Man, Jürgen Blum - Brownie Mc Gee, Ralf Ehrenbrink - Connection L, Bettina Overesch-Böker - Watermill Stream)

Dressur — Einzel
1. Isabell Werth (GER) Nobilis Gigolo FRH
2. Anky van Grunsven (NED) Cameleon Bonfire
3. Sven Rothenberger (NED) Weyden
4. Monica Theodorescu (GER) Grunox
6. Klaus Balkenhol (GER) Goldstern
9. Martin Schaudt (GER) ESGE-Durgo

Mannschaft
1. Bundesrepublik Deutschland (Isabell Werth - Nobilis Gigolo FRH, Klaus Balkenhol - Goldstern, Monica Theodorescu - Grunox, Martin Schaudt - ESGE-Durgo)
2. Niederlande
3. USA

Springen — Einzel
1. Ulrich Kirchhoff (GER) Opstalan's Jus de Pommes
2. Willi Melliger (SUI) Calvaro
3. Alexandra Ledermann (FRA) Rochet M
20. Lars Nieberg (GER) For Pleasure

Mannschaft
1. Bundesrepublik Deutschland (Franke Sloothaak - San Patrignano Joly, Lars Nieberg - For Pleasure, Ulrich Kirchhoff - Opstalan's Jus de Pommes, Ludger Beerbaum - Sprehe Ratina Z)
2. USA
3. Brasilien

Sydney 2000

Military - Einzel
1. David O'Connor (USA) Custom Made
2. Andrew Hoy (AUS) Swizzle In
3. Mark Todd (NZL) Eyespy II
19. Dr. Annette Wyrwoll (GER) Equitop Bantry Bay
 - Marina Köhncke (GER) TSF Boettcher's Longchamps
 - Kai Rüder (GER) Butscher

Mannschaft
1. Australien
2. Großbritannien
3. USA

Dressur - Einzel
1. Anky van Grunsven (NED) Gestion Bonfire
2. Isabell Werth (GER) Gigolo FRH
3. Ulla Salzgeber (GER) Rusty
4. Nadine Capellmann (GER) Farbenfroh

Mannschaft
1. Bundesrepublik Deutschland (Nadine Capellmann - Farbenfroh, Ulla Salzgeber - Rusty, Alexandra Simons-de Ridder - Chacomo, Isabell Werth - Gigolo FRH)
2. Niederlande
3. USA

Springen - Einzel
1. Jeroen Dubbeldam (NED) De Sjiem
2. Albert Voorn (NED) Lando
3. Khaled Al Eid (KSA) Khashm Al Aan
4. Andre Johannpeter (BRA) Colei
 Ludo Philippaer (BEL) Otterongo
 Otto Becker (GER) Dobel's Cento
 Marcus Ehning (GER) For Pleasure
 Lars Nieberg (GER) Loro Piana Esprit FRH

Mannschaft
1. Bundesrepublik Deutschland (Otto Becker - Dobel's Cento, Ludger Beerbaum - Goldfever 3, Marcus Ehning - For Pleasure, Lars Nieberg - Loro Piana Esprit FRH)
2. Schweiz
3. Brasilien

Sydney 2000

Statistik • Der Olympische Medaillenspiegel 1912–2000

Alle Disziplinen

Nation	Gold	Silber	Bronze
Deutschland	33	18	21
Schweden	17	8	13
USA	9	17	13
Frankreich	9	10	8
Niederlande	8	9	2
Italien	6	8	7
UdSSR	6	5	4
Australien	6	2	2
Großbritannien	5	8	9
Schweiz	4	10	7
Neuseeland	3	2	5
Mexiko	2	1	4
Polen	1	3	2
Kanada	1	1	2
Österreich	1	1	1
Spanien	1	1	—
CSSR	1	—	—
Japan	1	—	—
Dänemark	—	4	1
Chile	—	2	—
Belgien	—	1	4
Rumänien	—	1	1
Argentinien	—	1	—
Bulgarien	—	1	—
Norwegen	—	1	—
Portugal	—	—	3
Brasilien	—	—	2
Ungarn	—	—	1
Saudi Arabien	—	—	1

Vielseitigkeit

Nation	Gold	Silber	Bronze
Schweden	7	3	3
USA	6	9	4
Australien	6	2	2
Niederlande	5	2	—
Großbritannien	4	5	4
Deutschland	3	7	8
Italien	3	3	2
Neuseeland	3	2	5
Frankreich	2	1	2
UDSSR	1	1	1
Dänemark	—	1	1
Polen	—	1	1
Schweiz	—	1	1
Argentinien	—	1	—
Norwegen	—	1	—
Mexiko	—	—	2
Belgien	—	—	1
Kanada	—	—	1

Dressur

Nation	Gold	Silber	Bronze
Deutschland	17	8	8
Schweden	7	5	7
UdSSR	4	3	3
Schweiz	3	6	3
Frankreich	3	5	2
Niederlande	1	4	2
Österreich	1	—	1
Kanada	1	—	—
Dänemark	—	3	—
USA	—	1	6
Bulgarien	—	1	—
Portugal	—	—	1
Rumänien	—	—	1

Springen

Nation	Gold	Silber	Bronze
Deutschland	13	3	5
Frankreich	5	4	4
USA	3	7	3
Italien	3	5	5
Schweden	3	—	3
Niederlande	2	3	—
Mexiko	2	1	2
Großbritannien	1	3	5
Schweiz	1	3	2
Polen	1	2	1
Spanien	1	1	—
Kanada	1	1	—
UdSSR	1	1	—
CSSR	1	—	—
Japan	1	—	—
Chile	—	2	—
Belgien	—	1	3
Rumänien	—	1	1
Österreich	—	1	—
Portugal	—	—	2
Brasilien	—	—	2
Ungarn	—	—	1
Saudi Arabien	—	—	1